U0126333

臺灣歷史辭典補正

張錦郎 主編
林芳如 編輯

臺灣 學生書局 印行

林　序

　　張錦郎先生的大名，因常常利用他所編的目錄索引，已是如雷貫耳，但令我印象最深刻的是，民國 65 年上屈翼鵬師「國學研究與資料」的課，屈老師談到期刊資料的利用時，特別推崇張先生補齊了中央圖書館的期刊資料。可是，我並沒有機緣與張先生認識。民國 68 年 3 月 10 日，屈翼鵬師出殯那天，陵園在林口太平嶺，中午前安葬完畢，我們七、八人坐在一輛車子的車廂內，大家都很嚴肅，也很沈默。忽然間，有人問：「哪一位是林慶彰？林慶彰有沒有來？」我馬上說：「我是。」張先生也自報了他的姓名，就這樣認識了張先生。我向來喜歡表彰默默耕耘，對學界有大貢獻的人。因此，在民國 68 年 8 月 31 日，我到張先生府上作了將近三小時的訪談，後來刊登在《書評書目》第 80 期（民國 68 年 12 月），篇名作〈活在卡片堆裏的人──張錦郎先生訪問記〉。當時，我是東吳大學中國文學研究所博士班二年級學生，是第一次做採訪工作。這次的採訪經驗，感到特別新鮮，慢慢地也學會了採訪學人的技巧。沒想到這工作一做就是三十年。

　　張先生一直強調工具書指南對治學的重要性，先於民國 65 年 4 月出版《中文參考用書講義》，這是他在世界新聞專科學校講授「中文參考資料」的講義增訂而成。出版後，學術界和圖書館科系的師生用的很多。張先生受到鼓勵，決定再增訂，於民國 68 年 4 月由文

史哲出版社出版《中文參考用書指引》，同年10月17日，我在《中央日報》發表了〈評介《中文參考用書指引》〉一文，對該書的優缺點作了概括的評論。民國69年11月，張先生出版《中文參考用書指引》，也在增訂本的序文中將評介的內容略作引述，表示尊重。

對學者來說，綜合性的論文目錄不如專科目錄那麼方便，所以張先生一直提倡要編輯完備的專科目錄。民國59年11月，張先生出版《中國近二十年文史哲論文分類索引》（1948-1968），編輯體例之嚴謹，受到學界很多的讚賞。他又於民國62年11月出版《中文報紙文史哲論文索引》（1936-1971）第一冊，民國63年3月出版第二冊，也有不少書評鼓勵。張先生決定擴大編輯範圍，編成一部《中國文化研究論文目錄》，這部書編輯期間，張先生請喬衍琯先生、劉兆祐師、王國良兄和我幫忙分類一小部分卡片，我是抱著學習的態度去參與，沒想到民國71年12月《中國文化研究論文目錄》第一冊出版，我竟也列為四位校訂者之一，沒幫什麼忙，竟享有「大名」，真感到慚愧。民國72年6月，我在《書目季刊》17卷1期發表〈《中國文化研究論文目錄》評介〉，文中提到該目錄有涵蓋面廣、態度嚴謹、分類詳盡等三大優點，也挑了一些缺點。張先生接受自衍法師採訪有關《中國文化研究論文目錄》的編輯問題時，他卻謙虛的說：「林教授曾實際參與《文化目錄》第一、二冊的審定工作，對《文化目錄》的缺點從輕發落，真是又感激，又慚愧。」（《佛教圖書館館刊》，第44期，2006年12月）後來，我受張先生影響主持編輯《經學研究論著目錄》（1912-1987），這目錄的體例有不少是從張先生那裡學來的。

民國91年8月，張先生從國家圖書館退休。好幾個學校想邀請

他來講授文獻學方面的課程，都被他拒絕了。唯一受到青睞的是臺北市立教育大學中國語文學系。他在碩士班講授「圖書館工具書編輯專題研究」的課程，去年要學生集中精力來評論許雪姬總策畫的《臺灣歷史辭典》。由於老花眼，讓他幾乎趴在桌上一個字一個字慢慢地校訂。這種學術熱忱，這種為學術犧牲奉獻的精神，當今能有幾人？我又興起了採訪他的念頭，這回我請葉純芳學弟負責採訪。張先生認為一次採訪會做不好，他希望接受多次採訪，慢慢地溝通，才能掌握被採訪者為學的特質。純芳到張先生府上三次，採訪工作才完成。這次採訪稿的篇名是〈在卡片堆裏的活工具書——張錦郎先生〉，已刊於民國 96 年 6 月出版的《國文天地》23 卷 1 期。比起二十七年前的「活在卡片堆裏的人」，張先生的境界更高了。

最近數年，我在東吳大學中國文學系碩士班講授「索引學研究」與「叢書學研究」的課程，為了訓練學生寫比較嚴謹的學術報告。我在這兩個課程中，都提出幾項要求：(1)預先由我來統一擬題；(2)每篇報告至少要寫八千字至一萬字；(3)需按照我所編著《學術論文寫作指引》規定的撰寫格式來撰稿；(4)附註應採用當頁註，文末需附參考文獻。完成的報告於課程學期結束前三週集中宣讀，再根據同學和本人的意見作修改。經過這種過程出版的已有《專科目錄的編輯方法》、《近現代新編叢書述論》二書。另外，台北大學古典文獻學研究所也邀我講授「文史哲工具書研究」的課，我也要求學生照著上述方法寫作報告，再彙集成書。其中《當代新編專科目錄述評》由臺灣學生書局出版，《中國歷代文學總集述評》則由萬卷樓排印中。張先生在臺北市立教育大學碩士班講授「圖書館工具書編輯專題研究」的課程，他要求選修學生一起來評介一本專科辭典，

選定主題最熱門，篇幅龐大的《臺灣歷史辭典》要求學生就人物詞條、著作詞條、期刊詞條、插圖圖說等來挑出其中的訛誤。此一部分列為第一編。再就本辭典的體例、輔文、版面設計等提出修訂意見。此一部分列為第二編。書後附有張先生所撰近三萬字的〈《臺灣歷史辭典》校讀篇〉。最近每次見面，張先生都很客氣的說：「我學習你的作法，要學生評論一本專科辭典，然後出書。」個人覺得張先生師生一起從事此一工作，至少有二點意義：

其一，這是第一本對某一專科辭典所做之評介文字，一部專科辭典可以挑出近三百頁的缺失，非有很高的學術熱忱，兼有很深的學養，很難完成此一工作。

其二，《臺灣歷史辭典》中，所犯的某些錯誤，編者可能也不自知，必須要有書評來作提示，才能作為再版時改進的參考。如果每一學科的研究者，都能虛心接受批評，並將正確的批評用在改訂自己的缺失，不但可提升專科工具書的水平，對該學科也有不少助益。

從這數十年，張先生孜孜矻矻為編目錄、索引所做的努力，及為提升工具書的編輯水平所撰寫的論文，和最近為《臺灣歷史辭典》能更完善所投注的心血，我們感到無比的敬佩，但我們也有些許擔憂，今日我們擁有張錦郎，而下一位張錦郎又在哪裡？

張先生要我為這本大作寫一篇序，真愧不敢當。我把多年來與張先生交往的情形和所受張先生的影響略作陳述，權充一篇序言，以酬答張先生之雅意。

民國 96 年 9 月 5 日　林慶彰　誌於
中央研究院中國文哲研究所

凡 例

1. 撰寫目的

1.1 本書爲一評析《臺灣歷史辭典》之書評集，評論目的，欲使《臺灣歷史辭典》愈臻於周詳、完滿，且受到更廣泛的重視。

2. 內容說明

分爲四部分：正文、參考文獻、附錄、後記。

2.1 正文內容

  2.1.1 分爲三編，共收有八篇文章，上編分別從《臺灣歷史辭典》之「人物類詞條」、「著作類詞條」、「期刊類詞條」、「版面設計」、「插圖、圖說」進行分析與評論。中編包括「體例」、「輔文」、「版面設計」，具體探討《臺灣歷史辭典》的編纂原則和方式。下編則爲張錦郎教授撰寫的〈校讀篇〉，針對詞條的問題，逐條說解。

  2.1.2 以學術論文格式撰文。

  2.1.3 文中提到不同版本的《臺灣歷史辭典》時，爲作適當區分，稱謂方式如下：佟建寅《台灣歷史辭典》簡稱「佟版」、楊碧川《臺灣歷史辭典》以下簡稱「楊版」，許雪姬總策畫的《臺灣歷史辭典》，則簡稱「遠流版」。

2.2 「參考文獻」部分，匯集本書五位撰稿者撰文之參考及引用資料，可助讀者進一步探析。

2.3 附錄內容

2.3.1 分為四部分：「試擬《臺灣歷史辭典》編例」、「《臺灣歷史辭典》編輯凡例」、「失當詞條索引」及「許雪姬總策畫《臺灣歷史辭典》詞條商榷——以王見川撰〈李炳南〉條為例」。

2.3.2 「《臺灣歷史辭典》編例」為正文「體例篇」之附錄，可供讀者作為瞭解體例編製方式的參考。

2.3.3 「《臺灣歷史辭典》失當詞條索引」收入八篇文章中提及之《臺灣歷史辭典》失當詞條，計 333 條。將其於各篇文章所在之頁碼對照其於《臺灣歷史辭典》所在之頁碼，以供讀者查詢。

2.4 「後記」由本書五位撰稿者各述其於撰文期間、成書後之心得與感想。

臺灣歷史辭典補正

目　次

人物詞條補正

林芳如*

1 前言

　　為彌補臺灣史研究之不足，建構屬於新世紀臺灣人的歷史觀，2004 年 5 月，由中央研究院近代史研究所許雪姬教授總策畫的《臺灣歷史辭典》正式出版，對於學術界和出版界而言，可謂值得大書特書之年度盛事。僅從人力、時間的投入來說，辭書的編纂過程往往歷經周折，其工程之浩大，若無驚人的意志力，免不了產生「為山九仞，功虧一簣」的結果。因此，這本辭典的完成，除了樹立臺灣歷史學界研究的新里程碑外，更顯現臺灣編纂辭書能力的進展，然自本書出版後，評論不多，更遑論深刻的批評，對臺灣工具書的編纂而言，並非好事，所謂「忠言逆耳利於行」，善意的評論是成長的動力。職是之故，筆者在張錦郎老師的指導下，嘗試對此書作簡要的評論。

　　根據〈序〉所說，本書網羅 141 位知識菁英通力合作，是臺灣

---

* 本文完成於筆者就讀臺北市立教育大學中國語文學系碩士班期間，現為專業兒童寫作及華語文教師。

史上第一部結合本土學者陣容最齊備的歷史工具書。全書計 1375
頁，另有附錄別冊 495 頁，收錄詞目 4656 條，輔以相關圖片 1260
張。年代時限從史前迄 2000 年為止（部分至 2003 年），範圍包含政
治、外交、軍事、經濟、社會、教育、文化、風俗、舊地名、重要
歷史文獻等，著重在組織、法令、事件、人物、專有名詞、典章制
度等面向。從 2000 年 6 月正式開始作業，時間僅有一年六個月[1]，
再經改稿、審查、校對等工作，終於在 2004 年 5 月出版。

　　辭典編纂過程對參與者來說，自是「如人飲水，冷暖自知」，對
此一影響臺灣歷史奠基工程的完成，在欣喜與感激之餘，難免對其
中一些錯誤感到不安，古人言「文章千古事」，而工具書提供給研究
者和讀者的資訊，倘若有錯訛，再經過引用、傳播，其影響難以想
像。[2]基於對本書的期待，期盼往後能更精益求精，本文針對篇幅最
大的人物部分，提出些許淺見，供來日修正之參考。

2 人物體例要述

　　人物的寫作重點在於「以人繫事」，應先統一外在形式，對內容

---

[1]　許雪姬總策畫：《臺灣歷史辭典·序》（臺北：遠流出版公司，2004 年 5 月）。

[2]　錯誤資料的傳播，是有可能影響到讀者對問題的認識。舉例而言，中國文化大學
　　日文所陳鵬仁教授〈日據下臺灣人民的反抗運動〉一文，即指出楊碧川先生《臺
　　灣歷史辭典》一書，誤將花岡一郎與花岡二郎視為親兄弟（只是兩人受日本教化
　　下得到的命名），倘若引用者不察，則錯誤可能會藉此途徑傳播出去，這是工具
　　書編纂者不能不謹慎之處，因為工具書使用總是基於對其信賴感，而不加細查，
　　反而產生訛誤。因此，讀者不但在選擇工具書上應該慎重，在閱讀時，也不應忽
　　略判斷的常識，因為人們最常犯的錯誤，其實就是一些基本的錯誤。

做具體的規範。譬如寫人物應包括哪些項目？哪個在前，哪個在後？這就是體例問題。規範化不僅有助於閱讀，寫作者也能有遵遁的依據，可避免闕漏重要事項的遺憾。可說是一舉兩得，所以在詞條寫作前最好能夠制定體例。

人物詞條的內容一般分為兩個層次，第一個層次主要交代人物的概貌，包括姓名、生卒年、概括語、籍貫、性別、民族等。第二個層次著重記述人物的行為活動，包括人物的學歷、經歷、生平事蹟、得獎紀錄、重要著作、重大貢獻等。由於這個層次的寫作內容，時間跨度較大，需要高度概括，應摘要而錄，以免冗長；但仍要儘量作客觀的描述，不評論功過。

下面是筆者參閱各種辭典，整理出來的人物的釋文程式，包含釋文範圍和行文次序，提供參考：

(1)姓名：一律採用現名，後列字、號、筆名、別名。

(2)生卒年月日：一律用西元紀年，可查而得知者不可缺漏，無法得知者，則以"？"代替。

(3)概括語（定性語）。

(4)籍貫或出生地：人物籍貫所列主要為出生地，但祖籍亦可載入，並以當時行政區域或以今地名統稱之。臺灣出生僅列縣市，如「屏東人」；若籍貫為中國大陸者則予以載明，例如「福建同安人」。

(5)性別：只注明女性。

(6)民族：只標注少數民族。

(7)主要學歷。

(8)主要經歷（學術地位、官階）。

(9)主要思想學說活動。

(10)學術成就或專業貢獻，著作名稱。[3]

以上要素構成人物的基本輪廓，一般不能缺項，其排列次序也盡量統一，以利編排和查考。

上述只是體例的外在形式，此外，還有些細微的部分則與內在統一有關。例如：提及畢業學校時應照當時名稱著錄，不可遺漏最高學歷（不論臺灣或國外）；有全集應要注明；提到專有名詞時應用全稱等，這些細節都是在寫作時不可忽略的。

最後，釋文的長度亦應有所規範，人物應分級，對釋文字數作限制。避免釋文內容長短不一，該提的不提，不該說的又太過冗長，無法呈現出人物的歷史座標。

2.1 人物詞目內涵分析

根據筆者統計，人物在《歷史辭典》所佔比例甚高。全書 4656 條詞目，人物有 1730 條，約佔 37.2%，超過全書詞目的三分之一。其中本國人計有 1466 條，約佔 84.7%；原住民 25 人，佔人物詞條 1.45%；女性有 27 人，佔 1.56%。其餘為外國人，共有 264 條。

在人物中，附有一張圖片的有 565 條，兩張圖片的有 33 條，人物附圖共 631 張。約佔全書 1260 張圖片的 50.1%。試與另兩本同性質的歷史辭典比較，人物篇詞目數量及附圖情況大致如下：

3　此處所列出的體例，是筆者參考幾種資料，針對遠流版的需要而草擬的。

書　　　名	總詞目	人物詞目（百分比）	人物圖片（百分比）
遠流版《臺灣歷史辭典》	4656	1730（37.2%）	637（50.1%）
楊碧川《臺灣歷史辭典》	1499	648（43.23%）	156（66.95%）
佟建寅《台灣歷史辭典》	1573	548（34.86%）	無圖片

　　由上表來看，無論那一本辭典，人物詞目都超過三分之一，屬於歷史辭典中的核心，重要性不言可喻，其正確性自然直接影響內容的品質。以下再分析所收錄的外國人國籍，或可為這些與臺灣歷史相關的人物勾勒出雛形：

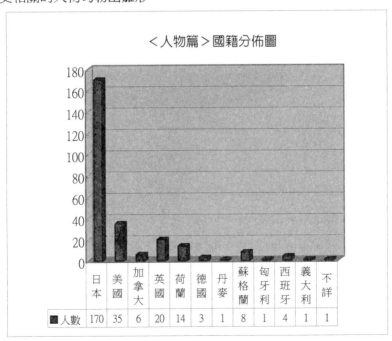

＜人物篇＞國籍分佈圖

	日本	美國	加拿大	英國	荷蘭	德國	丹麥	蘇格蘭	匈牙利	西班牙	義大利	不詳
人數	170	35	6	20	14	3	1	8	1	4	1	1

　　據筆者粗略統計，外國人中以日本籍最多，有173人[4]，其次是美國35人，英國20人，荷蘭14人，蘇格蘭8人，加拿大6人，西班牙4人，德國3人，丹麥、匈牙利、義大利各有1人，另一人國籍不詳[5]，共264人，約佔人物篇的15.2%。若將上述分佈按地區分，再以下面圖形示之，可得知何地區之人士所佔的比例最大：

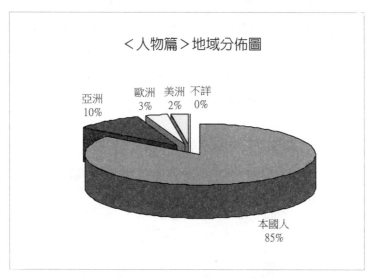

　　上圖中亞洲實指日本，在全部外籍人士中佔66%，反映出日本人在臺灣歷史上的影響力。從人物詞條收錄情況的統計，至少反映出在編纂者眼中，曾影響過臺灣的外籍人士有哪些。

---

[4] 《臺灣歷史辭典》頁576，原名清水照子，嫁給愛愛寮的施乾後，改名施照子，入中華民國籍。此處為分類需要，仍歸入日本籍。以下注釋未特別提及書名，即指本書之頁數而言，不再另作說明。

[5] 休茲（Thomas Francis Huges）一條（頁280），無法由正文得知國籍。

　　由於未有明確的體例，說明人物的收錄原則，筆者嘗試透過這樣的分析，除勾勒出與臺灣相關的人物輪廓外，也藉此來釐清編纂者選定詞目的標準為何，並且辨析所收詞條是否合乎編纂原則。倘若能將人物再從身分別（如該人物的影響是屬於文化、經濟、政治等的哪一方面）來看，或許還能更精確的看出這些人物與政治、經濟、文化、教育、宗教上的相關性，這不只能幫助我們更瞭解這些人物對臺灣歷史的影響，也可進一步探究編纂者挑選的詞目，是否能夠忠實呈現歷史脈絡，而沒有偏頗或是遺漏。

2.2 收錄標準探討

　　本書編輯凡例說明，人物詞目的收錄原則是「人物以已逝且對社會有貢獻或經歷較為特殊者為限」。[6]遵循此項原則，某些詞目的收錄便有商榷的必要，以徐慧鈺撰〈杜淑雅〉條（頁 397）而言，其正文為：

> 杜淑雅（1851.3.17～1896.9.2）
> 一字韻士，清淡水廳竹塹（今新竹市）人，為林占梅妾。父為占梅司出納計；母蕭氏，性情和婉，精針黹，為占梅先父母所憐愛。幼時常隨母住占梅家，因性情嫻慧，深得占梅喜愛，嘗送之入女塾，並聘金門孝廉林豪為之師，教其詩文筆札。及長，性益醇靜，貌復端莊，占梅納為側室。占梅去世

6　許雪姬總策畫：《臺灣歷史辭典・編輯凡例》，（臺北：遠流出版公司，2004 年 5 月）。

　　　　後，青年守節，吟詠盡廢。乙未避難，卒於蟠桃庄，長子林
　　　　達夫恪遵遺訓，歸葬於廈門。淑雅雖善吟詠，然今詩稿無存，
　　　　僅〈春日園居〉一詩，收錄於《臺陽詩話》。[7]

據文中所述，無法具體看出該人物是否符合「對社會有貢獻或經歷
較為特殊」的要求，因之也不知何以收錄辭典中，或許應再加強正
文，以符合收錄原則。反觀「陳泗治」條（頁 837）提到的德明利
姑娘（Miss Isabel Taylor），她在臺灣居住了 42 年（1931-1973）[8]，
並承繼吳威廉牧師夫人的音樂教育工作，和陳泗治共同致力於北部

---

[7]　徐慧鈺編著：《林占梅資料彙編(二)》，（新竹：新竹市立文化中心，1994 年 6 月），
　　頁 62-63。此段原文內容：

　　杜淑雅，占梅妾，名淑雅，一字韻士。生咸豐元年辛亥(一八五一)三月十七日寅
　　時。祖父本素封家中落者。父為占梅司出納計。母蕭氏，性情和婉，精針黹，為
　　占梅先父先母所憐愛。幼則隨母常住占梅家，性嫻慧，凡女眷多愛美之。占梅送
　　之入女塾，復聘延金門名孝廉家卓人先生為之師，教之詩文筆札。長而益醇靜，
　　貌復端莊。宗族親戚咸稱其有淑德，勸占梅納之，以廣嗣系。同治六年十月初三
　　日，占梅納之為為側室。《臺陽詩話》載有其〈春日園居〉一詩。占梅去世後，
　　青年守節，吟詠盡廢。乙未避難卒於蟠桃庄，長子林達夫〈祖期〉恪遵遺訓，殯
　　後攜家回里，寄寓鷺島。卒於光緒二十九年丙甲（一八九六）九月初二日申時，
　　享年四六。《潛園琴餘草》提及之詩有：〈雛姬杜淑雅暨小婢花奴入塾詩以勉之〉
　　（咸豐十一年）、〈為少姬杜淑雅入學作此示之〉（同治三年）、〈題女塾東窗示杜
　　淑雅〉（同治四年）、〈十月初三日納側室杜氏有序〉（同治六年）。〔《潛園琴餘
　　草》、《臺陽詩話》、〈林家忌辰表〉〕。

[8]　附帶說明：本文引用日期資料依照原文方式表述，如：「1851.3.17～1896.9.2」，
　　但在本書的體例篇附錄有提到，時間的起迄採用「—」連接為佳，如本處的
　　「1931-1973」。

教會的音樂教育，未予收錄，殊為可惜。[9]此外，《謝雪紅評傳》的作者陳芳明亦曾提及，和謝同時代的女性同志皆受到不平等待遇，例如：謝玉葉、簡娥、葉陶、謝娥等人，她們的歷史記憶往往被刻意的忽略。[10]而楊碧川的《臺灣歷史辭典》中也未收謝玉葉、簡娥，只收了後兩人，至於其他的，則可能連名字也不曾留下來過。同樣的情形，還發生在不少人身上，同樣遭遇過二二八事件，並因此離開臺灣的陳翠玉女士，也沒有留下她的紀錄。陳女士的貢獻主要在護理教育方面，她於 1950 年創辦了臺灣大學醫學院附設高級護理職業學校，這是臺灣第一所附設於醫院的護校，陳女士同時擔任臺大醫院護理部主任兼任校長。後又創辦臺灣大學醫學院護理系，是臺灣現代護理教育的開路先鋒。[11]同時積極參與政治活動，協助受迫害者避難，也是婦女臺灣民主運動的發起人之一，從她的經歷來看，絕對足以名留臺灣史冊中。

2.3 性別未標示

在 1730 位歷史人物中，女性有 27 人[12]，佔 1.56%，略高於原住

9　卓甫見《陳泗治——鍵盤上的遊戲》（臺北：前衛出版社，2003 年 3 月）。書中多處提及德明利姑娘的貢獻，此書在 109 頁第一次提到她時，將其英文姓氏 Taylor 誤拼寫為 Talor）。

10　見陳芳明〈女性史的撰寫與改寫〉（臺北：聯合文學出版社，1996 年 11 月），收錄於《危樓夜讀》一書中，頁 90-94。

11　李錦容：《臺灣女英雄陳翠玉》，（臺北：前衛出版社，2003 年 3 月），頁 60-87。

12　強調應標注女性資料，是參考中國大陸的編纂前例，因為女性在書中是少數，這樣做效率較高。本辭典所收錄的 27 位女性為：三毛（頁 65）、包春琴（頁 227）、石中英（頁 272）、吳威廉牧師夫人（頁 351）、李曼瑰（頁 385）、杜淑雅（頁 397）、

民的 25 人。就性別人口比例看,顯示女性進步空間頗大。女性人物較少的原因,或許是可堪記載者不多,也可能是評選有所遺漏,可以進一步加以探究。尤其可惜的是性別應屬基本資料,正文卻未注明,是以可能讀完一則正文還不知道所敘述是否為女性,茲舉魏心怡撰〈張彩湘〉條(頁 743)為例:

> 張彩湘 1915.7.14 – 1991
> 苗栗縣人。自幼便受其音樂家父親張福興的薰陶,學習彈奏風琴與鋼琴,並時常跟隨父親往來於臺灣、日本之間。1936年入東京武藏野大學,專攻鋼琴,師事平田義宗和井口基成。1942 年返臺後任教於新竹師範學院、臺灣師範大學。1948 年創辦「臺北鋼琴專攻塾」,並成立「臺北文化研究所」,對臺灣鋼琴界影響甚深。國內樂壇的佼佼者,如:李富美、張大勝、陳郁秀、陳茂萱、林榮德、林順賢等人,都出自張彩湘的門下。

此條有兩項主要缺失,一是性別未注明,二是卒年未寫明月、日,

林雷阿粉(頁 492)、林默娘(頁 500)、洪鸞(頁 584)、孫月慧(頁 633)、孫理蓮(頁 634)、張玉蘭(頁 737)、張李德和(頁 739)、張秀亞(頁 739)、張愛玲(頁 746)、梁許春菊(頁 764)、許世賢(頁 804)、陳進(頁 824)、陳秀喜(頁 835)、陳招治(頁 836)、葉陶(頁 988)、劉快治(頁 1196)、蔡阿信(頁 1231)、鄧麗君(頁 1253)、謝娥(頁 1295)、謝雪紅(頁 1299)、蘇雪林(頁 1349)。其中包春琴為原住民,吳威廉牧師夫人為加拿大籍,而孫理蓮來自美國。如果進一步分析這些女性的專業貢獻,還可以歸納出一些特性,例如從事文學、政治者比重偏高。

張彩湘先生是當代人物，其生卒考查雖非唾手可得，但並不困難，只要翻閱其傳記，年表中清楚載明「1991 年 7 月 19 日因腎臟病病逝於臺北馬偕醫院（76 歲）」。[13] 這是由於沒有編製「工作手冊」，也沒有體例，未能確實查證資料，所以釋文不夠謹嚴，是美中不足之事。

3 人物詞目問題

3.1 收錄人物不齊備

所謂「好的開始是成功一半」，辭典編纂成功與否，詞目的選擇是正式撰寫前最重要的工作，要做到「全而不泛，精而不漏」，才能確保辭典的品質。就本辭典收錄標準言，其中漏列不少符合收錄原則之人物，殊為可惜。例如〈楊三郎〉條（頁 964），所列者為「音樂家楊三郎」，事實上，「畫家楊三郎」之重要性不遜於前者，楊碧川的《臺灣歷史辭典》兩人皆有收錄（頁 357）。甚至包括一些尚在世的人物，如：柏楊[14]、高俊明、瓊瑤、施明德等。因此較難看出其收錄人物的標準為何。有些人物詞目是楊版有收錄，而本書未收的，表列於下[15]：

---

[13] 參見林淑真《張彩湘——聆聽琴鍵的低語》（臺北：時報文化出版公司，2002 年 12 月）。張彩湘先生年表載於該書頁 112-114，此處所引為 114 頁。

[14] 本文初作於 2007 年，當時柏楊先生尚在人世，但成書時，先生已於 2008 年 4 月 29 日逝世，享年 89 歲。

[15] 人物詞目後加注星號*者，表示遠流版《臺灣歷史辭典》逕以該人物為事件詞目，而不另立人物詞目。參見備注欄說明，括弧內為頁數。

頁數	人　物	備　　注
1	阿部信行	
1	艾德里	
2	艾奇遜	
8	巴夏禮	
14	冰　冷	
15	柏　楊*	柏楊大力水手事件（581）
17	蔡　牽*	蔡牽事件（1234）
22	陳阿榮	
25	陳　發	
27	陳嵐峰	
27	陳立夫	
30	陳心婦仔*	陳心婦仔事件（831）
31	陳永華	
32	陳兆瑞	
34	陳周全*	陳周全事件（833）
38	村山等安	
42	大隈重信	
45	戴潮春*	戴潮春事件（1286）
46	戴季陶	
50	丁汝昌	
51	東條英機	
54	渡邊政之輔	
67	副島種臣	
71	高俊明	
71	高　夔	

頁數	人　物	備　　注
73	葛敬恩	
73	孤　拔	
74	骨　宗*	骨宗事件（683）
74	古澤勝之	
74	谷正綱	
75	顧維鈞	
75	光緒帝	
78	郭洸侯	
79	郭廷筠	
79	郭雪湖	
81	郭章垣	
87	赫　德	
89	洪　紀	
90	洪　協*	洪協事件（587）
90	洪醒夫	
91	胡　布*	胡布事件（608）
92	胡宗南	
94	黃　朝	
95	黃清呈	
96	黃斗奶*	黃斗乃事件（922）
97	黃　教*	黃教事件（931）
98	黃　周	
99	黃　陞	
102	黃　位*	黃位事件（924）
104	吉田茂	

頁數	人　物	備　　注
105	紀　弦	
107	簡國賢	
108	江　定	
109	江夢筆	
109	江肖梅	
118	金　樟	
118	近衞文麿	
123	康熙帝	
124	柯　平	
128	拉培路斯	
130	雷尼爾生	
130	雷　震*	雷震事件（1013）
131	李阿齊	
131	李阿隆	
133	李光地	
136	李希霍芬	
139	李宗仁	
142	梁啟超	
146	林大北	
148	林　鳳	
149	林　恭*	林恭事件（481）
149	林老才	
152	林是好	
156	林泳春*	林泳春事件（479）
159	劉　乾	

頁數	人　物	備　注
161	劉吶鳴	
163	劉纘周（彭金土）	
165	婁　雲	
167	陸奧宗光	
168	羅臭頭	
173	呂運亨	
175	馬　琬	
189	奈　依	
190	聶士成	
191	努依茲	
193	歐劍窗	
195	培　里	
197	皮以書	
203	乾隆帝	
207	瓊　瑤	
208	瞿秋白	
213	容　閎	
214	阮　振	
225	沈　知*	沈知事件（402）
226	施阿蘭	
226	施江南	
226	施九緞*	施九緞事件（572）
227	施　琅	
227	施明德	
235	蘇　昌	

頁數	人 物	備　注
237	孫景燧	
237	孫毓汶	
238	孫　文	
297	覃子豪	
299	唐文標*	唐文標事件（627）
299	唐　榮*	唐榮鐵工廠（628）
309	卓杞篤	
312	王克捷	
313	王芃生	
316	王雲五	
318	韋　特	
318	韋麻郎	
318	衛阿貴	
321	吳　磋*	吳磋事件（356）
321	吳　球*	吳球事件（353）
321	吳得福	
322	吳　鳳*	吳鳳事件（1011）
322	吳福生*	吳福生事件（355）
323	吳　化	
324	吳淮泗*	吳淮泗事件（353）
325	吳　沙	
325	吳三桂	
326	吳瀛濤	
332	夏　瑚	
338	謝立三	

頁數	人物	備注
343	徐立鵬	
343	徐用儀	
345	許尚*	許尚事件（806）
346	許壽裳	
347	薛珍允	
353	閻錫山	
355	楊岐珍	
355	楊傳廣	
356	楊克培	
357	楊克彰	
357	楊三郎	
360	葉后詔	
365	易順鼎	
367	余登發*	余登發事件（340）
370	雍正帝	
371	詹振	
371	詹永和	
373	張丙*	張丙事件（735）
374	張火爐	
379	張振萬	
379	章炳麟	
386	曾宗	
395	中村輝夫	
402	朱天貴	
404	庄司總一	

頁數	人　物	備　注
404	莊　芋*	莊芋事件（797）

　　而佟版的《台灣歷史辭典》中，共收錄 1573 條，其中人物有
548 條，有不少是遠流版未收錄的，現臚列於下[16]：

人　物	頁　數	人　物	頁　數
丁惟汾	10	王雲五	43
于　斌	20	王鳳喈	44
大隈重信	27	王光逖	45
萬耀煌	30	王撫洲	45
馬　璧	35	王況裴	46
馬壽華	35	王奉瑞	46
馬步芳	36	王國華	46
馬步青	36	王秉鈞	47
馬超俊	37	王宗山	47

---

[16] 附帶說明的是，由於佟版採用簡體字，有些人名經簡化後，會與原名有些出入，
同時也有錯字的情況，導致同一人在兩書的名字卻不同，如〈田耕莘〉作「田耕
莘」、〈林崑岡〉作「林崑岡」、〈郁永河〉作「郁永和」、〈郭廷以〉作「郭庭以」、
〈釋道安〉作「道安」等。有的是選擇作為詞目的名字，與遠流版選用不同，如
〈蔣中正〉作〈蔣介石〉。佟版的優點是書末附有分類目錄，方便讀者查詢，這
個立意極好，可惜的是目錄的編排有些紊亂，以人物部分來說，並未依照頁數順
序排列，常常有前後顛倒的情況，增加查詢的困擾。再者，在查閱分類目錄時，
也發現一些錯誤，如：〈卡朗〉（頁 118）寫作「卡郎」、〈何鍵〉（頁 261）寫作「何
健」。其中有些人物在遠流版中是被收入事件，而未另立人物者，如：張丙事件、
蔡牽事件、戴潮春事件。

人　物	頁　數	人　物	頁　數
王唯農	48	田炯錦	118
王崇植	48	史尚寬	121
王德標	49	包遵彭	124
王懋功	50	馮　庸	125
韋　特	53	馮　簡	125
毛人鳳	95	馮自由	126
毛子水	96	馮治安	126
鄧龍光	103	皮以書	177
鄧家彥	103	皮宗敢	178
鄧萃英	104	達穆林旺楚克	189
尹　俊	104	堯樂博士	190
艾　偉	107	朱懷冰	193
古澤勝之	107	朱紹良	193
石敬亭	112	朱霽青	194
石超庸	113	華　特	196
左舜生	114	劉　峙	204
左曙萍	115	劉　乾	204
葉會西	116	劉士毅	205
盧元駿	117	劉云瀚	205
盧光舜	117	劉玉章	206
盧致德	117	劉仲荻	207
卡　朗	118	劉紀文	207
卡　薩	118	劉國軒	208

人　物	頁　數	人　物	頁　數
劉宜良	208	李向榮	242
劉迺仁	208	李阿齊	242
劉振東	209	李阿隆	243
劉健群	209	李宗黃	243
劉德杓	210	李品仙	244
齊世英	211	李振清	244
江　定	213	李符桐	245
湯恩伯	214	李嗣聰	246
關吉玉	216	嚴　復	248
許世英	219	嚴鋤非	249
許壽裳	220	吳　沙	252
許克祥	220	吳火獅	253
許季珂	220	吳兆棠	253
許恪士	221	吳忠信	254
阮　振	226	吳經熊	255
杜　衡	232	吳欽烈	255
杜元載	232	吳鐵城	256
楊泗洪	235	吳輝生	256
楊紫云	235	吳稚暉	257
李　彌	239	吳德福	257
李　濟	240	何　祐	260
李中襄	240	何　鍵	261
李文范	241	何成濬	261
李石曾	241	何孝元	262

人　物	頁　數	人　物	頁　數
何振猷	263	張子柱	275
伯　格	263	張天駿	276
何振猷	263	張火爐	276
伯　格	263	張明煒	277
邱　輝	264	張知本	278
余漢謀	264	張茲闓	278
余伯泉	264	張維翰	279
谷正倫	266	張鏡影	280
谷正鼎	267	陳　發	282
狄　膺	267	陳　澤	282
鄒　魯	267	陳　源	283
鄒志奮	268	陳大齊	284
鄒作華	268	陳子鏞	284
應　祥	269	陳訓悆	285
冷　欣	269	陳永華	285
汪光堯	270	陳光甫	286
沈發藻	270	陳兆瑞	286
沈向奎	271	陳阿榮	287
沈鴻烈	272	陳尚志	288
宋　達	273	陳果夫	288
宋邦榮	273	陳質平	288
張　丙	274	陳周全	289
張　純	274	陳春樹	289
張　炯	274	陳濟棠	289

人　物	頁　數	人　物	頁　數
陳顧遠	290	孤　拔	337
陳博生	290	柯　平	340
陳霆銳	290	柏正才	340
林　鳳	297	胡慶育	344
林　蔚	297	胡伯翰	344
林一民	297	胡阿錦	344
林大北	298	胡宗南	345
林啟禎	299	胡家風	345
林祖密	299	趙龍文	348
林朝炭	300	趙連芳	348
歐　震	307	趙君豪	349
歐劍窗	307	趙恒惕	349
羅　奇	309	趙家驤	349
羅大佑	310	鍾發春	354
羅阿頭	310	鍾貢勛	354
羅卓英	311	鈕永建	355
羅家倫	311	段輔堯	358
季源溥	322	律鴻起	359
金維繫	323	俞飛鵬	360
周異斌	325	施　琅	361
周鴻經	325	施北衡	361
鄭通和	331	洪　中	363
居　正	336	洪蘭友	364
屈萬里	336	祝秀俠	374

人　物	頁　數	人　物	頁　數
祝紹周	374	高吉人	401
費爾堡	374	唐　縱	405
姚　琮	375	唐守治	405
賀衷寒	376	容有略	409
秦德純	379	陶希聖	410
袁錦清	381	蕭一山	415
莫德惠	381	蕭三發	415
聶士成	383	蕭吉珊	416
賈景德	383	蕭同茲	416
顧祝同	384	蕭毅肅	416
顧維鈞	384	黃　俊	418
夏光宇	385	黃　朝	418
夏季屏	385	黃天鵬	418
特羅登紐斯	390	黃阿烈	419
錢大鈞	390	黃榮邦	422
錢公來	391	黃遹霈	423
錢納水	391	曹日暉	425
徐永昌	393	龔　浩	427
徐庭瑤	394	龔　愚	427
徐煥昇	394	盛世才	427
徐傅霖	395	常撫生	428
郭　澄	398	崔書琴	429
郭國荃	398	章　傑	440
高平子	401	閻錫山	441

人　物	頁　數	人　物	頁　數
凌鴻勛	443	謝貫一	466
梁序昭	444	謝耿民	467
梁寒操	445	雷　震	471
彭戰存	447	雷保華	472
董樹藩	448	簡成功	475
董顯光	449	簡精華	475
蔣鋤歐	452	詹阿瑞	476
蔣鼎文	452	闕漢騫	479
覃子豪	455	慈　航	480
程發軔	459	蔡　牽	482
傅秉常	460	蔡清耀	483
傅京孫	460	蔡智堪	484
曾　宗	463	蔡滋浬	484
曾約農	463	端木愷	486
曾寶蓀	463	譚伯羽	487
曾春華	464	摩那·羅達奧	492
曾憲揆	464	戴潮春	496

　　除前面表列另兩本辭典已收，而本書未收者之外，還有一些細節要提出來說明。首先，本辭典收有〈金川詩草〉條（頁523），釋文說「係目前所知臺灣女性作家的第一本古典詩集」，同時有黃金川的肖像，但卻未收錄人物詞目中。其次，林語堂則多本辭典皆未收

錄[17]，魏建功、王雲五等人也應列入。再者，是許多錯字的問題，例如：〈朱西寧〉條（頁301）「寧」應作「甯」，雖然筆者查閱其早年著作，也有封面和書名頁題名不同的情況，但乃應以「甯」為正。附帶一說，〈羅萬俥〉條（頁1334），佟版「俥」誤作「体」。而〈王詩琅〉條（頁216），佟版則以筆名「王錦江」（頁49）作詞目。可見得本書在人物詞目的選定上面，遺漏與缺失頗多，修正時應當再加強補充。

3.2 選詞立目原則探討

人物究竟是要以常用的稱呼，或者較為人知的名字為詞目，是個值得討論的問題，比如作家「三毛」，知道其本名為「陳平」者，顯然較少，若以之為詞目，讀者在查找時，不免失落。下面表列出遠流版和楊版有出入的人物詞目：

許雪姬《臺灣歷史辭典》		楊碧川《臺灣歷史辭典》	
詞　　目	頁數	詞　　目	頁數
丁日健	45	丁日健	49
卞由斯基	171	貝尼奧斯基	12
孔昭慈	178	孔昭玆	126
巴爾頓	182	巴爾敦	8
王鍾麟	218	王鐘麟	317
呂鐵州	364	呂鐵洲	172
季麒光	439	季騏光	106

---

[17] 此處所指多本，至少包括許雪姬、楊碧川及佟建寅三本辭典皆未收錄。

林昆岡	478	林崑岡	149
邱 輝	521	邱 輝	208
保芝琳	545	保芝林	11
洪一枝	584	洪 繻	89
胡建偉	609	胡健偉	92
莊松林	798	朱 鋒	401
陳旺成	836	黃旺成	101
陳滿盈	854	陳虛谷	31
陳篡地	858	陳纂地	23
福士達	1033	科士達	125
蔣中正	1223	蔣介石	111
鍾浩東	1306	鍾皓東	398
蘇鳴崗	1350	蘇鳴岡	235

　　從表列中看，第一個遠流版是「丁曰健」，楊版則「丁日健」，經查證後，大多數以皆名「丁曰健」，唯有新竹市文化局網站是「丁曰健，曰一作日」。[18]此外，除部分的錯字，如「陳篡地」楊版誤為

---

[18] 名為「丁曰健」者，如《臺灣通史》卷三經營紀。而新竹市文化局網站
　　http://www.hcccb.gov.tw/chinese/04tour/tour_g02a.asp?titleId=100　其上所載的全
　　文為：丁曰健，曰一作日，字述安，號述庵，安徽懷寧人，寄籍順天宛平。道光
　　十五年（1835）舉人，揀發福建。二十七年（1847），任鳳山知縣；二十九年（1849），
　　知嘉義縣；咸豐元年（1851），任南路海防兼理番同知。四年（1854），任淡水
　　同知；值閩、粵械鬥之後，地方凋敝，日健出而撫字，其奸猾者，即繩之以法。
　　既而小刀會黃位竄臺灣，下雞籠。日健集紳民，籌戰守；以彰化林文察率鄉勇二
　　百攻之，位敗走。調署嘉義縣，加知府銜。嗣以軍功賞道銜，歷署福建糧道及布
　　政使。同治元年（1862）春，彰化戴潮春事起，全臺俱擾。二年（1863）秋，詔

「陳篡地」外，最多的情況是部首的出入和化名、譯名的問題，這一點，楊版的處理較恰當，「陳旺成」後有括弧注明「黃旺成」。而「蔣中正」本書則以國人習慣之名為詞目，而不以外國人熟知的「蔣介石」為詞目，是不錯的作法。又如「卞由斯基」一則，本書同時收有「貝尼奧斯基事件」，若未留意，讀者恐怕不知兩者是同一人。所以，若一定要將人物譯為「卞由斯基」，那麼最好事件也能統一較適當。

　　總之，筆者認為，在人物姓名的使用上，要以慣稱還是採用本名，應有原則，統一規定，至於外籍人士的譯名，最好也能夠稍微留意，才不會造成讀者查詢上的困擾。

命福建陸路提督林文察視師臺灣，而巡撫徐宗幹亦奏簡日健為臺灣兵備道，加按察使銜，會辦軍務。九月，至艋舺在今臺北市區，慕舊部，謀規復。紳士林問梅豫練鄉勇二千名，保衛地方，及是隨行。進兵牛罵頭今臺中縣清水鎮，數戰皆捷，遂克彰化城。林文察亦自麥寮在今雲林縣境內登陸，定嘉義，復斗六今雲林縣治，駐兵阿罩霧在今臺中縣境。初，日健以汀州軍務。與文察有怯。至是同平臺灣，文察所部就地籌餉，又以辦理清莊，地方復擾。日健止之，不聽。及福建上游告急，詔命文察內渡；文察未行，日健劾之。略謂：「內山掠擊、貓霧等處，前經署陸提臣林文察入山搜捕。於正月破巢後，安住家園五十餘日，頓兵不出，以致眾議沸騰，欲圖報復。餘匪藉此，復肆攻撰；非先事豫防，聯莊得力，竟有難解之憂」。詔命福建總督左宗棠查辦。日健又致書宗棠，歷詆文察不法。已而文察赴閩，殉於漳州之役，弟文明以副將家居。越二年，鄉人賴、洪各姓，訟其霸田。日健委知縣凌定國至彰會審，即就大堂殺之。文察之母控之省，復籲之京，案懸不決，而日健以病奏免。輯《治臺必告錄》八卷（據《臺灣通史》、《臺灣省通志》、《重修臺灣省通志》卷八〈職官表、文職表篇〉。）

3.3 詞條的長度

釋文長度可反映編纂者心目中，該人物的重要程度，也就是說，在歷史上的貢獻較高者，可用較多的字數、較長的篇幅來說明。這些在體例訂定時，即應一併制定出來，應該訂明「長詞條」、「中詞條」、「短詞條」，撰寫者才有可資遵守的撰寫規則。不可因為有些資料取得容易，就洋洋灑灑寫了一長串，而資料取得困難者，雖屬重要人物，卻僅用短短的幾行帶過，這樣釋文就不夠客觀詳實了。

舉例來說，如〈高一生〉條（頁684）、〈高松豐次郎〉（頁687）以篇幅來說，都屬於長詞條，但較諸其他人物，長度與重要程度顯然不相稱。

且本辭典是否對詞條長度有具體規定，由內容編排方式無法明顯看出來。比方說，〈三毛〉條（頁65）文長22行，達332字，和〈姚一葦〉條（頁561）文長18行，〈蘇雪林〉條（頁1349）文長18行相比，無法看出人物的詞條長度如何分別，最好在體例中制訂清楚才是。

4 人物篇錯誤舉隅

4.1 生卒年問題

生卒年是人物的重要基本資料，最好都能確實標出，尤其是可查到的生卒年不應漏列，除非年代湮遠，難以確定。再者，正文中提及生卒年時，要留意是否有前後不一致的情況。本書在人物生卒年部分資料頗為紊亂，據筆者統一，闕漏甚多，有些近現代人物的

生卒年，明顯可查而得知，卻未列出。人物生卒的缺失，在本書中俯拾皆是，為免過於龐雜，此處不再表列，茲舉數例說明：

4.1.1 未完全注明

這類的情況在辭典中比比皆是，有的缺出生日期，有的缺卒日，或者皆缺，也有直接標明「生卒年不詳」者，筆者以為最好還是寫出約在哪一個時代，而現代、當代的人物，生卒年是基本的資料，應該儘可能查出來，不應漏列，如此會使體例顯得極為紊亂，並且造成讀者查閱上的不便。

舉例來說，近現代的人物，如〈尹仲容〉（頁 154）、〈木下靜涯〉（頁 196）、〈王子癸〉（頁 204）、〈王甲乙〉（頁 207）、〈尼克森〉（頁 244）、〈何應欽〉（頁 336）、〈李梅樹〉（頁 387）、〈李翰祥〉（頁 392）、〈杜魯門〉（頁 398）等，資料都不完整。還有一種是年代稍遠者，但其生卒資料應該不難查知者，也不應漏列才是，如〈左宗棠〉（頁 245）、〈李鴻章〉（頁 394）等。由於不勝枚舉，以下只舉數例說明：

許雪姬撰〈邵友濂〉條（頁 519）未標出生年[19]，但根據魏秀梅所編的《清代職官表附人物錄》，可查知為 1834 年。[20]

梁竣瓘撰〈張深切〉條（頁 744）據張深切的戶口謄本，宜加注出生日期為 8 月 19 日。另釋文說「1938 年避居北京」，當時應稱「北平」。又文中提及張深切「歷礫川小學、豐山中學、青山中學中

---

[19] 國家圖書館《臺灣歷史人物小傳》引《臺北市志》卷九人物志，頁 29，臺北市文獻委員會。生年亦缺。

[20] 魏秀梅：《清代職官表附人物錄》，（中央研究院近代史研究所，2002 年 6 月再版），頁 922。

等部」，應是「1917年入礫川小學校」才對。附帶一提，《日據時期臺灣儒學參考文獻》上冊頁485將「礫川小學校」誤為「礫州小學校」。釋文末宜加「陳芳明等主編有《張深切全集》12卷」。[21]

同樣的，歐素瑛撰〈梅貽琦〉條（頁 766）也僅標示生卒年（1889~1962），未寫出日期。[22]同一撰者〈林堤灶〉條（頁486）沒有把卒年查出，也是疏失。[23]許玭華撰〈黃信介〉條（頁927）亦同樣只寫出生卒年為（1928~1999）。實際上，他的生卒日期為「1929.8.20-1999.11.30」，應該不難查，不應略過。[24]

---

[21] 陳芳明等：《張深切全集》，（臺北：文經出版社，1998年1月）。

[22] 清華大學網站「歷任校長」http://www.nthu.edu.tw/intro/intro42_m.htm 說梅貽梅先生「1962年二月當選中研院院士，同年五月十九日上午十一時病逝臺大醫院。」同樣的，《國史館現藏民國人物傳記史料彙編》第二十六輯（頁289-291）所載，其生卒年為「民前23、12、29─民國51、5、19」，兩者是相符的。

[23] 此外，「林堤灶」的「堤」正確應為「堤」，〈林堤灶〉（頁486）、〈大同大學〉（頁86）、〈大同關係企業〉條（頁86-87）全都寫錯了。不過，筆者遍查大同公司、大同大學網站，相關介紹都作「林尚志」，可能因為「堤」不是常用字，從前電腦字無法顯示，因此習慣上以其字「尚志」行。此處或可考慮將詞目改成「林尚志」更妥適。至於其卒日，網頁說明為：「老董事長於改制為大同工學院〈民國五十二年〉前，即為將來學校發展、如何擴大學校土地與校舍，而親自指導策劃。於民國五十年初，甚至將新建不久的三層洋樓自宅拆除，改建為經營大樓。其後捐出私有土地，及購入相鄰私人、官有土地，陸續興建實驗大樓和電機大樓。民國六十年老董事長逝世後，本校繼續興建尚志大樓、德惠大樓〈學生宿舍〉、新德惠大樓與尚志教育研究館等。」參見網頁〈大同大學-創校歷史〉http://www.ttu.edu.tw/history.php。

[24] 民主進步黨中央黨部黃信介紀念文集小組：《民主老先覺：黃信介紀念文集》（臺北：民主進步黨中央黨部，2000年8月）。其中〈大事年表〉第344頁云：「1928年8月20日出生」，第349頁云：「1999年11月30日病逝於臺大醫院，享年72歲」。

4.1.2 前後不一

生卒年除注明不清外,也有敘述不一致的情形,特別是卒年前後不一的情形最多。

劉士永撰〈馬偕〉條(頁 681),詞目後括弧後寫「1901.1.4」,正文卻寫「1901 年 6 月 2 日馬偕博士因喉癌病逝淡水」,日期足足相差 5 個月。

黃美娥撰〈楊廷理〉條(頁 967)卒年打問號(?),正文中卻出現「1813 年卒於未赴建寧知府任前」。另外,撰者在本條未提楊廷理著有《東瀛紀事》,卻在〈東瀛紀事〉條(頁 462)內說參見〈楊廷理〉條。同樣的情形也發生在劉世溫撰〈季麒光〉條(頁 439),正文未提其著作〈蓉州文稿〉(頁 1181)。

而王淑津撰〈彭瑞麟〉條(頁 879)標示其生卒年為「1904~1984」,但釋文最後卻說「1983 年逝於苗栗通霄」,不知何者為是。

許雪姬撰〈蔡培火〉條(頁 1232),在詞目後面標示生卒年為(1889~1983.1.4),撰者忙中有誤,在內容中卻說「於 1982 年過世」,前後矛盾,不知何者才對。

又楊碧川的《臺灣歷史辭典》,大部分人物的生卒年都僅有年份,不注月日,也有不少生卒年資料闕如,或有錯訛的,如〈乃木希典〉條(頁 188)生卒年為「1894~1912」,生卒年相減,推算出其「得年」僅十八歲,是極明顯的失誤,其生年應是「1849」才對。

4.2 內容交叉、重覆的問題

4.2.1 詞條內容參差

人物與事件經常是分不開的，本辭典中，性質相同的詞目未必由同一人撰寫，而撰者彼此間又沒有相互討論，也就會發生內容重覆，或者該寫的卻沒寫的情況。

舉例來說，某些詞條的詞目不同，但內容幾無二致。如〈沈光文〉條（頁401）與〈海東文獻初祖〉條（頁656），係指同一人，後者在詞目後也注明「沈光文」，內容也大致相同，且使用同一張畫像。

又如〈孫立人〉條（頁633）與〈孫立人事件〉條（頁634）交叉，其中〈孫立人〉條有一半在談〈孫立人事件〉，釋文高度重覆，也是應該避免的。

4.2.2 參見詞條漏收

前述詞條內容也可與參見詞目對照看。《臺灣歷史辭典》非常體貼讀者，不僅絕大部分的釋文後皆有參考文獻，更在許多相關詞條的最後，還加上參見詞條，舉例來說，〈石川欽一郎〉條（頁272），在撰者後以楷體字寫著：

〔⇒立花義彰：《靜岡的美術：石川欽一郎展》，1992〕〔→臺灣美術展覽會、倪蔣懷、藍蔭鼎、李澤藩〕

釋文後有參考文獻,還附有參見詞條〈臺灣美術展覽會〉、〈倪蔣懷〉、
〈藍蔭鼎〉、〈李澤藩〉4 則,這樣的編纂用心當然值得稱許,但從
讀者的角度來看,檢索的歷程若能愈簡單便利、愈快速,自然更好
不過了,否則,類似〈李國鼎〉(頁 386)有 7 則參見詞條,逐一查
索,頗為費時。因此,筆者以為不妨好人做到底,參見詞條應直接
在詞目後標出頁碼,如此一來,讀者無需先算出筆畫,找到頁數,
再去一一翻查詞條,可以減省紙本讀者的檢索時間。同時,編纂者
在通讀時,也可透過這樣的設計,察覺參見詞條的收錄情形,也就
不至於發生參見詞條未見的情況。茲舉一則筆者實際查索經驗提供
參考:
筆者想了解「洋行」的相關詞條,經查閱發現共有下列 8 則:〈洋行〉
(頁 582)、〈怡和洋行〉(頁 447)、〈美利士洋行〉(頁 599)、〈美商
洋行〉(頁 600)、〈英商洋行〉(頁 614)、〈寶順洋行〉(頁 1345)、〈德
記洋行〉(頁 1208)、〈德商洋行〉(頁 1208),撰者皆為黃富三,相
關詞條由同一人撰寫的作法極為適當,對內容的掌握有極大的幫
助。但在筆者進一步查找各詞條後的參見詞條時,卻發現:怡和洋
行(頁 447)列有參見詞條:顛地洋行、美利士洋行(頁 599)、寶
順洋行(頁 1345)三條,其中「顛地洋行」並未收錄。
其次,美利士洋行(頁 599)的參見詞條:大南澳事件(頁 91)、怡
和洋行(頁 447)、洋行(頁 582)、寶順洋行(頁 1345)。筆者再順
著脈絡查找大南澳事件(頁 91),其參見詞條有:荷恩(頁 799)、
美利士 2 則,其中「美利士」未見。

　　劉素芬撰李國鼎(頁 386)一條也有類似情形。事實上,其參
見詞條 7 則中,並未見到「經濟安定委員會」、「工業發展委員會」,

正確名稱應為〈行政院經濟安定委員會〉（頁 323）、〈行政院經濟安定委員會工業發展委員會〉（頁 323）。

　　接著再查〈行政院經濟安定委員會〉（頁 323），參見詞條有〈行政院經濟安定委員會〉、〈工業發展委員會〉、〈行政院美援運用委員會〉。參見詞目第一個就是自己，有些說不過去，筆者看內容，推測應合併前面兩者才對，顯然撰者沒有弄清楚這些詞目的完整名稱，又沒做到確實的通讀，才會發生這樣的錯誤。這樣的錯誤或許不嚴重，但林林總總的小錯誤累積起來，辭典的品質堪慮，這都是編纂者不可忽略的。

4.3 釋文敘述與實際不符

　　所謂辭典，應具有「典範性」，讀者往往以「典」為據，這也是為什麼一旦遇到要查詞義、查定義、查起源等情況時，首先就想到查《辭源》、《辭海》的原因。所以，辭典的資料，如人物的生卒年、期刊的創刊日期、圖書的出版年月、機關的成立時間、社團的興衰沿革，及引文、數據、地點等，一定要做到準確、可靠，因此撰者一定要找第一手資料，引用資料內容，務必實際看到原書，方可避免錯訛。

　　釋文謬誤的產生，一方面由於前述引用第二手資料，因為未取得原始資料，無法核實；另一方面是敘述時不夠精確，以至於所述與事實不相符。這樣的情況不只發生在本辭典裡，其他的辭典亦不乏其例。[25]

---

[25] 楊碧川《臺灣歷史辭典》（頁 93），把花岡一郎和花岡二郎寫成兄弟，這是錯誤

　　張淑雅撰〈尼克森〉條（頁 244），隻字未提他 1972 年訪問中國大陸乙事，此項政策的轉變，對中華民國國際地位的打擊為國府遷臺以後最嚴重者，不應略去。文中亦未提及尼克森與周恩來簽訂上海公報。

　　魏心怡撰〈江文也〉條（頁 305），文中說「1932 年赴日」，應為「1923 年」才對。任「中央音樂學院作曲系教授」非「作曲教授」。「1928 年畢業於長野上田中學」，並非「1929 年」。

　　許雪姬撰〈李純青〉條（頁 385）云「1933 年畢業於南京中央政治大學」，其實當時應叫「政治學校」，不稱「大學」；又云「1945年 8 月回臺參加日本的受降典禮，他自稱『小唐山客』，抵家前幾日父親過世」，然而據李純青書中所言，當時的情形是「就在我回到台北的那天早晨，我父親溘然逝世」。[26]

　　應鳳凰撰〈林海音〉條（頁 482），引用二手資料〈頌永恆，念海音：林海音追思會〉，說她「5 歲時隨父親自日本返臺後，即赴大陸，定居中國北京」，但另有一說，應是林海音 3 歲隨父親返臺。[27]

的，兩人有親戚關係，但並非親兄弟。該項又說，花岡一郎上「臺灣師範學校」，其實他讀的是「臺中師範學校」。又把花岡一郎的出生年份寫成不詳（？），但他係出生於 1907 年 9 月 2 日。

[26] 李純青在其所著的《望臺灣》一書中，對此段過程有詳細說明，會出現此種錯誤，可知撰者沒有翻過原著。參見該書，頁 20-25。

[27] 見《從城南走來——林海音傳》頁 24-25，對此段過程有詳細的描述，其中說「一九一八年農曆三月十八日，愛珍在大阪絹笠町『回生醫院』產下一名健康白胖的女嬰，取名含英，小名英子。那年愛珍才是十六歲。」這裡說的愛珍是指林海音的母親黃愛珍。又說「煥文先生顯然不擅經商，在日本幾年，事業一直沒有進展，帶去的錢花得差不多了。他決定先回臺灣一趟，再上北京去看看。在日本住了三年，他們又舉家遷回了臺灣，那時愛珍已懷上老二。回到臺灣後不久，愛珍就在

游勝冠撰「張我軍」條（頁 739）出入頗多，筆者另文[28]探討，此處不再贅述。李筱峰撰〈陳篡地〉條（頁 858）說：「他潛回二水老家，藏匿在陳家大厝後面的田地，攜帶槍械，挖地洞生活。……出面自首，入獄不久獲釋。」但陳家大厝前面才有田地，後面應是「山區」，也才能「挖地洞生活」；文中說他「出面自首」，實際上是遭人檢舉，是「自新」，而非「自首」。

陳佳宏撰〈廖溫魁〉條（頁 1024）云「曾將《左傳》譯為英文」，實際上應是《韓非子》，並非《左傳》。

4.4 釋文不夠謹嚴

許雪姬撰〈林柏壽〉條（頁 480）說投資「中華開發公司」，宜為「中華開發信託公司」，「信託」是重點，不可略去，事實上林任董事長。

王美雪撰〈洪炎秋〉條（頁 587）云「1937 年在北大與師大任教」，釋文過於簡略，此處所指「師大」應是「北平師範大學」，此處最好使用全稱，以避免誤解。

薛化元撰〈范壽康〉條（頁 612）未提 1975 年退休後在中國大陸定居、逝世，其間還當選中國第五屆全國政協委員、常務委員。

頭份生下了老二秀英。」五歲時，林海音一家再度遷到北京。《國史館現藏民國人物傳記史料彙編》第二十六輯（頁 194-195），其中的敘述與傳記相同：「林海音女士，本名林含英，一九一八年出生於日本大阪，父親林煥文，臺灣苗栗頭份人，母親林黃愛珍，臺灣板橋人。三歲隨父母返回臺灣，五歲遷居北京，定居南城。」

[28] 參見筆者未刊稿：許雪姬總策畫《臺灣歷史辭典》詞條商榷：以游勝冠撰〈張我軍〉條為例。

　　李文卿撰〈楊雲萍〉條（頁 972）寫楊雲萍戰後經歷只有兩種，宜加上臺灣省編譯館編纂組主任、臺灣省通志館、臺灣省文獻會、臺北市文獻會委員。文中又說他「入日本大學文學部預科，師承菊池寬、川端康成等人」，丘秀芷訪楊雲萍教授乙文（《文訊》16 期）則說「他先就讀於日本大學文學部預科。結業後，就讀日本文化學院大學部預科。那時文化學院大學部部長就是日本文壇赫赫名家『菊池寬』。……此外，大學部裡還有一位老師也很欣賞楊雲萍，那就是後來得諾貝爾文學獎的川端康成。」此點應再查證詳細些，釋文才能更精確。

　　歐素瑛撰〈劉紹唐〉條（頁 1201）未提劉是 1950 年來臺，及《紅色中國的叛徒》在中華日報連載。文中所提編纂三套系列叢書[29]，原書名《傳記文學叢刊》。同一撰者，〈胡適〉條（頁 607）言 1922 年任北京大學「文學部長」，應為「教務長兼代理文科學長」；又說 1959 年兼任「國家長期發展委員會主席」，「長期」後漏掉最重要的「科學」二字。另外，著作提到《嘗試集》、《中國哲學史大綱》上卷[30]等書，卻漏掉全集，欠妥。

　　任育德撰〈蔣復璁〉條（頁 1225）籍貫宜加「海寧」，也漏了 1933 年任國立中央圖書館籌備處主任，負責中央圖書館建館工作。同一撰者，〈傅斯年〉條（頁 871）云籍貫「山東人」宜寫成「山東

---

[29] 原文為：此外，又聯合海內外史學家編纂「民國史料叢刊」、「民國大事日誌」、「民國人物小傳」三套系列叢書，貢獻至大。

[30] 應稱為「卷上」才對，而非「上卷」。《中國哲學史大綱》的內容是中古哲學史，並非完整的中國哲學史，本書的書名常遺漏「卷上」二字，國家圖書館館藏檢索系統中，也僅有北京東方出版社 1996 年 3 月所出版的書，有完整著錄。

聊城人」，事蹟漏列 1948 年當選為中央研究院院士。本條又言「1919年畢業於北京大學，與同學羅家倫、毛子水共組新潮社，編印《新潮月刊》」，語意易引起誤會，實際是 1918 年與同學羅家倫、毛子水等 20 餘人創立新潮社，1919 年創刊《新潮月刊》；又說「1926 年任中山大學教授兼國文、歷史系主任」，應是 1927 年任中山大學文科學長（後改為文史科主任）。

游勝冠撰〈楊熾昌〉條（頁 973）言「1936 年楊熾昌考入《臺灣日日新報》當記者，戰後該報改名《臺灣新生報》」，敘述太簡略，實際上是《臺灣日日新報》與其他 5 種報紙在 1944 年 4 月 1 日改名《臺灣新報》，1945 年 10 月 25 日再易名為《臺灣新生報》。

4.5 釋文用語不夠簡潔

在用語方面，釋文常有重覆詞頭的情況，如施懿琳、薛化元撰寫的詞條；又贅詞也太多，如翁佳音撰〈鄭芝龍〉條（頁 1247）說：「1661 年一家及子均被處斬」，「及子」兩字可刪。另外，用詞也欠統一，有時用「曾」，有時用「曾經」；「等」字的用法也不一，這些都是問題。再者，有些詞條的釋文雖然簡潔，但卻是典雅的文言文，閱讀上不見得方便，反顯得不合時宜；或者雖用白話，但引文太多，這些都是值得商榷之處。茲舉〈許蔭亭〉條（頁 809）為例：

> 許蔭亭（1870~1904）
>
> 字炳如，泮名夢青，又號劍漁、高陽酒徒。鹿港邑庠生。早年從宿儒王佑庭、莊仲山學，以詩名於當地。臺灣割讓之際，在鹿港聯絡當地士紳共商對策，又上書臺灣巡撫唐景崧，請

求派兵駐守。1895 年八卦山之役偕同義軍與日方浴血苦
戰，因寡不敵眾而落敗。返鹿後傷時局不可挽，遂閉門不出，
當局以重金禮聘擔任公學校教職，堅拒之。厥後，為延續斯
文，至和美設帳授學；並與鹿港洪月樵、苑裡蔡啟運共組鹿
苑吟社，藉以聯絡南北詩友，共抒亡國之悲，著有《鳴劍齋
遺草》。洪棄生評許氏詩：「詩思空靈，才致活潑，不事巉削，
自臻雅妙」；王竹修評：「凡詠物懷人，哀時感事，無不蘊藉
精微，淋漓盡致，愷惻沉痛，情見乎詞。」其詩作之風格特
色，由此可知。其孫許常安云：「大父有奇才⋯⋯與摯友洪
棄生皆童年能詩，鹿港詩人或親承或私淑，皆師事二公，鹿
港詩學亦源在此。」其重要性和影響由此可見。【施懿琳撰】
〔→施懿琳，《日據時期鹿港民族正氣詩研究》，1986〕

本則有兩個問題，一是釋文 397 字，所引的內容就有 138 字，且全
都是別人對其評價，並非在陳述其行蹟或成就，建議可稍微濃縮，
直接表達出意思即可；二是釋文提到的「洪月樵」、「洪棄生」實際
上指的是同一人，只不過他名叫「洪棄生」，字「月樵」，釋文前後
用法宜統一，才不令人產生誤解。此外，筆者建議將撰稿者名字放
在最後，也就是移到參考文獻後，以表示對釋文負責。

4.6 引用書證不適當

本辭典在引用資料時，很多並非選用第一手資料，採用二手資
料情況極為普遍。此種例子在本書中可謂俯拾皆是，由於參考資料
多半未引用原始資料，導致釋文訛誤頗多。原則上，書證的引用，

以人物的寫作而言，一定要參考回憶錄、日記，若無此類資料，傳記（含評傳）亦可，或可參考紀念文集，而不能只參考國史館、單篇論文的資料。倘若資料不充足，退而求其次，才可參考彙編或單篇論文、博士論文，碩士論文則部分可參考。以下舉數例說明：

劉士永撰〈杜聰明〉條（頁 399），參考資料為「杜聰明，《回憶錄》，1989」，更新的資料是 2001 年 5 月出版的《回憶錄：臺灣首位醫學博士杜聰明》，本書據於 1974 年杜聰明博士獎學金管理會出版之《回憶錄》重新排版發行。此條釋文中未說明杜聰明自 1946 年 7 月被舉為臺灣醫學會理事長，連任八屆，至 1971 年止。

范燕秋撰〈陳五福〉（頁 829），參考資料為「醫望編，《福爾摩沙的聽診器》，2000」 未參考「張文義《回首來時路——陳五福醫師回憶錄》，1996 年，294 頁」，同時，照片選用的是夫婦合照，也不妥當。

任育德撰〈黃朝琴〉（頁 933），參考「張玉法、張瑞德編，《我的回憶》，1989」，未參考龍文出版社據 1981 年作者自印之《我的回憶》重新排版印行的《黃朝琴回憶錄》，2001 年出版，全書 296 頁。誠如前述，書證最好採用第一手資料，或回憶錄為主，以避免轉載的錯誤。

4.7 全集未注明

未注明人物的全集也是人物詞目的重大疏忽之一。在寫到人物的著作部分，若有全集，皆應該注明，不可省略。因為全集代表了人物的著作總結，漏列是很大的缺失。例如：《殷海光全集》、《宋斐如全集》、《朱昭陽回憶錄》、《陳逸松回憶錄》、《吳新榮全集》等，

在書中皆未列出。

　　順道一提，在《臺灣文化事典》中，施懿琳撰〈張深切〉條（頁685），雖有提到全集，但也未寫出全名。只說「1998年文經社出版其全集共12卷」。這樣釋文不夠清楚，不能只為求簡省，就略去完整的書名，而應該在體例中統一規定，要注明全集，且要寫出完全整的書名。

　　歐素瑛撰〈胡適〉條（頁607）未注明有《胡適全集》。《臺灣文化事典》薛化元撰亦未提有全集。

　　歐素瑛撰〈張其昀〉條（頁740）不但未注明有《張其昀先生文集》共25冊。對其著作隻字未提。應說明他曾策劃《現代國民基本知識叢書》，照片也應附上才對。參考資料提《國史館現藏民國人物傳資史料彙編第4輯》，亦未提《張其昀博士的生活和思想》。同樣的情況，《臺灣文化事典》中，莊天賜撰亦未提全集。

　　附帶一提，人物詞目均以其正名或常用名稱為詞目名稱，例如用「三毛」（頁65），而不用本名「陳平」，但索引中可同時以「三毛」及「陳平」查得相關介紹。〈陳錫卿〉條（頁859）應參照〈對場〉條（1022），對讀者的理解會更有幫助。

5 結語：從專家撰稿到集體協作

　　網路的崛起，使傳統的工具書編纂方式遭受鉅大挑戰，從歷史演進來看，工具書的編纂，由一人獨力完成，或者集體合作，並非一條直線的演進。單人完成能力有限，時間和精力耗費甚鉅，佳作得到不易；專家撰稿不但具有效率，結合各領域的精英共同合作，

專家自身和品質都更為人信服，所以有極長的一段時間，世界各國具有權威性的工具書都由編纂者主導品質，並由專家撰稿的合作模式來完成。

然而，網路的興起成就了集體協作的編纂模式，一方面，在網路上，匿名的作者，有可能是某個領域的專家；另一方面，網路的即時性，使得其速度和開放性遠遠超過傳統工具書，傳統辭典或百科全書的更新，往往需費時數年，甚至數十年。因此，包括大英百科等工具書，由專家撰稿的模式，所樹立出的權威形象，是否還能夠在 21 世紀成為主流，就變成了一個令人期待的課題。

2005 年 12 月出刊的〈Nature〉雜誌，登載了一項研究調查的結果，引發國外工具書界一場軒然大波。該文從維基百科（Wikipedia）和大英百科（Encyclopedia Britannica）的網站上，分別挑選談論各式各樣主題的文章，然後傳給相關領域的專家審閱，但不告知文章出自哪一部百科全書。結果，專家在比較 Wikipedia 和大英百科針對同一主題解釋的文章後發現，在 42 件有效的評鑑中，兩部百科全書只被揪出八個嚴重錯誤，例如重要觀念的誤解。其中四個錯誤出於 Wikipedia，另外四個出自大英百科。但事實謬誤、省略或容易令人忽略的敘述倒是不少，總計 Wikipedia 有 162 個問題，而大英百科有 123 個問題。

這項研究調查發現，整體而言，大英百科的出錯率是每篇文章 2.92 個錯誤，略低於 Wikipedia 的 3.86 個錯誤。〈Nature〉的結論說：「這項由專家主導的調查顯示，Seigenthaler 和 Curry 這類事件[31]，

---

[31] 維基百科標榜「海納百川，有容乃大，人人可編輯的自由百科全書」。截至目前

應該只是例外，而不是常態。」

2006 年 3 月，大英百科發表長達 20 頁的反駁，認為〈Nature〉提供重新編輯、重新整理和刪減過的資料給評審，甚至包括非出自其本文的樣本。可以預期的，這項爭議在短期間內，應該不會有結果。網路時代的來臨，傳統工具書的編纂方式受到挑戰，維基百科除了免費的優勢外，也引發「權威重要還是過程重要？」的思考。從前，大英百科全書聘請愛因斯坦、佛洛伊德、居里等權威學者撰文，來強化這部百科全書的公信力。相形之下，維基幾乎未提供任何線索，讓讀者評斷文章的可信度。但維基百科的創始人 Jimmy Wales 認為：「民眾信賴大英百科的某篇文章，不是依據文章的作者是誰，而是整個過程。」在這個過程中，一群編輯審核某篇文章，然後編修過程就畫下句點。對照下，維基百科的文章受到不斷的檢視，永無休止的修訂。

舉例來說，英文版維基百科的總詞條最近增加到 100 萬篇。[32]第 100 萬篇是關於格拉斯哥（Glasgow）的 Jordanhill 火車站，原始的文章只有寥寥幾段，但已足敷一般讀者的需求。然而，一周後，社群人士增修紀錄總計 640 筆。如果每一種主題，都能採用這種作法，不需訴諸於專業學識，也不會牽扯出火爆的論戰，那麼我們可以信賴匿名編修社群會產生高品質的作品。但 Jordanhill 火車站一文是特

（2006 年 9 月）為止，已有近九萬篇中文條目。此處說的 Seigenthaler 和 Curry 事件，是在這篇文章刊載前，剛好發生兩則惡作劇或玩笑性事件，也就是匿名寫作，散佈不實訊息，因而在美國引起軒然大波。其中 John Seigenthale 曾擔任記者及白宮官員，在維基網站簡介中，被指與甘乃迺兄弟的暗殺有關。

[32] 此為寫作當時的統計資料，時約 2006 年 9 月。

例,而非常態。

從上述這段過程,我們可以推想,這種爭議應該會持續下去,至於何時休止,誰也不知道。但從其中,可知編纂工具書的複雜和挑戰極高,從來就不是件簡單的工作。若回頭由傳統專家編輯的範疇來看,古人認為一個優秀的史學家,應具備「史才、史識、史筆」,雖然歷史辭典的編纂是團隊合作的工作,然而,編纂者對歷史的解釋,仍然透過詞目的選擇、釋文內容,甚至是圖片的呈顯,間接傳達給讀者歷史的軌跡。本文討論的是人物詞條的編纂,侷限於筆者個人能力,無法將其問題逐一羅列討論,僅就目前可得而知者寫出,供編纂者參考。

首先,筆者以為可先編《臺灣人物辭典》或《臺灣人物傳》,再版時亦應補入缺漏及近幾年逝世的重要人物。其次,所謂「凡事豫則立,不豫則廢」,制定體例的目的在防微杜漸,體例所代表的是一種規格化、規範化,讓所有的撰稿者皆有可資遵循的標準,不致於茫無所從。從而使完成的釋文形形色色,讓讀者看得眼花撩亂,這就違反了編纂工具書,要使讀者在最快的時間得到最正確、最清楚的知識的目標。再者,西方諺語說 "The devil is in the detail." 反映出「細節是關鍵的所在,可以決定品質的好壞」。為了避免掛一漏萬,釋文的規範化是絕對必要的,有了標準化的過程,細節也能夠得到確保。《臺灣歷史辭典》的出版,雖然證明了缺少體例,仍舊可編纂出辭典,但我們仍要說要編纂出一本優良的辭典,體例是不可或缺的,因為辭典具有「典範」的作用,它的正確性極為重要,一旦訛誤太多,不免減損讀者的信賴感,進而失卻了辭典的公信力,因此不能不謹慎為之。

　　在如此匆促的編纂時間，本辭典的完成，雖不能謂之奇蹟，但較許許多多胎死腹中的編纂計畫，這的確稱得上是件了不起的壯舉，希望這項臺灣文化工程的接力賽，能夠持續不輟，擁有強大的生命力。本文是筆者過去一年的學習心得報告，就事論事，提出之看法或許還不夠成熟，也不免有錯訛之處，但從尋找資料過程中，不斷地延伸閱讀，查找《臺灣歷史辭典》的經過，對臺灣歷史有了更多的認識，收穫最大的無疑是筆者本身。

　　從語文詞典、百科辭典、專科辭典一步步的發展過程，標誌著文化的進展，新世紀已然到臨，面對資訊爆炸的時代，辭典的編纂自然也不該原地踏步，而要抱持著「與時俱進，因典制宜」的積極態度，在欣喜遠流版《臺灣歷史辭典》誕生的同時，對於辭典的編纂，應有「出版之日即修訂的開始」的準備，期盼往後學界迭有佳作，臺灣的參考工具書能夠百花齊放，俾能增進國民的基礎知識和文化素養。

著作詞條補正

洪楷萱*

1 前言

　　由文建會、中研院近代史研究所和遠流出版公司合作 2004 年出版的《臺灣歷史辭典》共收錄詞目 4656 條、1260 幅圖像、44 種附表，所記載乃自史前至 2003 年以來，臺灣政治、外交、軍事、經濟、社會、教育、文化、風俗等範疇發展軌跡。強調為了掌握自己的「歷史的解釋權」，因而「臺灣人自己的身世，理應自己分明」，促成這一部真正由臺灣人執筆所撰寫，以一般民眾、臺灣史相關研究者，尤其是高中歷史老師為設定閱讀對象，並富重要參考價值的工具書。學術研究最難得的地方是敢於「創新」與「突破」，能夠有不同於往昔流俗的獨特見解，擺脫時代環境及傳統束縛，無論成與敗都值得肯定，因為一個學術的發展必定在「破」、「立」、「行」的循環往復下不斷往前行去，進而往上提升。過程中三階段固然均十分重要，其中「破」則較為困難。面對兩岸立足點不同，所出版十餘部

＊　本文完成於筆者就讀臺北市立教育大學中國語文學系碩士班期間，現職為國科會專任助理。

臺灣辭典，總策畫許雪姬教授強調這部書的重要特色之一是「以臺灣為主體，詮釋自己的身世」，在逆流的孤寂中不斷勇往直前，始終堅持一種無比強大的信念，才能有足夠的力量終於能為自己開闢一方可以頂天立地的土地，這樣的精神必然值得後進學者感佩學習。

春秋時期孔子嘗言：「《詩》三百，一言以蔽之，曰『思無邪』。」「思無邪」三個字說出了《詩經》的價值，可以說是最簡單的書評，由此可知，書評的傳統在中國文化中可以算是源遠流傳。迄今，書評更是精神文明不斷前進的重要參考，然而，《臺灣歷史辭典》是結合各界學者、專家、研究生大陣容所完成的巨帙，問世以來卻未見較為深刻的評介，甚為可惜。基於此，本文擬就方志、著作、文集部分提出一己之見，期盼能夠達到對《臺灣歷史辭典》深入認識了解，進而彰顯其價值的正面意義。

2 《臺灣歷史辭典》收錄「著作」詞目特色與疏失

2.1 收錄「著作」詞目之特色

《臺灣歷史辭典》由文建會策畫，結合政府、民間及學術界，耗費五年時間而成，是臺灣第一部歷史圖文工具書，為臺灣史研究集大成之作，亦為奠基臺灣歷史工作的重要里程碑。由於專科辭典詞目的收錄選擇牽涉到該書方向與收錄的年代，根據筆者統計結果，《臺灣歷史辭典》在收錄「方志」及「著作、文集」詞目共計

157 條，佔全部詞目約 3.7%。[1]

2.1.1 收錄著作出版時代以戰前（1945 年以前）較詳

所收錄的著作詞目成書出版時代以二次大戰前較多，例如反映 1931 年臺灣社會運動團體遭受大規模鎮壓，同年九月發行的〈三字集〉[2]；清代朱仕玠於 1763 年調任臺灣鳳山縣學教諭，提筆追溯沿途所聞見，並參考郡志所載資料，撰成〈小琉球漫誌〉[3]；周凱於 1840 年雕版印行的〈內自訟齋文集〉[4]；吳濁流於 1940

---

[1] 另外兩本同名辭典，佟建寅《台灣歷史辭典》共收錄詞目 1573 條，其中文獻著作詞目計 106 條，約佔 6.7%；楊碧川《臺灣歷史辭典》共收錄詞目 1201 條，其中著作詞目 86 條，約佔 7%。相較之下，許雪姬《臺灣歷史辭典》著作詞目佔 3.7%，所佔比例較低。

[2] 「1931 年臺灣社會運動團體遭大規模逮捕鎮壓，文化協會幹部詹以昌、陳崑崙與農民組合簡吉、顏錦華等人認為應發展赤色救援會的組織運動。是年 8 月在臺中文協本部召開臺灣赤色救援會組織協議會，決定委由陳結辦理發行機關報事宜。陳結回到竹崎，在陳神助、林水福與張城協助下，於 9 月末發行《二字集》、《三字集》與機關報《真理》第一號。」《臺灣歷史辭典》（臺北：遠流出版公司，2004 年 5 月），頁 67。（〈三字集〉為書名，此處強調是為《臺灣歷史辭典》所收錄詞目，故不用書名號《三字集》表示，以下所列舉詞目皆是，不再綴舉。）

[3] 《小琉球漫誌》為〔清〕朱仕玠作品，《臺灣歷史辭典》釋文云：「乃福建建寧來臺任教諭之朱仕玠的作品。朱仕玠，字璧豐，號筠園，1753 年拔貢。1763 年從德化教諭調任臺灣鳳山縣學教諭，次年以丁母憂離任。任職鳳山縣署時，提筆追溯沿途所聞見，並參考郡志所載資料，撰成《小琉球漫誌》，其他序云：『凡山川風土，昆蟲草木與內地殊異者，無不手錄之；間以五七言諸謳詠，用以彰意念所寄』。」《臺灣歷史辭典》（臺北：遠流出版公司，2004 年 5 月），頁 103。

[4] 「周凱所撰。共 10 卷，藏於中央圖書館臺灣分館，乃 1840 年雕版印行。」《臺灣歷史辭典》（臺北：遠流出版公司，2004 年 5 月），頁 160。

年完成的小說〈亞細亞的孤兒〉[5]；清代巡臺御史六十七的〈使署
閒情〉[6]；龍瑛宗（1911～1980）〈孤獨的蠹魚〉[7]；李春生於 1908
年出版的〈東西哲衡〉[8]；清代臺灣流寓文人林鶴年的〈東海集（福
雅堂詩鈔）〉[9]；陳第所作漢文中第一篇有關臺灣的報導文學〈東
番記〉[10]等，其成書出版年代皆在二次世界大戰之前。

2.1.2 側重在研究臺灣史的重要著作、史料

詞目收錄側重研究臺灣史的重要著作，如姚瑩所作記載清中葉
臺灣兵制與噶瑪蘭開發情形的〈東槎紀略〉[11]；楊廷理所作記載自

---

[5] 「1940 年代完成的長篇小說，最早以日文寫成。」《臺灣歷史辭典》（臺北：遠流
   出版公司，2004 年 5 月），頁 422。

[6] 「為 1744 年以巡臺御史身分來臺的滿洲人六十七所著。」《臺灣歷史辭典》（臺北：
   遠流出版公司，2004 年 5 月），頁 423。

[7] 「龍瑛宗日文文學評論與隨筆集 1943 年由楊逵主辦之盛興出版部發行，為該出版
   部臺灣文庫系列叢書之一。收錄作者 1939~1942 年間發表於臺日雜誌之舊作，以
   及專為本文集出版而撰寫的新稿，共 15 篇，191 頁。」《臺灣歷史辭典》（臺北：
   遠流出版公司，2004 年 5 月），頁 438。

[8] 「乃李春生所著，1908 年出版。」《臺灣歷史辭典》（臺北：遠流出版公司，2004
   年 5 月），頁 456。

[9] 「為清代臺灣流寓文人林鶴年所著，其子林輅存與連橫、鄭兆璜、施士洁等為之
   編校，1896 年初版，1916 年再版。」《臺灣歷史辭典》（臺北：遠流出版公司，
   2004 年 5 月），頁 459。

[10] 「連江陳第著，是漢文中第一篇有關臺灣的報導文學，寫於 1603 年。」《臺灣歷
    史辭典》（臺北：遠流出版公司，2004 年 5 月），頁 460。

[11] 「作者姚瑩，字石甫，安徽桐城人，1808 年進士。……姚瑩來臺十數年，習知
    臺灣地勢、民俗，故書中所寫皆據事直書，是瞭解清中葉臺灣兵制及噶瑪蘭開發
    情形的重要文獻。」《臺灣歷史辭典》（臺北：遠流出版公司，2004 年 5 月），頁

己親自參與平定林爽文事變過程的〈東瀛紀事（東瀛記績）〉[12]；丁
紹儀任臺灣道全卜年幕記當時所見所聞的〈東瀛識略〉[13]；丁曰健
的〈治臺必告錄〉[14]；王育德從臺灣本土的觀點來重新書寫臺灣四
百年的歷史的著作〈苦悶的臺灣〉[15]；阮旻錫所記自己所見聞南明
諸王及臺灣鄭氏諸事的〈海上見聞錄〉[16]；范咸到臺灣所作的詩歌
集〈婆娑洋集〉[17]等，均為研究臺灣史不可或缺的重要參考。

461。

[12] 「1790 年廷理於臺郡署榕堂寫下此書，將自己親自參與平定林爽文事變的過程，
按年按月記述于書中，內容除歷述官兵剿匪經過外，更綜論了臺灣各地的形勢，
以及治理臺灣得失難易的原因。本書獨特之處，在於其本身參與事件的平定，所
以所記多能據事直書，具有史料價值。」《臺灣歷史辭典》（臺北：遠流出版公司，
2004 年 5 月），頁 462。

[13] 「乃無錫丁紹儀撰。丁氏於 1847 年秋渡臺，佐臺灣道全卜年幕。在臺共 8 個月，
凡臺事足資談助者，入耳經目，無不著錄於書。……此書內容豐富，乃了解清中
葉臺灣社會的重要文獻。」《臺灣歷史辭典》（臺北：遠流出版公司，2004 年 5
月），頁 462。

[14] 「編撰者丁曰健。……皆是研究清代治臺方略之重要文獻。」《臺灣歷史辭典》
（臺北：遠流出版公司，2004 年 5 月），頁 509。

[15] 「全書企圖從臺灣本土的觀點，重新書寫臺灣四百年的歷史，有別於當時一元化
的歷史記載。本書著眼於臺灣歷史之變動考察，並進一步提出中國問題的癥結處
乃在臺灣，因此臺灣問題的解決將有助於中國問題的釐清。作者旨在探討臺灣的
過去以及現在的處境，並進一步分析臺灣未來的去路，作者以『臺灣人屬於臺灣
人；只有臺灣人才是臺灣真正的主人翁』之理念貫穿全書，對於新一代的臺灣知
識青年有相當深刻的啟迪。」《臺灣歷史辭典》（臺北：遠流出版公司，2004 年 5
月），頁 612-613。

[16] 「本書書名《海上見聞錄》，「海上」所指為南明諸王及臺灣鄭氏，而「見聞」一
詞乃強調書出作者之見聞，所載多直筆，與楊英《從征實錄》之隱諱不同。」《臺
灣歷史辭典》（臺北：遠流出版公司，2004 年 5 月），頁 654。

[17] 「本書內容所繫大抵皆臺灣之事，內容豐富，除可備一方文獻外，更可從中掌握

2.1.3 掌握最新資訊

《臺灣歷史辭典》注意最新研究，給讀者最新資訊，如研究臺灣史的重要著作、史料《臺灣文獻叢刊》，由李文卿撰寫〈臺灣文獻叢刊〉釋文如下：

> 簡稱文叢。由臺灣銀行經濟研究所室主任周憲文主持編輯而成。自 1957 年至 1972 年 12 月止，出版歷年來關於臺灣歷史及文獻的公、私史料共 309 種，計有 595 冊。於臺灣史學界及文化界的貢獻良多，其所刊行的基礎史料及提供研究上所需的素材，為研究工作紮下深厚的基礎。中研院臺灣史研究所籌備處於 1990 年開始推展『史籍自動化』計畫，即以此部書作為第一項全文檢索資料。粗估全套約有四千五百萬字，至 2004 年已完成全文資料庫檢索系統。[18]

以上釋文不僅對於成書始末及叢書價值說明簡潔，五○年代由周憲文主持，召集文史專家，歷時廿年編輯出版大型文獻，收錄臺灣文獻 309 種 595 冊，不但是研究臺灣歷史最基本且最重要的資料，並且廣為國內外學者引用，可說是規模宏大、影響深遠。另外對於最新研究資料亦能有效的掌握，足能說明編寫者蒐集資訊的用心。相較於楊碧川著的同名《臺灣歷史辭典》中卻僅以短短 57 字作一陳述

一位宦遊文人眼中的臺灣印象。」《臺灣歷史辭典》（臺北：遠流出版公司，2004 年 5 月），頁 726。

[18] 《臺灣歷史辭典》（臺北：遠流出版公司，2004 年 5 月），頁 1082。

如下：

> 台灣銀行經濟研究所主任周憲文（浙江人，日本京都帝大畢業，
> 日本馬克思主義之父河上肇的學生）從 1957 年至 1972 年 12 月
> 止，一共出版歷年來有關台灣歷史、文獻的公私文獻共 309
> 種，595 冊。[19]

釋文甚至未提及對於吳幅員撰著有《臺灣文獻叢刊提要》一書，中
國大陸佟建寅主編同名辭典甚至未收此詞目，於此更能肯定許雪姬
策畫《臺灣歷史辭典》收錄「著作」之特色和價值。

2.1.4 列有撰文者、參考或引用文獻及相關詞目

每條列有撰文者署名，是對此條釋文撰寫的負責任表現，參考
或引用文獻及相關詞目，可以擴大知識性延伸閱讀，裨益讀者，同
時亦接受檢視是否引用或參考第一手資料。如「東海集（福雅堂詩
鈔）」，其釋文：

> 為清代臺灣流寓文人林鶴年所著，其子林輅存與連橫、鄭兆
> 璜、施士洁等為之編校，1896 年初版，1916 年再版，內容
> 包括「華年集」、「珠謳集」等 16 種。其中《東海集》，洪蔭
> 之曾為刊行於上海，作品多為林氏客居臺北時所寫，計有古
> 近體詩 88 首，集中不只有如〈開春連旬陪唐方伯官園讌集

---

[19] 楊碧川著：《臺灣歷史辭典》（臺北：前衛出版社，1997 年 8 月），頁 278。

有呈〉、〈唐方伯邀同劉履臣羅星伯王進之方兩亭周松蓀翁安
宇郭賓石王貢南鄭星帆家仲良諸同人聯詩鐘〉等飲讌唱酬，
歌舞昇平之作；臺灣淪日前後的滄桑時事也多入詩，如〈乙
未五月朔越日全臺紳民權推唐中丞總統民主國有紀〉、〈五月
十三日臺北激於和議兵民交變偕家太僕遵旨內渡倉皇砲礮
巨浪孤舟瀕於危者屢矣虎口餘生詩以志痛〉等，兩相對比，
倍增感傷，王松《臺陽詩話》也特別強調此類詩篇的時代意
義。[20]

條末即附有「【黃美娥撰】〔→林鶴年，《福雅堂詩鈔》，1916〕
〔→林鶴年〕」，表示由黃美娥所撰寫，參考或引用書目為《福雅
堂詩鈔》，相關詞目為林鶴年，而林鶴年如下：

字謙章，號鐵雲，祖籍福建安溪，誕生地為粵之番禺。1882
年舉鄉試，1883 年應禮部試，敘以知縣即選；其後公車屢
上，終薦而弗受。1892 年來臺榷辦茶釐，又應林維源之聘
襄辦撫墾，閒暇則與唐景崧等吟詠酬和，參與牡丹吟社的盛
會。遊臺數載，乙未後移寓鼓浪嶼，自號怡園老人；曾與日
人在廈門合創東亞書院，以「中學為體，西學為用」為教學
宗旨，培育英才不少。平生工於詩，邱菽園以之與王曉滄、
潘蘭史、丘逢甲並稱四子，識者嘆為知言。吳魯則以為先生
大抵早歲所履皆順，豪情逸概，其發為詩絕少角徵音；中年

---

[20] 《臺灣歷史辭典》（臺北：遠流出版公司，2004 年 5 月），頁 459。

以後，身世之感既多，詩遂偏於哀傷。[21]

〈東海集〉釋文詳細說明文集刊刻出版情況對文集內容有十分翔實的介紹，而〈林鶴年〉釋文則著重在對生平事蹟的闡述，兩者對照參看，對其人及其著作有深入介紹與分析，使讀者一目瞭然。美中不足的是〈林鶴年〉釋文中未提及作品《東海集》。

2.2 《臺灣歷史辭典》收錄「著作」詞目之疏失

2.2.1 收錄文學類作品比例偏高

統計分析《臺灣歷史辭典》收錄「著作、文集」詞目，其中詩、文等文學作品，據筆者統計共有 35 條[22]，其他非史學，亦非文學類作品詞目計有 9 條。[23]以上「文學作品」及「非史學，亦非文學類作品」佔全部著作文集達四分之一之多[24]，然《臺灣歷史辭典》既

---

[21] 《臺灣歷史辭典》(臺北：遠流出版公司，2004 年 5 月)，頁 502。

[22] 即〈日據下臺灣新文學選集〉、〈北郭園全集〉、〈使署閒情〉、〈孤獨の蠹魚〉、〈東寧擊缽吟前後集〉、〈東閣唱和集〉、〈芸香閣儷玉吟草〉、〈金川詩草〉、〈南菜園唱和集〉、〈後蘇龕合集〉、〈草草草堂吟草〉、〈偏遠堂吟草〉、〈捲濤閣詩草〉、〈雪蕉山館詩草〉、〈鹿江集〉、〈悶紅館全集〉、〈無悶草堂詩存〉、〈琳瑯山閣吟草〉、〈虛一詩集〉、〈亂都之戀〉、〈滄海遺民賸稿〉、〈詩畸〉、〈臺海擊缽吟集〉、〈臺陽詩話〉、〈臺灣民間文學集〉、〈劍花室詩集〉、〈潛園寓草〉、〈潛園琴餘草〉、〈鄭十洲先生遺稿〉、〈窺園留草〉、〈賴和先生全集〉、〈蘇の道〉、〈嶺雲海日樓詩鈔〉、〈應社詩薈〉、〈瀛州詩集〉、〈瀛海詩集〉，共計 36 條。

[23] 即〈六法全書〉、〈周易管窺〉、〈東西哲衡〉、〈臺灣小說選〉、〈臺灣文學史綱〉、〈臺灣語典〉、〈誰之過〉、〈環球遊記〉、〈ABC 書〉，共計 9 條。

[24] 據筆者統計，著作、文集類作品詞條計 175 條，文學作品及非史學、亦非文學類

為歷史辭典而非文學辭典,所收錄作品自應偏重史學類作品[25]而非文學作品,建議詞目作一重新調整,較能符合歷史辭典之名。

2.2.2 參考或引用博碩士論文資料

辭典編纂時的參考或引用資料非常重要,首先被要求的是資料的正確性與權威性,因此必須引用或參考第一手資料。然在許雪姬《臺灣歷史辭典》著作詞條釋文中引用碩士論文作為參考資料的如〈悶紅館全集〉一條,引用王惠鈴《賴惠川《悶紅墨屑》研究》、〈臺灣詩乘〉引用張寧《連橫研究》、〈窺園留草〉條引用楊明珠《許南英及其詩詞研究》;引用博士論文者如〈草草草堂吟草〉條引用黃美娥《清代臺灣竹塹地區傳統文學研究》、〈無悶草堂詩存〉條引用廖振富《櫟社三家詩研究:林癡仙、林幼春、林獻堂》、〈潛園寓草〉條引用黃美娥《清代臺灣竹塹地區傳統文學研究》、〈棘の道〉條引用柳書琴《荊棘之道:旅日青年的文學活動與文化抗爭:以「福爾摩沙」系統作家為中心》等。學位論文大部分屬未刊稿,未正式公開出版,碩士論文的引用或參考可能需要再作檢討,因為碩士論文是研究學術的開端,可能並非深蓄厚植之後的見解,正確性及學術權威性可能較為薄弱。博士論文的參考引用,相較於碩士論文的參考引用,則較不具爭議,但仍然應該以第一手資料為最重要原則。

作品計 45 條,約佔四分之一。

[25] 按:在此採取的史學作品及文學作品的分類標準,是以許雪姬總策畫《臺灣歷史辭典》收錄詞目及釋文為據,舉凡內容涉及方志地理類或以詩、文方式反映歷史者均歸類為史學作品,而抒發個人情感及平生際遇者則歸類為文學作品。

2.2.3 重要詞目遺漏

重要著作、文集詞目的遺漏大致可由四方面進行考察：

第一，由同名辭典或性質相似辭典的相互比對，是辭典編輯的重要先備工作，尤其對詞目的選定具有正面意義，較能避免遺漏重要詞目之失。[26]以黃玉齋主編《臺灣年鑑》為例，楊碧川《臺灣歷史辭典》中〈台灣年鑑〉釋文云：

> 這是一部代表二次大戰後台灣當時人士對歷史及政、經、社會、文化等各層面的總結性觀點，具有歷史意義。[27]

《臺灣年鑑》於西元 1947 年由臺灣新生報社出版，西元 2001 年由臺北市海峽學術出版社重印，收錄於《臺灣史料新刊》叢書 15-20 冊，共計 6 冊。[28]另外《中華民國年鑑》、《中華民國經濟年鑑》、《中華民國交通年鑑》、《中華民國教育年鑑》等重要年鑑資料亦應予以收錄。

第二，考察辭典中經常被提及或引用的書籍是否列為詞目，如

---

[26] 「編纂詞典前應分別調查近二十種的前言、序文、編輯說明及部分條目，然後進行比較分析，確定以其中幾部作為重要參考書，然後寫成編寫方案，徵求各方的意見。」張蕙〈調查研究是編好工具書的第一步〉,《辭書研究》1991 年第 1 期，1991 年）。

[27] 同注 20，頁 268。

[28] 由上文可知《台灣年鑑》為了解二次大戰後臺灣社會的重要參考書，應該予以收錄。

在許雪姬策畫《臺灣歷史辭典》中《臺灣文獻叢刊提要》[29]常被提及。臺灣省文獻委員會編印《臺灣文獻》在許雪姬策畫《臺灣歷史辭典》中收有〈臺灣省文獻委員會〉詞目，但此條對於《臺灣文獻》這一重要的期刊卻未有交代，應予以增補，均應列為重要應收詞目。

第三，察論及重要歷史事件的書籍，如發生在 1947 年二月底及三月間的二二八事件，是臺灣歷史上傷亡慘重、影響深遠的大事件，如有關二二八事件著作、文集等詞目，《二二八事件資料選輯》[30]、《二二八事件文獻輯錄》[31]、《二二八事件文獻續錄》[32]、《二二八事件文獻補錄》[33]等，應予以增補，使讀者對二二八事件的認識能夠比較全面及客觀。

第四，考察近現代臺灣重要史學類書籍，如《臺灣省五十一年來統計提要》[34]、《臺灣美術地方發展史全集》[35]、《臺灣原住民史·

---

[29] 吳幅員：《臺灣文獻叢刊提要》，臺灣銀行經濟研究室編，（臺北：臺灣銀行發行，1977 年）。

[30] 中央研究院近代史研究所編：《二二八事件資料選輯》（臺北：中央研究院近代史研究所，1992~1997 年）。

[31] 二二八事件文獻輯錄專案小組編：《二二八事件文獻輯錄》（南投：臺灣省文獻委員會，1991 年）。

[32] 魏永竹主編：《二二八事件文獻續錄》：（南投：臺灣省文獻委員會，1992 年）。

[33] 魏永竹、李宜鋒主編：《二二八事件文獻補錄》（南投：臺灣省文獻委員會，1994 年）。

[34] 臺灣省行政長官公署統計室編、臺灣省政府主計處重印：《臺灣省五十一年來統計提要：民國前十七年至民國三十四年》（南投：臺灣省政府主計處，1994 年）。主要研究臺灣在日本統治五十一年來（民國前 18 年至民國 34 年）最完整的統計資料集，應予以收錄。

[35] 國立臺灣美術館編印：《臺灣美術地方發展史全集》（臺北：日創社文化事業公司，2003 年）。

語言篇》[36]、《臺灣近代史：政治篇》[37]、《臺灣近代史：文化篇》[38]、
《臺灣近代史：社會篇》[39]、《臺灣近代史：經濟篇》[40]、《清代臺灣
方志研究》[41]、《中國方志叢書・臺灣地區》[42]等均為重要詞目應考
慮予以收錄。

　　將來再版時若能予以調整增補，則較能與歷史辭典名實相符，
俾能突顯《臺灣歷史辭典》的時代意義及其內涵價值。

3《臺灣歷史辭典》收錄「著作」之釋文

　　辭書的釋文撰寫是極為嚴肅的文化工作，具體經驗的累積和完
備的工作手冊乃是編纂辭書的基石，否則淆亂情形實難避免。許雪
姬策畫《臺灣歷史辭典》歷經五年辛苦成書，然其中最大的問題在
於缺乏編纂前的工作手冊，從某方面來說成就了辭典釋文的豐富

---

[36] 李壬癸：《臺灣原住民史・語言篇》（南投：臺灣省文獻委員會，1999 年）。

[37] 臺灣省文獻委員會編：《臺灣近代史：政治篇》（南投：臺灣省文獻委員會，1995 年）。

[38] 臺灣省文獻委員會編：《臺灣近代史：文化篇》（南投：臺灣省文獻委員會，1997 年）。

[39] 臺灣省文獻委員會編：《臺灣近代史：社會篇》（南投：臺灣省文獻委員會，1995 年）。

[40] 臺灣省文獻委員會編：《臺灣近代史：經濟篇》（南投：臺灣省文獻委員會，1995 年）。

[41] 陳捷先：《清代臺灣方志研究》（臺北：臺灣學生書局，1996 年）。

[42] 《中國方志叢書》（臺北：成文出版社，1983－1985）這套重要的方志類叢書，《臺灣歷史辭典》無論是詞目或參考書目均未曾提及。

性，但辭典撰寫卻有固定的辭典體，豐富性也可能會造成混亂無條理[43]，「方志」及「著作、文集」詞目釋文亦然，建議此類釋文體例表達內容及著錄項目先後順序如下，「書名」（概括語）、「作者」、「卷數」、「版本」、「體制」、「內容」、「篇目章節」、「大意」。以下分別將以「方志」及「著作、文集」之釋文提出一己之見。

3.1 方志

陳捷先所撰《清代臺灣方志研究》一書，對清代臺灣地區具備方志內容並有義例的 21 種志書有深入研究，在許雪姬策畫《臺灣歷史辭典》中參考或引用此書的方志類詞目僅有〈諸羅縣志〉一條。針對方志，應先作一完整規劃，考慮如同陳捷先在《清代臺灣方志研究》中將資料表格化，方志之間的因襲及成書時代先後等相關資訊便能一目了然，再進行詞目的安排亦更妥貼，建議相關性詞目由同一人撰寫較能避免重複性問題的發生。

3.1.1 著重講述成書過程，對方志內容多所忽略

方志類的釋文，〈臺灣志略〉、〈臺灣府志〉、〈重修臺灣府志〉、〈重修福建臺灣府志〉、〈續修臺灣府志〉等多著重在講述成書過程，對

---

[43] 按：《臺灣歷史辭典》著作文集中作者寫法就有多種，顯得雜亂無章法，如〈海上見聞錄〉釋文云「阮旻錫撰」，〈東番記〉釋文云「連江陳第著」，〈周易管窺〉釋文云「清淡水廳楊克彰著」，〈治臺必告錄〉釋文云「編撰者丁曰健」，〈東瀛紀事〉釋文云「或名《東瀛記續》，楊廷理所作。」，〈東海集〉釋文云「為清代臺灣流寓文人林鶴年所著」，〈梅鶴齋吟草〉釋文云「日治時期新竹詩人林鍾英（1884~1942）所撰」，〈海天玉尺編〉釋文云「巡臺御史夏之芳所編，夏氏於 1728 年任巡臺御史。」寫法多種，顯然失去辭典的規範性。

重要的方志內容卻多所忽略或未論及，建議應該將重心放在方志內
容的介紹。如〈臺灣志略〉詞條釋文內容為：

> 《臺灣志略》有兩種，一為清雍正末年尹士俍所作，二為清
> 道光年間李元春所作。尹士俍，字東泉，山東省濟寧縣人，
> 1729 年任臺灣海防同知，1733 年升任臺灣知府，1735 年再
> 升任為分巡臺灣道，雍正末年完成《臺灣志略》三卷，乾隆
> 初年刊刻。李元春，字時齋，陝西省朝邑縣人，清中葉完成
> 《臺灣志略》二卷，無序跋。該書原為「清照樓叢書」之一
> 種，分別記述土地、軍政、戎略及叢談，完全刪輯自謝金鑾
> 所修之《續修臺灣縣志》。[44]

全文約 190 字，著重在作者介紹，然此詞條為著作詞條，應著重作
品介紹，然而卻多所忽略，對尹士俍所作《臺灣志略》[45]內容如上
卷包括：全郡形勢、疆域沿革、重洋海道、文員定制、武職營規等；
中卷包括：學校士習、民風土俗、番情習俗等；下卷包括藝文題詠
等，隻字未提，對李元春所作《臺灣志略》內容亦是語焉未詳。

3.1.2 相關性詞目未作有效銜接

如〈重修臺灣府志〉與〈臺灣府志〉密切相關，詞目釋文的安

---

[44] 《臺灣歷史辭典》（臺北：遠流出版公司，2004 年 5 月），頁 1097。

[45] 中國大陸近年出版方志新版本，〔清〕尹士俍纂修、李祖基點校《臺灣志略》（北
京：九州出版社，2003 年）；〔清〕尹士俍纂修、李祖基點校標注《臺灣志略》（香
港：香港人民出版社，2005 年）將來再版時均可列為參考補充。

排卻有重複之處，〈重修臺灣府志〉有三分之一談《臺灣府志》，釋文如下：

> 《重修臺灣府志》有周元文的周志與范咸的范志之分。《臺灣府志》創稿于首任臺灣府知府蔣毓英，1694 臺廈兵備道高拱乾以蔣毓英的府志草稿增補纂成《臺灣府志》，1695 年刊刻，此後經歷幾次增刻。1710 年鳳山知縣宋永清延攬鳳山教諭施士嶽與生員共同增補 1696 至 1710 年間事情，稱為「增修」，但未及刊行。1712 年知府周元文以宋永清之增輯，仍有不詳之處，乃與臺郡博士弟子廣搜材料補輯，稱為「重修」。宋、周增補資料，後來根據高拱乾府志原版增刻，題名為《重修臺灣府志》，學者稱為《周志》。《周志》於 1718 年後刊刻，共 10 卷，首 1 卷，與《高志》大略雷同，增補較多者是規制、秩官、武備、賦役以及藝文五志。《重修臺灣府志》則是 1745 年由時任巡視臺灣御史的六十七與范咸以劉良璧的《重修福建臺灣府志》體例繁瑣、又有闕略，而共同纂輯新志。該志逾一年成書，稱《重修臺灣府志》，1747 年刊行，學者稱《范志》。《范志》共 25 卷、首 1 卷，綱目乃根據《劉志》與《高志》增損而成，體例義法為清修臺灣方志的典型。[46]

---

[46] 《臺灣歷史辭典》（臺北：遠流出版公司，2004 年 5 月），頁 617。按，畫底線字為筆者所標皆為論及《臺灣府志》釋文，約佔全部釋文的三分之一。

此條詞目既為〈重修臺灣府志〉，則釋文應聚焦在《重修臺灣府志》一書的書寫，花掉文長三分之一來說明另一詞目〈臺灣府志〉可能需要再作斟酌，應著重在重修的過程或重修前後的不同，作更有效率的釋文安排。

3.2 著作、文集

3.2.1 「著作、文集」類與「人物」類釋文的協調不足

3.2.1.1 著作、人物釋文書寫的配合

人物與著作二者一體相關，但二者所側重有不同。人物詞目，應著重於生平、主要著作、貢獻等等；著作詞條釋義，應該包含概括語、作者、成書年代、內容、觀點、影響及不足等等。理想的狀況由同一人撰寫方便於對照，亦能避免內容的重複，二者之間相互配合達到相輔相成的最佳情況，如翁佳音撰〈揆一〉條釋文，先將揆一一生的經歷介紹簡潔清晰，一目了然，最後說明著書緣由，比較屬於同一撰者〈被遺誤的臺灣〉釋文，成書始末說明清晰明瞭，並且說明此書的多種譯本及最新英文譯本，可惜未介紹該書出版年，反而在〈揆一〉釋文介紹出版年實非恰當，應再作斟酌考慮。

〈瀛州校士錄〉釋文云：

而《瀛州校士錄》則是臺灣兵備道兼提督學政徐宗幹於 1848

年始編之作。[47]

然〈徐宗幹〉的釋文：

> 1866 年以疾卒於任，諡清惠，入祀福建名宦祠，其治臺文
> 章收入其所著《斯未信齋文編》及丁曰健所編之《治臺必告
> 錄》。[48]

〈徐宗幹〉釋文全未提及《瀛州校士錄》，應予以修改增補。
〈臺灣人三部曲〉釋文如下：

> 戰後臺灣大河小說，作者鍾肇政。全書由〈沉淪〉、〈滄溟行〉、
> 〈插天山之歌〉3 部長篇組成。作者在小說中借用同一個家
> 族的發展史，呈現臺灣淪陷日本 50 年的社會生活，並企圖
> 以此刻劃出一個鮮明的大時代。作者鍾肇政，1925 年生，
> 桃園縣龍潭鄉人。日治時期先後就讀淡江中學、彰化青年師
> 範學校，1945 年畢業後，被徵為學徒兵，服日本兵役，日
> 本投降後復員返鄉，任龍潭國民學校教師，開始學習中文。
> 1948 年進入臺大中文系就讀，旋輟學，仍任原職，並自修
> 苦讀國語文。鍾肇政歷任中小學教師 30 餘年，也曾任副刊、
> 雜誌主編，東吳大學兼任講師，臺灣筆會會長，退休後仍不

---

[47] 《臺灣歷史辭典》（臺北：遠流出版公司，2004 年 5 月），頁 1328。

[48] 同上注，頁 642。

停寫作，兼任臺北市客家文化基金會董事長、寶島客家電臺
基金會董事長。一生為文壇貢獻良多，早在 1965 年即編選
《本省籍作家作品選集》、《臺灣省青年作家叢書》，主持主
編《臺灣文藝》有年。曾獲吳三連文藝獎、國家文藝獎等。
鍾肇政長篇小說創作可分成兩大系列，一是以《濁流三部曲》
為代表的自傳體小說，一是以《臺灣人三部曲》為代表的歷
史素材小說。另有寫霧社事件的《馬黑坡風雲》、《高山組曲》
也可歸屬此一系列。短篇小說集有《中元的構圖》、《白翎鷥
之歌》等。[49]

全文總長約 330 字，對詞條〈臺灣人三部曲〉的內容介紹卻僅只有
68 字，作者介紹卻有 260 字，應該將重心放在《臺灣人三部曲》的
內容梗概或是刊刻出版情形介紹較為妥切。相同的情況亦發生在〈臺
灣文學史綱〉釋文中：

戰後臺灣出版的第一部本土文學史著作，葉石濤著。本書不
但提供臺灣文學歷史三百年的主要輪廓，且將日治時代賴和
以降的臺灣新文學與戰後現代文學相銜接。作者自日治時代
後期即參與文學活動，從戰前到戰後，60 多年間創作與評
論未曾間斷，是臺灣文學發展的見證者，亦是文學研究的奠
基者。葉石濤，1925 年生，臺南市人，臺南州立臺南第二
中學校（今省立臺南一中）畢業。日治時期曾任日人西川滿

---

[49] 《臺灣歷史辭典》（臺北：遠流出版公司，2004 年 5 月），頁 1069。

主編的《文藝臺灣》助理編輯，戰後在小學教書多年，直到1991年退休。作品曾獲中國文藝協會文藝獎章、巫永福評論獎、國家文藝獎等。小說創作之外，更從事臺灣本土文學的評論工作。小說題材重視歷史體驗，以描寫人類生存的困境、追求救贖或解脫之道為寫作主題。文學評論方面，從最早的《葉石濤評論集》到後來的《走向臺灣文學》、《展望臺灣文學》等，已經超過10本，其中以1987年出版《臺灣文學史綱》最受文壇矚目。小說創作有《葫蘆巷春夢》、《羅桑榮和四個女人》等，回憶錄《不完美的旅程》、《府城瑣憶》、《舊城瑣記》等。[50]

幾乎全部釋文都在介紹作者葉石濤的生平經歷，對《臺灣文學史綱》一書的介紹相較之下顯得薄弱，並不符合著作作品釋文的前提，可能考慮應予以斟酌調整，聚焦在書的形式、內容介紹較為符合詞目本身。

3.2.1.2 釋文內容上的衝突

〈連橫〉釋文：

1914年在北京清史館任名譽協修，同年返臺著述《臺灣通

---

[50] 《臺灣歷史辭典》（臺北：遠流出版公司，2004年5月），頁1079-1080。

史》。[51]

而亦屬同一撰者撰寫詞條〈臺灣通史〉釋文卻為：

> 連橫自 1908 年至 1918 年著手撰寫《臺灣通史》。[52]

二者所根據資料明顯不同，但卻未加仔細核對考訂，令讀者無所適從。

以上二則釋文撰者為同一人，相同的情況發生在不同撰者則落差更大，如〈裨海紀遊〉條：

> 郁永河聞臺地淡水產硫黃，慨然自請前來。[53]

〈郁永河〉條：

> 1696 年福州火藥庫爆炸，損失硝磺 50 餘萬斤；隔年受官府所託，前往臺灣淡水採硫。[54]

二者明顯不同，究竟郁永河為什麼來臺？是施懿琳所寫的「慨然自請前來」或者是許毓良所說的「受官府所託，前往臺灣淡水採硫」，

---

[51] 《臺灣歷史辭典》（臺北：遠流出版公司，2004 年 5 月），頁 812。

[52] 同上注，頁 1144。

[53] 同注 51，頁 1182。

[54] 同注 51，頁 616。

孰是必須再深入考證，找到更明確的證據，還原歷史真相。〈裨海紀遊〉條記：

> 1697 年農曆正月啟程採硫，2 月抵府治，4 月 7 日開始北上，遍歷臺灣西部沿海諸社，由南嵌社經海岸至八里坌社，復溯淡水河入臺北平原，至北投採硫礦。歷盡艱難險阻，沿途所見所感，皆以文、以詩詳加記載。直到是年 10 月 4 日離開，郁永和在臺半年餘，寫成《裨海紀遊》，又名《採硫日記》，又名《渡海輿記》。[55]

〈郁永河〉條：

> 1697 年 3 月 7 日從廈門放洋，3 月 16 日由安平上岸。5 月 27 日率跟役 55 名以牛車就道北上。時大甲以北罕有行人，竹塹而上如入荒塞，6 月 17 日抵淡水。6 月 21 日從淡水河河口入甘答門（今關渡），會見麻少翁等 23 社土官，並著手進行採硫。至 1697 年 8 月先前的跟役已死去大半；隔月，又從省中調派新役 60 人支援，才得以繼續工作。除採硫之外，滯臺期間對於北臺戍防的疏竦，以及社商對熟番的剝削均有深刻記錄。同年 11 月 20 日事畢，23 日從八里坌海口放洋，27 日抵閩江口外的官塘山，12 月 1 日入福州省城，

---

[55] 《臺灣歷史辭典》（臺北：遠流出版公司，2004 年 5 月），頁 1182。

完成這一次的任務。著有《裨海紀遊》傳世。[56]

二者日期啟程（農曆正月／3月7日）、到達府治[57]（2月／3月16日），北上（4工7日／5月27日）有所出入，離開日期也不相同（10月4日／11月23日），使讀者無所適從，撰寫者應詞條釋文並查明正確日期，才不致產生這樣的衝突。

3.2.2 「著作」之釋義

3.2.2.1 不可過度文言

辭典類工具書的釋文非論文、研究論文，亦非報刊上的文章，而是應以接近濃縮論文或濃縮研究論文，或較接近摘要的文章寫法，如連健生〈《教育大辭典》的收詞和釋義〉中所言：「要符合辭典體的釋文」、「要堅持辭典體」。

> 所謂辭典體，主要是開門見山，開宗明義；不『穿鞋戴帽』，不加『尾巴』；只介紹必要的知識，不引申、不發揮、不辯駁、不議論、不描寫；語言樸實，言簡意賅，字斟句酌，惜墨如金。[58]

---

[56] 同上注，頁 617。

[57] 應是指今之台南。

[58] 連健生：〈《教育大辭典》的收詞和釋義〉，（《辭書研究》1992 年第 6 期，1992 年11 月），頁 41。

以上將辭典體釋義說得很清楚，因而辭典記錄的是已經存在的客觀
事實，不能帶有評論、批判的語氣，或預設的價值判斷。觀《臺灣
歷史辭典》著作、文集之釋文，如〈東番記〉釋文：

> 連江陳第著，是漢文中第一篇有關臺灣的報導文學，寫於
> 1603 年。是年浯嶼都司沈有容來臺剿倭，事後又接見原住
> 民頭目大彌勒。陳第隨行，記載分布今曾文溪以南西拉雅族
> 的習俗、狀況、物產，與漢人間的關係及甚畏海的特性，復
> 述鄭內監於永樂初航詔諸夷，東番獨不聽約，故家貽一銅鈴
> 與之，遂為其寶。陳第之友為寫〈讀東番記〉後，以「東番
> 之入紀載也，方自今始」，可見在萬曆中葉以前，漢人尚未
> 詳知臺灣也。另一〈東番記〉為周嬰所記，大抵本乎陳第，
> 以賦體為之，約在崇禎年間成文，記中云「彼好事之徒，爰
> 有郡縣彼土之議矣」，可證當時臺灣並非明朝領土。[59]

書寫雖簡要，但卻有過度文言的情況，如「復述鄭內監於永樂初航
詔諸夷，……遂為其寶。」並且在末句中加入自己的判斷「可證當
時臺灣並非明朝領土」，此判斷固然合理，已經偏離辭典不評論判
斷的基本要求。

3.2.2.2 省減空間作更有效的利用

釋義的書寫必須要直接緊扣詞目內容，不能拖沓龐雜，除了觀

---

[59] 《臺灣歷史辭典》（臺北：遠流出版公司，2004 年 5 月），頁 460。

點正確，敘述簡明之外，還需以最精煉的文字提供最豐富的資訊。
然觀《臺灣歷史辭典》著作、文集釋文則有贅詞過多之累，應刪去
多餘贅詞。如「重複」詞頭，〈被出賣的臺灣（Formosa Betrayed）〉
釋文「Formosa Betrayed 的作者 George H. Kerr（柯喬治、葛超智）」
[60]、〈被遺誤的臺灣（Neglected Formosa）〉釋文「Neglected Formosa
一書被認定是荷蘭最後一任臺灣長官揆一（Frederik Coyett）及其
同僚所合著」[61]、〈臺灣志略〉釋文「《臺灣志略》有兩種，一為清
雍正末年尹士俍所作，二為清道光年間李元春所作」[62]、〈六法全書〉
釋文「六法全書是針對國家重要法規的彙編，其名稱的由來可能是
源自日本」、〈重修臺灣府志〉釋文「《重修臺灣府志》有周元文的周
志與范咸的范志之分」[63]、〈臺灣府志〉釋文「《臺灣府志》有 1685
年纂修的蔣（毓英）志與 1694 年的高（拱乾）志之分」[64]、〈環球
遊記〉釋文「《環球遊記》乃霧峰林獻堂所著」[65]、〈櫟社沿革志略〉
釋文「《櫟社沿革志略》乃潭子秀才傅錫祺所編撰」[66]等。另外著作
及作者的表示方式，亦有贅詞太多之失，如〈蓉州文稿〉釋文「本
稿由清初來臺擔任諸羅縣令的李麒光所著」[67]、〈裨海紀遊〉釋文「本

---

[60] 《臺灣歷史辭典》（臺北：遠流出版公司，2004 年 5 月），頁 801。
[61] 同上注，頁 802。
[62] 同注 60，頁 1097。
[63] 同注 60，頁 617。
[64] 同注 60，頁 1101。
[65] 同注 60，頁 1289。
[66] 同注 60，頁 1341。
[67] 同注 60，頁 1181。

書乃浙江仁和諸生郁永河所撰」[68]、〈閩海紀要〉釋文「本書分上、下二卷，乃泉南人夏琳所撰」[69]、〈劍花室詩集〉釋文「此一詩集係合連橫四部詩集編纂，由其哲嗣連震東訂正而成」[70]、〈憤怒的臺灣〉釋文「此為蘇新於二二八事變逃抵香港之後，以筆名『莊嘉農』所寫的關於二二八事件發生前因後果的歷史著作」[71]、〈澎湖志略〉釋文「本書為清代第一本專門記載澎湖的方志」[72]、〈戴案紀略〉釋文「本書為彰化吳德功所撰」[73]、〈蠡測彙鈔〉釋文「此書乃江西浮梁人鄧傳安撰」[74]、〈觀海集〉釋文「此集為劉家謀在臺擔任臺灣府學訓導（教諭）時之詩歌隨筆」[75]，釋文就在詞目之下，所謂「本稿」、「本書」、「本集」恐怕是畫蛇添足，若能減少這些贅詞則能加入更多有效的釋文，或者減少空間減少書本頁數對書本有正面積極的經濟效益。

3.2.2.3 用語必須精確

中國文字表達同一件事的詞彙很多，但其中卻有差別，例如「笑」，可以說「微笑」、「大笑」、「捧腹」、「竊笑」、「冷笑」等，同樣都講「笑」，內涵卻有差異，因而釋文用語的正確性及精確性必須

---

[68] 《臺灣歷史辭典》（臺北：遠流出版公司，2004 年 5 月），頁 1182。

[69] 同上注，頁 1189。

[70] 同注 68，頁 1204。

[71] 同注 68，頁 1209。

[72] 同注 68，頁 1215。

[73] 同注 68，頁 1285。

[74] 同注 68，頁 1360。

[75] 同注 68，頁 1368。

更嚴格被要求，否則就落入模糊、模稜兩可的困境。〈臺灣人四百年
史〉條釋文「**史明著。本書成於 1962 年，原以日文寫成，1980 年
中譯出版。**」[76]此處釋文用字落於模糊、不精確，因為用「寫成」、
「成於」與「出版」差距甚遠，此書出版刊刻情形較為複雜，應可
以在釋文中加以說明。據筆者所知，《台湾人四百年史：秘められた
植民地解放の一断面》以日文寫成，1962 年東京都音羽書房出版，
後來因為作者深感日文並非臺灣鄉親所熟悉的文字，因此以日文版
的內容與骨幹為基礎，花了六年的時間，重新以漢文撰寫並且作相
當分量的增訂，漢文版由美國蓬島文化公司於 1980 年 9 月出版。
[77]1986 年英文版 Taiwan's 400 year History 在美國出版。[78]

4 結論

　　《臺灣歷史辭典》是結合學界學者、專家、研究生大陣容所完
成的巨帙，問世以來卻未見較為深刻的評介，〈著作詞條補正〉期望
能達下列成效：

　　（一）彰顯許雪姬所策畫《臺灣歷史辭典》這部歷史辭典的時
代意義及其價值。所收錄詞目 4656 條、1260 幅圖像、44 種附表，
所記載乃自史前至 2003 年以來，臺灣政治、外交、軍事、經濟、社

---

[76] 《臺灣歷史辭典》（臺北：遠流出版公司，2004 年 5 月），頁 1070。

[77] 以上參考《台灣人四百年史》書前漢文版序及日文版序（史明：《台灣人四百年
史》漢文版，San Jose：蓬島文化公司，1980 年 9 月）。

[78] 參考史明：《作者序・臺灣不是中國的一部分——台灣社會發展四百年史》（臺北：
前衛出版社，1992 年），頁 10。

會、教育、文化、風俗等範疇發展軌跡，強調為了掌握自己的「歷史的解釋權」，無論價值內涵或者主體性表現，價值均遠遠超過兩部其他兩部同名辭典。

（二）對所收錄著作進行深入認識，從詞目收錄至釋文撰寫，其特色與價值為「收錄時代以戰前較詳」、「側重在研究臺灣史的重要著作、史料」、「掌握最新資訊」、「列有撰文者、參考或引用文獻及相關詞目」；疏失為「收錄文學類作品比例偏高」、「參考或引用博碩士論文資料」。

（三）對重要著作、文集詞目進行查核，找出重要遺漏，提出建議。

（四）針對收錄「方志」及「著作、文集」之釋文進行考察，「方志」類發現著重講述成書過程，對方志內容多所忽略或缺乏內容介紹、相關性詞目未作有效銜接；著作類與人物類釋文的協調性不足，造成釋文內容上的衝突，某些釋義趨於過度文言，用語未達精確。

（五）中國大陸近年出版方志新版本，如（清）尹士俍纂修、李祖基點校《臺灣志略》（北京：九州出版社，2003 年）；（清）尹士俍纂修、李祖基點校標注《臺灣志略》（香港：香港人民出版社，2005 年）；〔清〕江日昇撰、劉文泰等點校《臺灣外誌》（濟南：齊魯書社，2004 年），將來再版時均可列為參考補充，不啻能關注最新研究，而且更有助於兩岸學術互動交流。

本辭典在「方志」類與「著作、文集」類所出現的諸多問題，歸咎其重要原因可能是缺乏完善的規範，因此在辭典編纂前若能編纂一本完善的工作手冊，讓所有參與編纂工作者都有一把相同可以遵循的尺規，那麼以上所述問題較能有效避免。

期刊詞條補正

高淑芬[*]

1 前言

目前可見題名為臺灣歷史辭典的工具書，有佟版的《台灣歷史辭典》、楊版的《臺灣歷史辭典》和許雪姬總策畫的《臺灣歷史辭典》三種。前兩者所收入的詞條不甚豐富，先前的兩篇文章已有討論，在此不加贅述。[1]

臺灣的數百年歷史，歷經了不同的統治時期，而今在一個思想開放的時代，我們有必要回顧過去，建構出臺灣人的史觀，而這正是臺灣歷史辭典的必要性與迫切性。只是編輯辭典是一件相當艱辛的大工程，需要大量有心人士的投入，不是輕率誇口就能夠輕易完成。然而，就是有人願意當火車頭，帶領一群優秀的工作團隊，完成這樣艱鉅的任務。2004 年 5 月，中央研究院近代史研究所許雪姬教授總策畫的《臺灣歷史辭典》問世。這部集結了141 位學者和研究生的全力合作，收錄史前迄 2000 年止（部分至

---

[*] 臺北市立教育大學中國語文學系碩士，現任國立臺灣師範大學行政助理。
[1] 可參考本書〈人物詞條補正〉、〈著作詞條補正〉兩篇文章的論述。

2003 年）的臺灣史料，全書計 1375 頁，另有附錄別冊 495 頁，正文收錄詞目 4656 條，輔以相關圖片 1260 張。範圍囊括甚廣，包含政治、外交、軍事、經濟、社會、教育、文化、風俗、舊地名、重要歷史文獻等，對組織、法令、事件、人物、專有名詞、典章制度等面向格外注重。[2]

　　經由百人共同完成的《臺灣歷史辭典》有重要的歷史地位，然而本辭典出版至今已逾四年，目前發行至第四版，卻不見相關的評價與論述，由此可見臺灣對於工具書的運用與價值有所忽視。筆者有鑑於此，針對本辭典第一版的期刊部分提出淺見，希望對於日後該辭典的修訂補遺，有所幫助。

2 期刊體例探討

2.1 期刊詞目比例

書　　　名	總詞目	期刊詞目（百分比）	報紙詞目（百分比）
遠流版《臺灣歷史辭典》	4656	75（1.61%）	16（0.34%）
楊碧川《臺灣歷史辭典》	1499	11（0.73%）	11（0.73%）
佟建寅《台灣歷史辭典》	1573	7（0.44%）	26（1.65%）

　　遠流版《臺灣歷史辭典》所收錄的期刊詞目按刊名首字筆畫排列，有《一陽週報》、《人人》、《人間雜誌》、《八十年代》、《大地詩刊》、《大學雜誌》、《中外文學》、《中華文藝 I 》、《中華文藝

---

[2]　許雪姬總策畫：《臺灣歷史辭典》（臺北：遠流出版公司，2004 年 5 月）。

II》、《中華藝苑》、《中道》、《今日電影》、《反普特刊》、《孔教報》、《文化交流》、《文星雜誌》、《文訊》、《文壇》、《文學界》、《文學雜誌》、《文藝創作》、《文藝臺灣》、《半月文藝》、《民俗臺灣》、《伍人報》、《作品》、《赤道報》、《亞光》、《明日》、《明道文藝》、《南音》、《南瀛文獻》、《南瀛佛教》、《拾穗》、《洪水報》、《皇冠》、《美麗島雜誌》、《風月報》、《夏潮》、《書目季刊》、《書評書目》、《真善美》、《純文學》、《崇聖道德報》、《現代文學》、《教報》(臺灣教報)、《現代生活》、《現代詩詩刊》、《笠詩刊》、《野風》、《傳記文學》、《葡萄園詩刊》、《當代》、《詩文之友》、《詩報》、《詩潮詩刊》、《臺北文物》、《臺法月刊》、《臺灣の水利》、《臺灣土語叢誌》、《臺灣大眾時報》(新臺灣大眾時報)、《臺灣文化協會會報》、《臺灣文學》、《臺灣文藝 I》、《臺灣文藝 II》、《臺灣文藝叢誌》、《臺灣協會會報》(東洋時報)、《臺灣青年》、《臺灣時報》、《臺灣詩報》、《臺灣詩學》、《臺灣詩學季刊》、《臺灣詩薈》、《臺灣藝術新報》、《劇與藝》、《龍族詩刊》(龍族詩社)、《鯤南詩苑》共 77 筆。報紙詞目按報名首字筆畫排列,則有《人民導報》、《三六九小報》、《工商時報》、《北華捷報》、《自立晚報》、《昭和新報》、《經濟日報》、《臺南新報》、《臺灣日日新報》、《臺灣教會公報》、《臺灣新民報》、《臺灣新聞》、《興南新聞》共 13 筆。

我們從統計數字來看,遠流版《臺灣歷史辭典》所收錄的期刊比例,較其他二書高出許多,但是在報紙的收錄上卻又稍嫌不足。而在詞目的選取的缺失,將於後文討論。

2.2 收錄標準探討

　　遠流版《臺灣歷史辭典》對期刊所涵蓋的領域，可從釋文說明來了解收錄的方向。除了文學期刊之外，《一陽週報》是介紹中國文化。《中道》、《亞光》、《教報》是佛教刊物。《今日電影》、《真善美》、《臺灣藝術新報》，類似今日刊行電影資訊的雜誌。《孔教報》是儒學雜誌。《崇聖道德報》是儒教刊物。《文化交流》是介紹中國與臺灣的文化，以盡交流作用。《伍人報》、《明日》、《洪水報》、《臺灣青年》，是宣揚思想的刊物。《南瀛文獻》、《臺北文物》、《臺灣土語叢誌》，則收入地方文獻資料。看來似乎很豐富，但是實際上比重卻是相當不均。

　　據遠流版《臺灣歷史辭典》中的編輯凡例詞目收錄原則所載：

> 文學藝術部分，側重研究臺灣史的重要著作、史料及臺灣出版的報刊雜誌，以戰前較詳。[3]

統計期刊的 77 筆資料，其中 55 筆資料皆和文學有關。淺而易見的，期刊資料與文學有關的占 71%的比例，似乎稍嫌過高。為了讓讀者可以更清楚這比例關係，筆者做了以下的圖表：

　　◎遠流版《臺灣歷史辭典》收錄文學與非文學詞目比例圖表

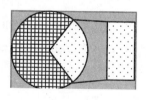

---

[3] 許雪姬總策畫：《臺灣歷史辭典》（臺北：遠流出版公司，2004 年 5 月），頁 7。

　　期刊不應該只將焦點放在文學而已，筆者認為政治、經濟、歷史和藝術都應該包括才對。政治方面，除了《八十年代》和《美麗島雜誌》之外，對其他的黨外雜誌幾乎沒有交代。再者，未收錄《臺灣史研究》、《臺灣史料研究》、《臺灣文獻》、《臺南文化》、《臺北文物》、《臺灣風物》，為何沒有這些和臺灣相關的歷史、文獻史料雜誌？藝術方面，《雄獅美術》、《藝術家》皆有所成就，但是本辭典卻忽略了。而經濟方面，像是《臺灣銀行季刊》和《天下》，此具有前瞻性的雜誌，建議應該收錄。

　　報紙部分，未收錄《臺灣新生報》、《公論報》和《民報》。固然這些報紙已經停刊，但是它們保留了許多重要的歷史見證，不可不收。遠流版《臺灣歷史辭典》在選擇詞目時，未考慮到報紙在歷史上的影響性，忽略報紙的時代意義。

　　在期刊、報紙的收錄上，楊版《臺灣歷史辭典》收錄幾條遠流版《臺灣歷史辭典》沒有注意到的詞目，列表如下：

期　　　刊	頁數	報紙	頁數
《先發部隊》（第一線）	225	公論報	73
臺灣政論	290	民報	184
自由中國	405	臺灣民報	263
		臺灣新報	280
		臺灣新生報	281

　　其中部分詞目相同，但是名稱各異，需格外留意。

1. 遠流版《臺灣歷史辭典》的《臺灣教會公報》條，即是楊

版《臺灣歷史辭典》的《臺灣府城教會報》條。

2. 遠流版《臺灣歷史辭典》的《臺灣大眾時報》(新臺灣大眾時報)條,即楊版《臺灣歷史辭典》的《大眾時報》條。

3. 遠流版《臺灣歷史辭典》的《文星雜誌》條,即是楊版《臺灣歷史辭典》的《文星》條。

同樣的,佟版《台灣歷史辭典》收錄幾條遠流版《臺灣歷史辭典》沒有注意到的詞目,列表如下:

期刊	頁數	報紙	頁數
臺聲雜誌	131	大華晚報	26
臺灣政論	136	馬祖日報	38
自由中國	197	中央日報	56
		中華日報	57
		中國時報	58
		中國晚報	58
		公論報	93
		甲子郵刊[4]	120
		臺灣日報	133
		臺灣時報	135

---

[4] 《甲子郵刊》內容以集郵為主,本來是報紙形式的刊物,後來變成雜誌形式。該刊物從 1984 年創刊,至今仍然發行。由湖南省集郵協會副會長黎澤重先生自費辦刊,建立起臺灣和中國大陸集郵愛好者的橋樑。資料來自人民網網路資料:http://www.people.com.cn/BIG5/paper39/13855/1237276.html。是為《人民日報海外版》(2005 年 1 月 13 日 第七版)〈方寸天地連海峽——黎澤重老人與郵票的故事〉一文,有詳細的說明,可進一步查閱。

期刊	頁數	報紙	頁數
		臺灣新生報	147
		臺灣新聞報	148
		民生報	175
		民眾日報	175
		民族晚報	175
		成功晚報	189
		更生日報	249
		青年日報	295
		英文中國日報	305
		英文中國郵報	305
		忠誠報	308
		建國日報	377
		聯合報	447

　　佟版《台灣歷史辭典》收錄的報紙條目，共佔全書 1.65%，是三本辭典中最重視報紙者。不過可能由於作者是中國大陸人士，對臺灣報業的整體現狀了解不夠，因此在詞目的選擇上，沒有注意到《馬祖日報》、《忠誠報》和《建國日報》的影響力不足。這樣的詞目是否應當收錄，有待商榷。

　　《八十年代》、《大學雜誌》和《文星雜誌》，是三本歷史辭典共同注意到的重要詞目。不過經過比對，發現佟版《台灣歷史辭典》和楊版《臺灣歷史辭典》都有收錄《自由中國》和《公論報》，可見其重要性，但是遠流版《臺灣歷史辭典》並沒有收錄，建議日後修訂考慮增補。

3 期刊錯誤舉隅

3.1 體例問題

由於遠流版《臺灣歷史辭典》的文學期刊比重偏高，因此筆者參考〈「臺灣文學辭典」編纂計畫工作手冊〉[5]內容，說明期刊詞目所著錄的項目，應包括：

（一）體例及說明

    1.期刊名稱

    2.期刊性質

    2.1 說明出版頻率，如周刊或月刊

    2.2 說明期刊性質。如詩刊，或綜合性刊物等

    3.創刊時間、地點

    3.1 時間一律以西元紀年

    3.2 先寫時間，再寫於何地創刊

    4.創辦人、發行人、主編

    5.創刊宗旨、目標

    5.1 可引用刊物的「創刊宗旨」或概略性介紹

    6.刊物內容、發展情形

    7.休（停）刊原因與時間

    8.復刊時間

    9.復刊宗旨、目標

---

[5] 臺灣文學辭典編纂小組：〈「臺灣文學辭典」編纂計畫工作手冊〉（初稿）（臺南：臺灣文學辭典編纂小組，2002 年 6 月），由張錦郎教授提供。

10.復刊內容、發展情形

11.重要參與者

12.重要專輯、專號介紹

13.共出版幾卷幾期

14.停刊時間

15.其他

16.撰寫人署名

筆者亦參考《大辭海》中國文學卷期刊部分，體例歸類如下：

1.期刊名稱

2.期刊性質

2.1 說明期刊性質。如詩刊，或綜合性刊物等

3.創刊時間、地點

3.1 時間一律以西元紀年

3.2 先寫創刊時問，再寫於何地創刊、主編

3.3 說明出版頻率，如周刊或月刊

4.刊物內容、發展情形

4.1 休（停）刊原因與時間

4.2 復刊時間、內容、發展情形

5.重要的專輯欄目、專號介紹

6.共出版幾卷幾期

透過比較之後，仍然可以看出不足的地方，建議增加經常撰

稿者，會更加完整。另外，筆者又根據現有的《臺灣文學辭典》[6]試用版，馬森撰寫詞目《文學雜誌》：「積極培養了一批富有才情的年輕作者，同時也影響了六〇年代後臺灣新一代青年作家的文學理念。1960 年白先勇所創辦的《現代文學》即與《文學雜誌》在風格上有些傳承的關係。」並論及了該雜誌對當代的影響力和期刊的傳承關係，為可取法之處。參考以上資料，筆者認為著錄項目應包括：

1.期刊名稱

2.期刊性質

2.1 說明期刊性質。如詩刊，或綜合性刊物等

3.創刊時間、地點

3.1 時間一律以西元紀年

3.2 先寫創刊時間，再寫於何地創刊、主編，或是重要參與者和經常撰稿者

4.刊物內容、發展情形

4.1 創刊宗旨、目標，可引用刊物的「創刊宗旨」、「發刊詞」或概略性介紹

4.2 說明出版頻率，如周刊或月刊。如果出現不一樣的發刊頻率，應加以注記

5.休刊、停刊和復刊的原因與時間

5.1 休刊原因與時間

---

[6] 《臺灣文學辭典》試用版網址：http://210.59.22.16:8090/。

5.2 復刊原因與時間、宗旨、目標、內容、發展情形

5.3 停刊原因與時間

6.重要專輯、專號介紹

7.共出版幾卷幾期

8.其他：如影響力和期刊的傳承關係

9.撰寫人署名

　　工具書的目的就是讓讀者在很短的時間內，了解所要查詢詞條的來龍去脈，而「體例」的統一規格，便成為首要條件。

　　筆者所歸納出的著錄項目，有助於所有的期刊詞條看來整齊劃一，讀者翻查時容易找到他想要了解的資訊。

　　在上述多項著錄項目中，「出版頻率」要格外注意。因為有的期刊礙於經營窘況或是其他因素，難免發生脫稿的情形，可能將月刊變成雙月刊，或是將不同的月份合刊出版，這些地方都應該加以說明。

　　固然「臺灣文學辭典」並未能真正出版，但是它的編纂計畫工作手冊，仍舊有值得參考的地方，像是在釋文的部分，頗有見解。如下列說明：

・釋文簡明扼要、明意而止。要有科學性、不能憑主觀武斷。要有知識性，對每一個詞的釋義要有一定的廣度和深度，給讀者較豐富的知識。

・釋文的字數，一般為四、五百字，重要的六、七百字。短的只有二、三百字，最長不超過一千五百字。

- 釋文引用資料要有權威性，要有根據、有選擇地把最有權威性的見解收錄進來。[7]釋文中的引文，一般都加引號，轉述大意不必加引號。均注明出處。
- 一詞多義（含報刊名、書名相同者）的用①②③分項解釋。
- 內容有交叉的相關詞目，注明「參見XX」。並注明「參見」的頁次。
- 一個詞目需要參見另一個詞目時，其釋文後注明「參見XX」。如「散文」釋文後注明「參見雜文」。
- 一個詞目的內容涉及其他詞目，並需由其他的釋文補充的，採用「參見」的方式。

　　這些地方，如果都能夠特別留意的話，不但可以讓詞目本身的意涵更加明確，同時也可以知道相關的詞目，達到一併理解的目的。

3.2 建議修訂的詞目

　　工具書是為了提供讀者權威性的答案，釋疑解惑。而釋文是工具書的血肉，如果釋文有所訛誤，或是不妥的地方，必然會影響整部工具書的權威性。因此，建議遠流版《臺灣歷史辭典》部分釋文略加修正。

---

[7]　許雪姬《臺灣歷史辭典》的文學期刊釋文引用，像是《現代文學》條，引用了大約 170 餘字的發刊詞，將近整個詞條的一半，引用字量似乎過多。

3.2.1 概括語的重要意義

概括語是指對某些不宜或不易下定義的詞條作概括性的介紹。當然,「定義」也可包括在內。概括語主要用於人物、著作、期刊等。概括語應當出現在釋文的開頭,而不能等到文中才敘述。

3.2.1.1 缺少概括語

遠流版《臺灣歷史辭典》部分期刊釋文開端缺少概括語。例如:《人間雜誌》(頁 53)、《大學雜誌》(頁 100)、《中華藝苑》(頁 151)、《今日電影》(頁 159)、《反普特刊》(頁 174)、《文化交流》(頁 184)、《民俗臺灣》(頁 257)、《伍人報》(頁 280)、《赤道報》(頁 412)、《明日》(頁 452)、《南音》(頁 550)、《南瀛文獻》(頁 555)、《南瀛佛教》(頁 555)、《拾穗》(頁 570)、《洪水報》(頁 585)、《書目季刊》(頁 646)、《教報》(臺灣教報)(頁 757)、《傳記文學》(頁 939)、《臺灣の水利》(頁 1068)、《臺灣土語叢誌》(頁 1072)、《臺灣大眾時報》(新臺灣大眾時報)(頁 1073)、《臺灣文化協會會報》(頁 1078)、《臺灣時報》(頁 1133)、《臺灣詩學季刊》(頁 1153),共計 24 筆資料。

3.2.1.2 概括語位置錯誤

以下所選取的釋文內容,因為放置錯誤應當修正。筆者認為這些敘述可以看作是擬出概括語的要素,待修正後,即可成為概括語,改排印在詞頭的後面。值得商榷的詞條摘錄如下:

《人間雜誌》(頁 53)「它是一份以圖片和文字報導為主,帶

有濃厚社會關懷的雜誌」、《大學雜誌》（頁 100）「原為少數知識青年所創刊的文化思想性刊物」、《反普特刊》（頁 174）「為日治時期少數左翼刊物之一」、《文化交流》（頁 184）「文化雜誌」、《伍人報》（頁 280）「最初《伍人報》為左翼聯合陣線刊物型態，不久，成為共產主義色彩濃厚的刊物」、《赤道報》（頁 412）「一份關注普羅文學運動的左翼刊物」、《明日》（頁 452）「被視為宣揚無政府主義的刊物」、《洪水報》（頁 585）「反映了以農工階級為基礎的民族運動的思想色彩；有助於理解知識分子的左翼思想光譜」、《傳記文學》（頁 939）「結合學術性與文學性的綜合刊物」、《臺灣の水利》（頁 1068）「做為水利協會及各水利組合的通訊刊物」，共計 10 筆資料。

3.2.1.3 概括語名稱紊亂

因為體例不一，使得文字敘述稍嫌雜亂。以期刊的「概括語」來說，就出現多種不同的寫法。

以「時間」作為區分依據，例如：《中華文藝 I》寫「當代文學期刊」（頁 143）、《中華文藝 II》寫「戰後文藝期刊」（頁 143）、《半月文藝》寫「戰後初期文學期刊」（頁 233）、《美麗島雜誌》寫「『黨外』民主運動時期的機關刊物」（頁 606）、《書評書目》寫「戰後最早的專業書訊與書評月刊」（頁 646）、《現代生活》寫「日治時期期刊」（頁 777）、《臺法月報》寫「臺灣最早的法學期刊」（頁 1057）、《臺灣文藝 I》寫「臺灣首創之全島性文學雜誌」（頁 1080）。

以「性質」作為區分依據，例如：《中道》寫「佛教刊物」（頁151）、《孔教報》寫「臺灣儒學雜誌」（頁178）。

還有其他的概括語，例如：《文星雜誌》寫「文學期刊」（頁186）、《文壇》寫「民營純文藝期刊」（頁187）、《明道文藝》寫「戰後以學生為對象的綜合性文藝期刊」（頁454）、《臺灣文學》寫「純文學雜誌期刊名」（頁1079）、《臺灣協會會報》（東洋時報）寫「臺灣協會的機關誌」（頁1100）。另有部分直接標明屬於刊物。如《八十年代》寫「雜誌名」（頁55）、《當代》寫「刊物名」（頁977）。這些都可以刪除，改用概括語代替。

建議概括語使用「日治時期文學期刊」、「戰後文學期刊」、「現代文學期刊」，並且在凡例上將這些區分的時間斷代出來，以供讀者查詢之用。例如：《臺灣文藝 II》（頁1081），因為是1964年創刊，在時間的區分上，應習慣寫「戰後文學期刊」。

3.2.1.4 概括語不適當

因為詞目的混亂，造成釋文有所問題。如：《龍族詩刊》（頁1282）又在詞頭後面標注「（龍族詩社）」，寫「戰後文學期刊與社團」。那麼大地詩社有《大地詩刊》（頁87）、星社有《臺灣詩報》[8]（頁579）、臺灣新文學社有《臺灣新文學》（頁1147），這又應該如何處理？沒有一個標準，容易造成誤解。

---

[8] 星社前身為成立於1915年的「研社」，約經2、3年後改組為「星社」。

3.2.1.5 概括語錯誤

應鳳凰撰《文星雜誌》條，頁 186，概括語「文學月刊」欠妥。《文星》的類型，應分成前後兩期。最初的創刊宗旨，屬綜合性的雜誌，早期由何凡主編，目的是為了帶給讀者「生活的、文學的、藝術的」內容。49 期改由李敖擔任主編一職[9]，內容以思想的和文化的內容為主。是否能用「文學」兩字來涵蓋整本刊物的屬性？應當再斟酌。

3.2.2 內容

3.2.2.1 同名刊物，應以括弧注明其差異

若有兩個以上的同名刊物，不能隸屬兩個詞條。在詞目標示上應該寫在同一條，以括弧注明年代，以示差異。

遠流版《臺灣歷史辭典》期刊的部分，出現了《臺灣文藝》和《中華文藝》，各自都有同名刊物。如上述規範所言，遇到雜誌名稱皆是《臺灣文藝》時，不能分列成《臺灣文藝Ⅰ》（頁 1080）、《臺灣文藝Ⅱ》（頁 1081）兩條，而應該在同一條底下，注明《臺灣文藝》（1934）和《臺灣文藝》（1964）。

9　李敖：《李敖回憶錄》（臺北，商業周刊出版公司，1997 年 5 月），頁 194。「第九卷第一期（總號第四十九期），從這一期開始，李敖出現，文星改觀。」同書，頁 196，「早在一九六三年七月十八日，陳立峰就讓賢，薦我為文星主編，我不肯。後來陳立峰離職，蕭孟能找我幫忙。我不拘形式，替文星穩住水平」，可見李敖和《文星》頗有淵源。

3.2.2.2 內容交叉、重複的問題

所謂「交叉」，是指內容可供交互參閱之詞條。如「林海音」（頁 482）、「林海音事件」（頁 482）、《純文學》（頁 670），這三個詞目都是林海音相關的，建議在釋文後注明相關的參照詞目名稱與頁碼。

・一個詞目需要參見另一個詞目時，其釋文後注明「參見
　XX」。如「散文」釋文後注明「參見雜文」。
・一個詞目的內容涉及其他詞目，並需由其他詞目的釋文
　補充的，採用「參見」的方式。[10]

應鳳凰撰「林海音」、《純文學》和吳明勇撰「林海音事件」，這三條應該採用「參見」便於讀者查詢，同時由同一個人執筆最佳。

3.2.2.3 釋文不夠完整，宜增加資料

部分詞目敘述的不夠詳細，應參考其他的資料，讓釋文更為完整。

1. 《皇冠》條（頁 594）：已刊行 50 年，未交代中間變化。

2. 《書目季刊》條（頁 646）：已刊行 40 年，因為有所轉變應注明歷程，不能只根據創刊號。

3. 《傳記文學》條（頁 939）：缺少特色與貢獻。應提自 1973

---

[10]　《臺灣文學辭典》編例。

年 4 月起,每期闢有「民國人物小傳」欄目,小傳內容,包括籍
貫、生卒年月、學經歷、重要成就及著述等基本內容。累積兩百
人後,另出單行本。

　　4.應鳳凰撰《文訊》條(頁 186):「最有特色的是該刊經常出
版專題號」,寫「專題號」不知其意,應加以說明。詞條共有 142
字(佔該詞條字數 39%),談到《文訊》中的專輯、特輯和專號,
文字稍嫌過長。

　　建議增補以下內容。《文訊》關心文學雜誌、出版與新聞傳播
的變革。第 21、22 期(1985 年 12 月、1986 年 2 月)報紙副刊特
輯,率先提出「副刊學」的概念,慢慢在同行之間形成認同,相
關論文接連出現。至 1997 年初,聯合報副刊承辦「世界中文報紙
副刊學術研討會」,「副刊熱」達到一個高潮,報紙副刊對文壇生
態結構產生了重大的影響性。

　　自第 63 期(1991 年 1 月)〈陽光海岸:屏東的藝文環境〉到
第 78 期(1992 年 4 月)〈雨港樂音:基隆的藝文環境〉,觀察地方
藝文,同時舉辦以地方文學為主題的會議,對各縣市文學發展具
有推動的力量。各縣市紛紛進行當地作家資料的建立,並以縣市
「文化中心」的名義,有計畫分輯出版縣市作家作品集,並進一
步促進各縣市文學獎的寫作熱潮。[11]

　　2002 年,適逢《文訊》200 期,出版紀念光碟電子書,收錄
1983 年 7 月至 2002 年 6 月的全文影像。

　　5. 應鳳凰撰《文星雜誌》條(頁 186)

---

[11] 封德屏編:《文訊》200 期(臺北:文訊雜誌社,2002 年)。

文學月刊，創刊於 1956 年 11 月 5 日，停刊於 1965 年 12 月，創刊時發行人為葉明勳，編輯部有三位負責人，陳立峰約稿及業務，何凡看稿、改稿，林海音編輯文藝版及校對。1960 年何凡夫婦離職，陳立峰 1962 年辭職，同年 8 月起由蕭孟能擔任發行人，李敖任主編，引發臺灣文化界「中西文化論戰」等幾場論爭，是臺灣戒嚴時期繼《自由中國》雜誌之後，對知識分子社群最具影響力的雜誌。

建議將「創刊於 1956 年 11 月 5 日」，改寫成「1957 年 11 月創刊於臺北市」。「為」字刪除，改寫成「創刊時發行人葉明勳」。

1962 年 2 月 1 日，在〈給談中西文化的人看看病〉正式拉開「中西文化論戰」[12]的序幕、「引發全臺灣文化界『中西文化論戰』等幾場論爭」，建議增加說明。

　　辛廣偉《臺灣出版史》：「1961 年 11 月 1 日，《文星》發表了李敖的〈老年人與棒子〉一文，拉開了『中西文化論戰』的序幕」。事實上，1961 年 11 月 1 日，《文星》第 49 期刊登李敖〈老年人和棒子〉[13]一文，因為李敖風趣、鋒利的文字確實引發討論[14]，但是中西

---

[12] 中西文化論戰的詳細史料，讀者可參閱李敖：《文化論戰丹火錄》（臺北：文星書店，1965 年 2 月）。

[13] 辛廣偉：《臺灣出版史》（石家莊：河北教育出版社，2000 年 8 月），頁 49，載「老年人與棒子」有誤，應改成〈老年人和棒子〉才是。〈老年人和棒子〉一文，讀者可參閱李敖：《傳統下的獨白》（臺北：文星書店，1963 年 9 月），頁 173-191。

[14] 王洪鈞：〈如何使青年接上這一棒〉，《傳統下的獨白》（臺北：文星書店，1963 年 9 月），頁 196。「因為自從這篇文章發表後，接二連三的有了許多『文字緣』和『文禍』。在《文星》、《文壇》、《新聞天地》、《自由青年》、《民主評論》、《自立晚報》上面，都有文字討論到這篇〈老年人和棒子〉的有關問題」。

文化論戰和〈老年人和棒子〉這篇文章無關,不可混為一談。部分評論有所訛誤,讀者不可不察。李敖在《文化論戰丹火錄》一書加上副標題「這次文化論戰的一些史料和笑料」,並且論及了論戰的史料概況,建議應將此書列為參考文獻。

而其發刊狀況,1965 年 12 月 1 日《文星》發表社論〈我們對『國法黨限』的嚴正表示──以謝然之的作風為例〉一文,批評謝然之以黨官的身分濫用職權,後來《文星》便被查禁,至此《文星》共出了 98 期。原本預計出版第 99 期,但是蕭孟能接獲查禁一年的行政命令。一年後,「茲據有關方面會商結果,認為在目前的情況下『文星』雜誌不宜復刊」[15],《文星》從此銷聲匿跡了 20 年。直到 1986 年 9 月《文星》雜誌復刊,是為第 99 期,但陸續出刊 22 期後,仍舊停刊了。這次不再是因為政治迫害,而是面臨大環境的轉變,讀者不若從前,《文星》就此真正走入歷史。

　　6. 應鳳凰撰《文學界》條(頁 187):

> 當代文學期刊。1982 年 1 月創刊於高雄市。由陳坤崙的春暉出版社掌理發行業務,總編輯為鄭炯明,執行編輯為許振江。每期設計有本土作家專輯或特輯,主要刊登本土作家的評論、詩、小說及散文創作。常在刊物上撰稿的作家有巫永福、葉石濤、彭瑞金、李魁賢、李敏勇、東方白等。是與《臺灣文藝》並列的臺灣本土文學又一重要發表園地。至 1989 年 2 月的第 28 期宣布停刊。

---

[15] 原本只是查禁一年的行政命令,《文星》有望復刊,但是後來還是囿於政府的命令之下,復刊未果。

建議改寫成「總編輯鄭炯明，執行編輯許振江，由陳坤崙的春暉出版社發行。」較為精簡，「為」字均可刪除。

「每期設計有本土作家專輯或特輯，主要刊登本土作家的評論、詩、小說及散文創作。」不如《臺灣文學雜誌展覽目錄》的詳實：「每集策畫作家專輯討論（包括討論會、作品、年表、論述）。還有文學史料的整理，尤其是戰後初期資料……」[16]

另外，該釋文沒有談到創刊宗旨，根據《臺灣文化事典》許俊雅撰《文學界》條（頁132），指出該刊物：「是一本『本土草根性』的文學創作」，創刊宗旨有三：一是讓南部有一份文學刊物，凝聚南部作家，二是在文學刊物消沉的環境下，提供鼓勵創造者一個新的園地。三是在臺灣文學轉型期，以文學刊物為中心，帶動文學蓬勃的發展。」創刊宗旨代表了該刊物的核心價值，核心價值的確立，有助於刊物的發展，建議增補。

7. 應鳳凰撰《純文學》條（頁670）：

> 在文學創作方面，重視短篇小說，同時大量整理及評介 1930 年代中國作家與作品。另開闢「文思集」、「純文學作家」等專欄。主要撰稿人除臺灣地區著名作家外，還有相當數量海外作家的作品和評論。後期曾大量翻譯歐美現代小說。

釋文談到「文思集」、「純文學作家」兩個專欄，但未提及「中國近代作家與作品」這個重要的專欄。該專欄自第2期（1967年2月）起，兩年內介紹18位作家，共計49篇作品。其最大的特色在於每

---

[16] 封德屏編：《臺灣文學雜誌展覽目錄》（臺北：文訊雜誌社，2003年），頁71。

刊出一篇作品，同時刊出作家的介紹或者評論，後來都在 1980 年集結出書。希望日後修訂出版的時候，再上加書影，便於讀者參考。

8. 應鳳凰撰《現代詩詩刊》條（頁 777）：

> 戰後文學季刊。1953 年 2 月 1 日創刊於臺北市。由路逾（紀弦）主編兼發行，也是他繼 1952 年 8 月創辦《詩誌》（只出版一期）之後的現代詩期刊。1956 年紀弦成立「現代派」，發表現代派詩社的「六大信條」，作為創社宣言。……在創世紀詩社和藍星詩社之外，展開新詩乃「橫的移植」之鮮明旗幟。

「戰後文學季刊」這樣的寫法稍嫌籠統，建議將改成「戰後詩刊」。

該詞條內容寫得不夠完整，《臺灣文學雜誌展覽目錄》是這樣寫的：「內容以詩作佔大宗，另有詩論、國外詩作翻譯、詩壇動態報導等，致力於新詩的現代化，自格律詩的韻文主義至自由詩的散文主義的這一飛躍……主要作者有蓉子、方思、李莎、楊念慈、鄭愁予、亞汀、楊喚、張秀亞、李春生、紀弦、楊允達等」[17]，說明比較詳細。

《現代詩詩刊》復刊，內容包含詩評詩論，並搜羅優秀創作及詩人的專訪。又第 22 期有「現代詩 40 週年座談系列」專輯、第 30、31 期合刊為「梅新紀念專輯」。[18]這些都可以增補。

9. 應鳳凰撰《現代文學》條（頁 777）：

釋文並沒有交代刊期的演變，自第 46 期起，由雙月刊改成季

---

[17] 封德屏編：《臺灣文學雜誌展覽目錄》（臺北：文訊雜誌社，2003 年），頁 35。
[18] 同注 17，頁 72。

刊。另外，在 21 期出版《現代文學資料彙編》，應當增補。

文字敘述上，應將「1973 年「停刊」改為「休刊」。一般而言，首先應是「休刊」，其次「復刊」，再來才是「停刊」，這樣的順序不可錯置。

釋文建議加入自第 46 期起刊登創作，特別以文藝新秀的創作為主，並大量介紹西洋文學。由於白先勇為《現代文學》重要的成員之一，建議該詞條要參考《現文因緣》〈現代文學的回顧與前瞻〉[19]一文，更能說明《現代文學》的內涵。該文談到《現代文學》除西洋文學的介紹外，對中國古典文學研究也多所關心。「現文後期的執行編輯柯慶明，當時在臺大中文系當助教，向中文系師生拉稿，有十字軍東征的精神，44、45 兩期「中國古典小說專號」從先秦到明清，對中國古典小說的發展，做了一項全盤的研究，中國古典小說在臺灣學界如此受到重視，《現文》這個專號，又是首創。」[20]不只是外文系的成員，中文系亦加入其中。該釋文對很多關鍵敘述交代不夠清楚，建議增補。

3.2.2.4 釋文有瑕疵，建議改寫

1. 應鳳凰撰《純文學》條（頁 670）：

> 戰後文學期刊。1967 年 1 月創刊於臺北市。從創刊號至第 54 期，由林海音兼任主編及發行人。第 55 期起，由劉守宜主編，劉國瑞為發行人。撰稿人多為當時文壇菁英，作品頗

---

[19] 白先勇編：《現文因緣》（臺北：現文出版社，1991 年），頁 193-209。

[20] 白先勇編：《現文因緣》（臺北：現文出版社，1991 年），頁 203。

多優秀之作。在文學創作方面，重視短篇小說，同時大量整理及評介 1930 年代中國作家與作品。另開闢「文思集」、「純文學作家」等專欄。主要撰稿人除臺灣地區著名作家外，還有相當數量海外作家的作品和評論。

「從創刊號至第 54 期，由林海音兼任主編及發行人。第 55 期起，由劉守宜主編，劉國瑞為發行人。」這裡出現了兩個問題。第一，「由林海音兼任主編及發行人」，語義上有問題。我們通常說明兼任兩個工作，比較恰當的寫法是「林海音主編兼發行人」。第二，「由」字重複使用當不同句子的開頭，建議改寫成：「從創刊號至第 54 期，林海音主編兼發行人。自第 55 期起，改由劉守宜主編，劉國瑞為發行人。」語意上會比較通順。另外，「撰稿人多為當時文壇菁英……主要撰稿人除臺灣地區著名作家外」，「撰稿人」出現兩次，應省略。

3.2.2.5 釋文錯誤

1. 應鳳凰撰《中華文藝Ⅱ》條（頁 143）：

寫「國民黨國軍退除役官兵輔導委員會所屬華欣文化公司經營創辦」，有二誤。第一，退輔會隸屬行政院，與國民黨無關。第二，「華欣」非公司，是「文化事業中心」才對。

2. 應鳳凰撰《半月文藝》條（頁 233）：

稱發刊詞強調批評「赤色風潮，建立民族文學，以恢復民族自信心」，遍讀發刊詞，未見此段文字。只見發刊詞標題為「撲滅赤色思潮」，是「思潮」並非「風潮」。

3. 應鳳凰撰《現代文學》條（頁 777）：

我們打算分期有系統的翻譯介紹西方近代藝術學派和潮流，批評和思想，並盡可能選擇其代表作品。我們如此做並不表示我們對外國藝術的偏愛。……我們不想在『想當年』的癱瘓心理下過日子。祖宗豐厚的遺產如不能善用即成為進步的阻礙。我們不願意被目為不肖子孫，我們不願意呼號曹雪芹之名來增加中國小說的身分，總之，我們得靠自己的努力。我們感於舊有的藝術形式和風格不足以表現我們。

圖說：方框的部分，即許雪姬《臺灣歷史辭典》引用之處。

引用發刊詞，有錯字、漏字和未注意標點等問題。文中，「我們打算分期有系統的翻譯」，其中「的」，正確引文應作「地」。「我們對外國藝術的偏愛。」正確引文標點應做「，」。「我們不想在『想當年』的癱瘓心理下過日子」後漏31字，正確引文應補上「我們得承認落後，在新文學的界道上，我們雖不至一片空白，但至少是荒涼的。」

才接續下文。而下一句有增字應刪除,「不能善用即成為進步的阻礙」,正確引文應是「即成」二字,需將「為」字刪除。「中國小說的身分」,正確引文應是身「價」。「我們感於舊有的藝術形式和風格不足以表現我們。」句號前漏 10 字,正確引文應補上「作為現代人的藝術情感」。

3.2.2.6 日期問題

1. 創刊日期錯誤
   （1）《大地詩刊》條（頁 87）：1971 年 9 月是錯的,是 1972 年 9 月才對。
   （2）《皇冠》條（頁 594）：3 月 1 日是錯的,是 2 月 25 日才對。
   （3）《現代文學》條（頁 777）：15 日是錯的,是 5 日才對。
2. 停刊日期錯誤
   （1）《文學界》條（頁 187）：1989 年 2 月停刊是錯的,是 1 月才對。
   （2）《作品》條（頁 338）：1963 年 2 月停刊是錯的,是 12 月才對。
3. 未注明停刊日期
   （1）《中華文藝 II》條（頁 143）：1985 年 4 月停刊。
4. 未注明休刊日期
   （1）《臺灣文藝 II》條（頁 1081）：1993 年 12 月休刊。
5. 未注明復刊

復刊者，前面應寫「休刊」。

(1)《現代詩詩刊》條（頁777）：

「該刊於1964年2月1日出版到第45期後宣告停刊」。實際上，1982年6月又復刊。復刊號封面標注「中華民國四十二年二月創刊中華民國七十一年六月復刊」。因此，「宣告停刊」宜改為「宣告休刊」。應鳳凰撰寫，「（紀弦主編兼發行）」，查該刊創刊號封面，卻注明「現代詩出版社發行」。

(2)《臺灣文藝II》條（頁1081）：1994年2月起，以原刊名改版為新生版繼續刊行（復刊）。

6. 未注明刊期（月刊、季刊）

(1)《中華文藝I》條（頁143）：月刊。

(2)《中華文藝II》條（頁143）：月刊。

(3)《純文學》條（頁670）：月刊。

(4)《現代文學》條（頁777）：自第46期起，由雙月刊改成季刊。

(5)《傳記文學》條（頁939）：月刊。

7. 未注明共出版幾期

(1)《中華文藝I》條（頁143）

(2)《半月文藝》條（頁233）

(3)《現代文學》條（頁777）

(4)《臺灣文藝II》條（頁1081）：至2003年12月的期刊數。

(5)《文化交流》條（頁148）

8. 未注明出版總目錄

（1）《現代文學》條（頁 777）

（2）《文學雜誌》條（頁 187）

（3）《傳記文學》條（頁 939）

3.3 建議增補的詞目

3.3.1《筆匯》(革新版) [21]

文學期刊。1959 年 5 月 4 日創刊於臺北。尉天驄擔任主編，一共出版了 24 期，由於第 2 卷 11 期和 12 期合刊，共計 23 冊。在第 1 卷第 1 期〈獻給讀者〉談到：

> 我們主張新，主張現代化，並不如一些人故意標新立異。我們所說的新，所說的現代化，乃文化發展的必然現象，亦即歷史的必然趨勢。這樣，就需要介紹和批評了。

將自身的定位確立清楚，「反對色情主義和形式主義，堅持作品應與生活結合。」

除了時政評論、文化批評外，文學理論和文學批評也有大量的篇幅。而在西方作品的引介，則重視了小說譯作。除了文學領域，

---

[21] 《筆匯》原先為八開報紙型的刊物，1957 年 3 月 16 日創刊，是為半月刊，當時的發行人是任卓宣。目前圖書館已無收藏，現為私人收藏。根據《文訊》第 240 期，載有尉天驄所提供的圖片，這是筆者目前所知的文獻出處。直到 1959 年 5 月 4 日，《筆匯》革新號 1 卷 1 期出刊，任卓宣仍為社長，而主編則是當時就讀於政治大學中文系三年級的尉天驄。

戲劇、音樂評論亦不少,可見《筆匯月刊》對文藝的貢獻。[22]重要
選文如:何欣〈湯姆斯·吳爾夫論〉(文學理論和文學批評)、許國
衡翻譯卡繆〈黑死病〉(小說譯作)、姚一葦〈論莎士比亞戲劇的演
出〉(戲劇評論)、許常惠〈杜步西研究〉(音樂評論)等。

3.3.2《文學季刊》

文學季刊。1966 年 10 月 10 日創刊,尉天驄擔任主編,主要的
寫作者有姚一葦、尉天驄、七等生、陳映真、黃春明、施叔青等。
1968 年發生「文學季刊事件」,陳映真受到政治迫害被逮捕,《文學
季刊》士氣受挫,而後便開始不定期出版[23],出刊第 10 期後,便停
刊了。

3.3.3《臺灣銀行季刊》

臺灣經濟專業刊物。1947 年 6 月創刊於臺北市,臺灣銀行經濟
研究室編印。內容包括農業經濟、工業經濟、物產、畜產經濟、貿
易、財政、外匯、河川水利、經濟史等。每年出版特輯一種。其中
「臺灣經濟日誌」與「臺灣經濟文獻分類索引」,自第一卷起,六十
年來從未間斷。

---

[22] 曾萍萍:〈《筆匯》概述〉(《文訊》第 240 期,2005 年 10 月),頁 79。

[23] 《文學季刊》第 6 期,1968 年 2 月 15 日發行,是為春季號,然而卻到 1968 年
11 月 20 日才出下一期,是將第 7、8 期合併,題名為夏秋季號合刊。後來拖期
的情況日益嚴重,直到 1969 年 7 月 10 日才出版第 9 期,第 10 期則是在 1970
年 2 月 15 日出版。

3.3.4《天下》

專業性財經刊物。1981 年 6 月 1 日創刊於臺北，由高希均、王力行和殷允芃共同創辦。雜誌以公正客觀的態度，報導、分析與經濟生活相關的觀念、問題與政策。抱定「積極、前瞻、放眼天下」的理念，三位主事者以自己的傑出與膽略，開雜誌出版之風氣。這本雜誌以工商業人士及知識分子為主要對象。

3.3.5《雄獅美術》

美術月刊。1971 年 3 月創刊，由李賢文擔任發行人。最初是免費贈送，「到了第 5 期才賣五元一本，一年的長期訂戶則為五十元」[24]。1972 年 3 月李賢文為了開闢財源，創辦「雄獅圖書公司」，致力出版藝術類圖書。由於《雄獅美術》聲望的建立，「許多藝術名家對它的出版更具信心，更願為之執筆，聲譽因而日盛一日，出版物也達到相當水準。」[25]「雄獅圖書公司」的圖書藉由《雄獅美術》之名暢銷，《雄獅美術》也因為這樣而保持水準，公司蒸蒸日上，是為出版界的一段佳話。

3.3.6《藝術家》

美術月刊。1976 年 6 月創刊，「以 25 開本、精湛的版式、彩色印刷及獨特的內容成為藝術雜誌的新寵。這也使 32 開的《雄獅美術》

---

[24] 游淑靜：《出版社傳奇》（臺北：爾雅出版社，1981 年 7 月），頁 52。
[25] 同注 24，頁 53。

月刊遜色了一籌。半年後,《雄獅美術》月刊終於也全面改版,成為與《藝術家》裝幀風格一樣的雜誌。臺灣的美術雜誌由此開始了雙峰並峙時期。」[26]

3.3.7《自由中國》

應鳳凰撰《文星》條(頁186):

(按:《文星》)是臺灣戒嚴時期繼《自由中國》雜誌之後,對知識分子社群最具影響力的雜誌。

既然《自由中國》具有影響力,本辭典為何未收錄?建議應增補。《自由中國》1949年11月20日創刊,胡適擔任發行人,雷震為社長。這是一本具有自由主義思想的政經時事刊物,一共出刊260期。

佟版《臺灣歷史辭典》《自由中國》條(頁198):「1949年醞釀,1951年在臺北創刊」[27],這是有問題的,應該是1949年創刊才對。

但在楊版《臺灣歷史辭典》《自由中國》條(頁405)則說明:「來臺的大陸自由主義學者、政客的批判國民黨的刊物。」據了解,雷震曾是國民黨的一員,《自由中國》「初由國民黨資助,為國民黨政府用以宣揚反共、民主、自由的刊物。」[28]主張「支持並督促國民黨政府走向進步,逐步改革,建立自由民主社會」。[29]1951年起,雷震時常批評國民黨政府,主張撤銷軍中黨部,更是得罪當局。

---

[26] 辛廣偉:《台灣出版史》(石家莊:河北教育出版社,2000年8月),頁226。

[27] 佟建寅:《台灣歷史辭典》(北京:群眾出版社,1990年12月),頁198。

[28] 同上注。

[29] 楊碧川:《臺灣歷史辭典》(臺北:前衛出版社,1997年8月),頁405。

　　1951 年 6 月 1 日〈政府不可誘民入罪〉一文，批評「保安司令部」派人放高利貸或外匯者，引誘人民犯下「擾亂金融罪」。1954年 12 月 16 日，刊登讀者投書〈搶救教育危機〉，指出學生讀三民主義、參加救國團的活動，是國民黨的假教育之名的黨化教育，而後蔣介石開除雷震國民黨黨籍。1956 年 10 月，蔣介石七十歲大壽，希望獲得海外同胞的建言。同年 10 月 31 日，《自由中國》發行「祝壽專刊」提出「扶植有力的反對黨」等七大訴求，正面和蔣介石對抗。「1957 年 7 月～1958 年 3 月，《自由中國》更以『今日問題』為總標題，發表十五篇社論，提出反攻無望論」[30]屢屢批評時政、反對國民黨，「1960 年 9 月 4 日終於以包庇匪諜罪逮捕雷震，打壓『中國民主黨的』的籌建工作，同時查禁《自由中國》」。[31]

　　為了要更了解雷震，應加注參見沈懷玉撰〈雷震事件〉條（頁1013）。之前談過交叉詞目的問題，本辭典漏寫〈雷震〉條應增補。除此之外，《自由中國》、〈雷震事件〉、〈雷震〉三條，應為同一撰者為宜。

4 結語

　　本次謬誤舉隅，深深體會遠流版許雪姬教授對《臺灣歷史辭典》的用心，整個團隊的努力，很令人感動。很多人默默地為臺灣學界

---

[30] 楊碧川：《臺灣歷史辭典》（臺北：前衛出版社，1997 年 8 月），頁 405。

[31] 請參閱楊碧川《臺灣歷史辭典》，頁 393〈中國民主黨組黨運動〉條，便能得知組黨情形。

而努力，投入大量的心血和時間編纂出一本屬於臺灣人的「臺灣歷史辭典」，這樣的努力相當值得嘉許。

然而面對眾多詞條，難免有所缺失，為了避免這些問題影響工具書的權威性，因此筆者整理出幾點看法，作為日後再版的修訂參考。

（一）缺乏體例

體例猶如骨架，撐起詞條的血肉，其所著錄項目，就是撰寫詞條的重要依據。有了這個規範，對內而言，撰寫人在詞條的敘述上較為統一；對外來說，讀者在翻查之際，更能容易找到他所需要的資訊。

（二）建議擴大所收詞目範圍

就期刊部分，高達71%皆是文學期刊，這樣的比例過高。相對的，自然顯示出對其他領域的選取不足，建議擴大收詞目範圍，將政治、經濟、歷史和藝術等範疇納入，以增加廣度。

（三）同名刊物，應以括弧注明其差異

出現年代不同的同名刊物，不能分成兩個詞目，而應該寫在同一條。在刊物名後，用括弧注明年份以示區別，例如：《臺灣文藝》（1934）和《臺灣文藝》（1964）。

（四）對概括語的認識不足

概括語乃說明詞目的重要依據，有助於了解該詞條的背景資料，因此相當重要。第二，還應該注意擺放的位置，將之放置釋文的開頭，而不能等到釋文中才出現。第三，除了必要的存在之外，也需要避免錯誤、名稱混亂或是使用不適當。畢竟給了讀者錯誤的訊息，等同於喪失了辭典應有的功能，比不給還糟糕。

建議概括語使用「日治時期文學期刊」、「戰後文學期刊」、「現代文學期刊」，並在凡例說明時間斷代的準則，以供讀者查詢之用。

（五）內容交叉、重複的問題

不同詞目在內容上可能出現相關之處，這時候應善用「交互參見」。在釋文末端注明參照詞目的名稱與頁碼，協助讀者對同樣的主題作一較全面的理解。同時在撰寫人的部分，由同一個人執筆較為恰當。

（六）釋文缺失

釋文影響了讀者對詞目的認識。字數上，應該在體例的規範下，寫出合適的長度，過與不及都不妥。文字使用上，要留意引用文字是否有錯字、漏字，敘述上是否有重複出現的詞語，或是語意不順暢的情況，乃至於標點符號的使用正確與否，這些瑕疵都應避免。

內容說明上，就期刊發展而言，往往會在不同的編輯立場下而有不一樣的呈現，因此在敘述上不能只使用發刊詞的說法，而應對轉變有所交代。如果出刊的過程曾經發生中斷，而後還有復刊情況的話，那麼其稱呼的順序，首先是「休刊」，接著是「復刊」，最後才是「停刊」，不可錯置。

釋文固然重要，但是也應注意是否有遺漏，或是提供讀者錯誤的訊息。「時間」是最容易有問題的地方，像是未注明停刊、休刊或是復刊的日期，如有注明也應該避免錯誤。另外，共出版幾卷幾期，或是出版總目錄的情形，也應該交代清楚。建議多參考相關辭典，學習他人的長處，假若發現參考資料有所訛誤，建議提出來一起檢討。

（七）書影之參考

　　圖片不僅提供讀者一窺刊物原始面貌，也有助於增加對釋文的了解。部分期刊未見書影，建議將之納入辭典的編纂之中。

　　凡走過必留下痕跡，相信只要更多人的努力付出，文獻領域的成果，必然能夠見證每一段歷史的存在價值。經由資料的交叉比對，希望對許雪姬教授總策畫的《臺灣歷史辭典》日後修訂，達到補遺的功效。

※附　記

　　文章交稿後，經張錦郎老師告知，《文訊》總編輯封德屏曾電告《臺灣歷史辭典》頁 338「作品」（期刊）釋文，把兩種《作品》（期刊）誤為一種。釋文中所提到「1968 年 10 月復刊」的《作品》，是新創刊的另一種《作品》，應另立一目。主編除馮放民外，另有林適存。封總編輯又提到，在《作品》第 1 卷 2 期（1968 年 11 月）的「編輯後記」，有詳細的說明。

插圖、圖說補正

林芳如*

1 前言

「圖書」之連稱，由來已久。顧名思義，應當有圖有書，但插圖在傳統上，向來被視為文字之附屬，魯迅即曾言：「書籍的插圖，原意是在裝飾書籍，增加讀者的興趣的，但那力量，能補助文字之所不及，所以也是一種宣傳畫。」[1]由此知，當時的觀念，認為插圖只具有裝飾性的效果，其重要性尚未獲得肯定。

隨著時代的進步，人們對圖像的認知功能愈來愈重視，各種學習研究的結果，顯示了圖像的寫實性，能夠提供讀者直觀性的需求，加深對文字的理解，彌補文字之不足。索象於圖，索理於書，相互補充，從中取得完整的知識內涵。

專業辭典如能附插圖，優點很多。首先，資料的提供上會更周

---

* 本文完成於筆者就讀臺北市立教育大學中國語文學系碩士班期間，現為專業兒童寫作及華語文教師。

[1] 魯迅：〈連環圖畫辯護〉(《魯迅全集》第 4 卷，北京：人民文學出版社，1981 年)，頁 446。

全，在版面的構成上，也較富變化，顯得生動活潑。其次，圖片往往有畫龍點睛之效，有時遠勝過長篇大論，比方人物肖像的刊載，可使讀者一見即知其人，馬上留下深刻的印象；又某些難以單純用文字表達清楚的器物，也可藉著形象直接傳達給讀者。最後，適當的圖片本身就蘊涵著故事，可提供很多想像，幫助讀者理解訊息，對歷史辭典而言，更是不可多得的資產，可以說，附圖的好處甚多，現代的辭典應具備這種基本條件，才能算是一本優秀的辭典。

許雪姬教授擔任總策畫的《臺灣歷史辭典》，全書共收錄詞目4656條，約1260張圖片[2]，比例約為 27.06%，也就是說，至少每四條即附有一圖，是本辭典中極重要的成分。一方面，這些圖片對版面的視覺效果，有決定性的影響，因為圖文並茂，與釋文相得益彰，在閱讀上，不僅具吸引力，且更為流暢、有親和力；另一方面，也能彌補文字不足之處，給讀者更詳盡的訊息。

插圖對辭典既然有舉足輕重的地位，又能影響辭典的成效，因此配圖時應慎重為之。為求其完善，下文先就插圖的功能、原則、體例、圖說等方面，略述個人見解。再對本書的圖片部分，提出商榷處，逐項探討，並將本書所載圖片，編製成〈圖片目錄〉（附於本文最後），期盼爾後此類工具書能「後出轉精」，更臻完善，帶給讀者正確且彌足珍貴的知識。

---

[2]　許雪姬總策畫：《臺灣歷史辭典·序》（臺北：遠流出版公司，2004 年 5 月）。

2 插圖的定義、種類與功能

2.1 插圖的定義

所謂插圖，根據《專科辭典學》一書的定義為：

> 辭典中為釋文涉及的某些內容提供直觀知識和簡約反映的
> 形式。例如解釋「航天飛機」，就附上一個實物圖；解釋「核
> 動力裝置」，就附上一個示意圖。[3]

簡言之，辭典插圖是指在釋文旁邊或後面，再附加上圖形或照片，
將辭典釋文形象化。所以，插圖不但是一種可視語言，也是辭典的
有機組成部分，圖文並茂，從前被視為優點，於今則不可或缺。下
文先說插圖的功能，再討論編纂者應如何插圖，使圖文相輔相成，
達到事半功倍的效用，不僅可增進讀者的知識訊息，在閱讀的感受
及視覺上，也更有樂趣，不至於因為通篇文字敘述而感到單調枯燥，
編者與讀者可說互蒙其利。

2.2 插圖的種類

一般來說，辭典的插圖是一個總稱，其中大部分是圖，但還
包括：實物圖、人物頭像、地圖、示意圖、圖解、結構式和表格
等。

從形式上區分，實物圖、人物頭像等有些是照片，有些則是

---

[3] 楊祖希、徐慶凱：《專科辭典學》(成都：四川辭書出版社，1991 年 8 月，頁 266)。

繪製的。照片的優點是準確，真實感強，但受到各種限制，例如
有時沒有照片可供使用，或雖有照片但角度欠佳或不夠清晰，此
外，還有紙張和印刷能力的限制。《臺灣歷史辭典》在編輯凡例[4]中，
對其圖片編輯的說明如下：

> （1）本辭典中收錄與詞目相關之珍貴歷史照片、文獻書影、
> 　　　圖片等共約1260張，其收錄原則以事件發生之人、地
> 　　　之相關照片為主。
> （2）照片、文件、圖繪的位置以圖隨文走為原則。
> （3）本書中照片與文件書影若原始檔案有所破損者，盡量
> 　　　加以修補，以求最佳之閱讀效果。照片與圖片以不同
> 　　　顏色處理，以示區隔。

從凡例的說明，大概可知，該書對圖片的收錄原則是「以事件發生
之人、地之相關為主」，至於更具體的，如人物如何配圖、機關與事
件如何配圖等，並未有清楚的規定。這一點，筆者認為在圖片的挑
選上，編者應配合讀者對象的需要，訂定清楚而具體的準則，在編
纂上才能兼顧質量，確保辭典的水準。倘若在規畫階段，先編製工
作手冊，就可在其中說明插圖的原則與方式，讓編撰者清楚瞭解，
而不致產生一圖兩用、圖片誤置等失誤。同時，筆者認為可不交代
圖片來源，但最好附上圖片目錄，方便讀者查閱之用。

---

[4]　許雪姬總策畫：《臺灣歷史辭典・編輯凡例》（臺北：遠流出版公司，2004年5
　　月）。

2.3 插圖的功能

關於插圖的功能,《專科辭典學》也歸納出幾項重點,說明甚為清晰扼要,足供參考[5]:

(1) 補文字之不足,將文字難以說明的事物全貌、具體特徵等形象地展現出來,以便於讀者理解。

(2) 豐富辭典的內容,擴大讀者的視野。

(3) 將釋文中的某些內容以簡約的形式反映,使之一目了然,便於記憶。

(4) 美化、活潑版面,發揮藝術裝飾作用;精緻的插圖可以使讀者在獲取知識的同時得到美的享受。

由於有上述諸多功能,插圖幾乎成為現代辭典必備要件。插圖的最高原則是:應加插圖也能夠加插圖的,盡可能加;沒有必要加插圖的,不濫加;有必要加插圖而條件不具備的,不勉強。另外,對於插圖的數量和形式,則要配合辭典內容、讀者對象、資料來源、紙張和印刷方式等物質條件。

總之,辭典的文與圖關係,我們可以這樣比喻:釋文是透過「平面」的敘述提供訊息,而插圖則提供「三度空間」的立體感。準確、完整和清晰的插圖,可以幫助讀者理解詞條釋文;對某些單純用文字難以表達清楚的事物,藉由插圖將訊息傳達給讀者,不僅效果更佳,亦能提高辭典的實際使用價值。

5　楊祖希、徐慶凱:《專科辭典學》(成都:四川辭書出版社,1991 年 8 月,頁 266)。

3 插圖體例與配圖流程

3.1 插圖體例的制定

在制定插圖的原則時，除根據實際需要之外，最好能參考前人作法，古人言「他山之石，可以攻錯」，師法前人之長，避己之短，可以節省編纂者時間與精力的無謂浪費。

以第一版的《中國大百科全書》為例，其「配圖體例」將圖像的作用及選用條件確定為三點：能節省文字、有助於理解釋文、本身具有知識性。該書的「編寫體例」還增加了第四點，即「歷史或文藝方面的插圖所表現的對象，應盡可能是有特殊意義的、有紀念性或文獻價值的」。[6]

編纂辭典時，沒有體例可資遵循，雖然仍可編出辭典，但絕對不可能編出一本好辭典。若有可遵循的體例，在綱舉目張的情況下，較能將錯誤控制在可容忍的範圍內。因為辭典編製之工程浩大，事項繁瑣，其艱辛不足為外人道。若要再附插圖，其中之複雜度又更高，是以在編輯前置作業上，應備有工作手冊，針對收錄標準作規範，以免產生體例不統一的問題。

所以在編輯作業之初，最好也在體例中確定插圖的原則，才不會漫無標準，產生訛誤。關於本書的圖片體例，建議可遵循以下幾點原則[7]：

---

[6] 劉士忠：〈圖像的文獻價值與百科全書知識的完整性——百科全書圖像功能初探〉，《辭書研究》2006 年第 1 輯，頁 101-106。

[7] 體例之意義，依照楊祖希、徐慶凱《專科辭典學》（頁 88-89）所說：「對體例包括哪些內容的理解，歸納起來有三種：第一種是最廣泛的理解認為辭書體例的內

（1）插圖內容須與詞條內容相符合。

（2）插圖內容必須具備知識性、準確性，構圖需完整，線條需清晰，主題鮮明以突出主體。

（3）重要人物詞條力求配圖，特別重要人物必須配圖；具有非常形象化內容的詞條儘可能配圖，如：紋面。

（4）內容淺顯或文字較少的詞條，原則上不配圖。

（5）參見詞目一律不配圖。

（6）一幅插圖只能用於一個詞條，且不得重複使用。

（7）一則詞條原則上配圖一幅為限。部分詞條根據實際情況，可以配以一幅以上插圖。

總言之，插圖目的在於補文字說明的不足，以便讀者通過直觀得到感性知識。條目必須插圖的不要遺漏，可插可不插的從嚴掌握。同一類別，特別是人物圖像要注意相對平衡。圖名和圖說提法要同釋文一致，並書寫清楚。草圖和結構式要輪廓明確。插圖要力求用最

容包括：（1）選詞的範圍；（2）選詞的原則；（3）條目的分級和字數；（4）釋義的原則、程式和規格；（5）插圖的選用原則和圖表格式；（6）附錄的選收原則；（7）辭書的排檢方法。簡言之，也就是有關辭書的正文和一切附屬成分（前言除外）的規定，都屬於體例的範圍。……第二種是次廣義的理解，認為辭書體例的內容只包括上述理解中的前面四項，不包括後面三項，……第三種是狹義的理解，認為辭書的體例只包括第一種理解中的第三、第四兩項，只涉及辭書的釋義問題，它的名稱是釋文體例。我們對辭書的編寫體例持第三種理解，認為專科辭典的編纂，可以同時使用編纂條例和釋文體例兩個術語。」有關辭典的編纂體例問題，參見張晏瑞〈體例篇〉一文。

新、最可靠的資料，並在底稿上注明出處，用以備查。

3.2 圖名與圖說的體例

圖名（亦稱圖說）即圖像的標題，圖說（亦稱圖注）即對圖像內容的文字注釋和說明，它們是圖像的文獻價值和多義性知識的拓展。一般人常將圖名視為一幅圖像的規範化名稱，這是正確的。但圖名還有更深層的、知識主題上的意義，也就是說，它同時也代表一個基本知識單元主題，能方便讀者查檢、學習、欣賞該圖像內容所包含的知識，具有檢索價值，因此，圖片目錄的編製也就顯得極其重要。而圖說則有一定的隨機性，要對圖像內容所含知識作深入的分析和提煉，然後選用合適的語言表達方式，使讀者能夠清楚接收到圖像裡的訊息。

圖名、圖說與圖像內容共同構成一個完整的知識單元，對確保辭書知識體系的完整性有重要作用。圖像與釋文的關係應是並列的，它們相輔相成，具有極大的互補性。所以應盡可能搜集、篩選、使用那些能恰如其分地闡發全書所收知識主題的圖像。[8]

根據本書的〈體例篇〉所言，圖名的表達應遵循以下原則：

（1）圖名需與插圖內容相符。圖名與插圖畫面表現的內容須為同一事物，且文字表述要恰如其分，如：阿里史社條配的是一幅古地圖，圖名便不能寫作「阿里史社」，而應寫作「阿里史社舊址示意圖」。

---

[8] 此二段詳細說明請參考劉士忠：〈圖像的文獻價值與百科全書知識的完整性——百科全書圖像功能初探〉（《辭書研究》2006年第1輯），頁101-106。

（2）圖名需與詞目相呼應。呼應包括直接呼應和間接呼應。前者指的是圖名和詞目完全一致，或圖名中出現釋文中其他相應詞目的名稱，如：胡適—「胡適」、阿里山森林鐵路—「日治時阿里山森林鐵路」。後者是指圖名表述詞目釋文中提及的內容，不直接出現詞目，如：社區總體營造—「嘉義縣橋仔頭文化基金會活動海報」、招出婚—「招婿契約」。

（3）圖名表述以簡潔明瞭為準則，力求與詞目保持一致，不添枝加葉。圖名中一律不使用修飾性詞語。

（4）一個詞目有多個義項，無論是多個義項配圖，還是一個義項配圖，圖名均須注明該圖片義項的歸屬。

（5）器物（含儀器、裝備、一般用品、文物）、動植物詞目的圖名，一般即用詞目名。

（6）名勝古蹟（主要指建築物）詞目的圖名，一般用詞目表述。

（7）地圖圖名可視情形，以「示意圖」、「變遷圖」、「比較圖」表示。

（8）圖名在必要時須加以括號注解，如：莫那魯道—「莫那魯道（中）」。

（9）分圖名一律置於總圖名之上。

上述幾項只是一般性的原則，編纂者可以根據實際情況，訂定更符合需要的插圖體例。

3.3 配圖的流程

關於如何編製插圖，由於筆者並無實務經驗可供說明，是以此處提供《漢語大詞典》插圖的流程做為參考[9]。該書的插圖工藝流程可概括為四大步驟，即選圖→審圖→製圖→校圖。

在選圖時，尚須先經過四個步驟：選詞製卡、卡片分類、查尋資料、糾正釋文之誤。

而審圖工作的流程可概括為：插圖助編→選詞製卡、找插圖資料、填寫「詞目送審單」→插圖編輯復審→美編組稿、審稿、修圖、縮尺→插圖編輯復審→總編決審→出版科製版。

為了確保品質，《漢語大詞典》定稿前尚須經過七校八對，每次校樣，插圖編輯人員與美術編輯對每張圖稿都要作認真的校核。插圖編輯人員在看校樣圖稿時應注意：（1）看釋文與插圖是否相符，是否達到圖補文義或美化版面的作用。（2）看圖稿是否與義項相對應。（3）看圖說是否正確。

從上述的流程看來，插圖的完成，要考慮的因素非常多，過程也極繁瑣，需要細心與耐力，但若能掌握每個環節，就能確保插圖的品質，這點是編纂者絕不可忽視的。我們相信《臺灣歷史辭典》在圖片的處理上，也經過了許多繁複的過程，整體而言，本書的圖片確實也使版面的編排生色不少，若能更留意校圖的工作，就不至於產生太多訛誤。

---

[9] 以下所提到的插圖流程和步驟，均節錄自孫立群〈《漢語大詞典》插圖的特點與工藝流程〉（《辭書研究》1994 年第 3 期），頁 74-80。

4 《臺灣歷史辭典》的插圖問題

縱觀目前各類臺灣史辭典,《中華民國史大辭典》收錄約 16000 條,卻無照片;中國大陸群眾出版社的《台灣歷史辭典》,收錄 1563 條,也未附照片;而楊碧川《臺灣歷史辭典》雖有附圖,但以人物肖像為主,全書有 233 張圖片,人物就佔了 156 張,其他部分附圖的較少。[10]所以,圖片可稱得上是《歷史辭典》的重要特色之一,具備了精美的插圖,自然使得辭典在內容上生色不少。同時,在圖片的擇取上,本辭典表現了獨到的眼光,例如:馬偕博士的全家福照、黃土水和他的畫合照,都能夠充分展現出人物的特點。然而,美中不足之處是,有許多圖片的收錄未盡理想,有誤植者、有漏收者,亦有缺乏特色者,茲分別說明,並舉數例以證。

4.1 誤植之圖片

照片誤植恐怕會引起讀者對詞條產生混淆,屬於較嚴重之錯誤,宜儘速更正。本辭典中,有多處圖片誤植,現可查而得知者有:

陳鴻圖撰〈王田圳〉條(頁 207)圖片置於詞目與詞條之前,應是編輯上的疏忽,導致圖片誤植的情況。

---

10 雖然楊碧川《臺灣歷史辭典》中,在其他部分收的圖片不多,但就其詞目與圖片的分量比例(有圖片者佔 15.54%)而言,尚屬難得,尤其還有地圖(如:鄭經反攻大陸圖,頁 218)、表格(清代臺灣災害、動亂發生次數)等,可惜的是,圖片的採用標準是依據編者喜好來取捨,這一點,由頁 179 全版採用四張美麗島事件的照片可以證明。

　　劉妮玲撰〈洪欉事件〉條（頁 590）所附圖說言「清廷為表彰洪騰雲所興築的急功好義牌坊」，實則在前一條〈洪騰雲〉中，釋文已提到此牌坊的由來，圖片應置於本條下才對，顯然是版面編排不慎所致。

　　黃琪椿撰〈臺灣文藝作家協會〉條（頁 1081），圖片是《臺灣文藝》雜誌第 83 期，然而其機關雜誌應為《臺灣文學》，而非《臺灣文藝》。

　　李世偉撰〈齋教金幢派〉（頁 1309）有 2 張圖片，其中第 1 張圖說為「位於臺南市的報恩堂是先天派最早的傳道場所」，顯見應為上條〈齋教先天派〉之插圖，不慎誤植於金幢派下。

　　薛化元撰〈臺灣省臨時省議會〉（頁 1128）所收錄的圖片如下，可能有誤：

臺灣省臨時省議會成立大會會後合影。

　　根據《臺灣歷史辭典》表 27（頁 A215）的表格資料顯示，臺灣省參議會（1946.5.1~1951.12.11）有 30 位議員，臺灣省臨時省議會（1951.12.11~1954.6.2）則有 55 位議員，下圖的人數明顯非全員到齊，且圖片正中尚有一個小孩，似乎並非成立大會合影，較有可能是 1961 年 11 月 18 日在台中霧峰的聯歡會後，臺灣省參

議會參議員的合影，從圖中可見前排左一為郭雨新，左六為李萬居，左八為黃朝琴。建議可改採下圖[11]：

本圖建築物上的「台灣省臨時省議會成立大會」文字清晰可見，與詞條內容互相搭配。

4.2 重覆收錄之圖片

本文前述提及圖片體例中，第 6 項規定「一幅插圖只能用於一個條目，且不得重複使用」，這是因為紙本辭典之篇幅頗為珍貴，所以對圖片之選用應多斟酌，重覆收錄佔據版面，殊為可惜。本辭典中，關於此種「一魚兩吃」的毛病，列舉如下：

同為范純武所撰的〈中國佛教會〉條（頁 130）與〈李子寬〉（頁 374）使用同一張照片，為 1952 年日本世界佛教友誼大會之合照，圖說亦只差一個逗號而已。

---

11 張炎憲、陳傳興主編：《清水六然居：楊肇嘉留真集》（臺北市：財團法人吳三連臺灣史料基金會，2003 年 12 月，頁 239）。

　　鄭仰恩撰〈甘為霖〉條（頁 261）與張妙娟撰〈訓瞽堂〉條（頁
675）看來是同一張照片，有趣的是，前者圖說甘為霖右側之人為
「臺南廳之地方首長」，後者卻說是「總督府行政長官」。

　　薛化元撰〈李源棧〉條（頁 390）所用之「五龍一鳳」合照（見
下圖），與任育德撰〈郭雨新〉條（頁 817）相同，後者圖說只差
五龍一鳳未加引號與多一贅字「被」（連續兩個被字）。

1957 年臨時省議員任內，左起李
萬居、郭雨新、許世賢、郭國基、
吳三連、李源棧六人被譽為「五
龍一鳳」。

　　吳明勇撰〈治警事件〉條（頁 510），圖片與圖說俱同何義麟
撰〈臺灣議會期成同盟會〉條（頁 1179）。

　　邱函妮撰〈洪瑞麟〉條（頁 588）與黃琪惠撰〈陳春德〉條（頁
839）圖片為同一張（見下圖），所差的是圖說。分別為：

MOUVE 行動美術集團 1937 年合影，左
上為洪瑞麟。

行動美術集團成員合影。洪瑞麟（左上）、
陳春德（右上）、陳德旺（前左 1）、許
聲基（中）、張萬傳（右）。

　　皆為林瓊華撰寫的〈家庭計畫〉條（頁 636-637）與〈臺灣地區家庭計畫實施辦法〉條（頁 1094），不僅圖片一模一樣，圖說也相差無幾。

　　施懿琳撰〈海東文獻初祖〉條（頁 656）與翁佳音撰〈沈光文〉條（頁 401），圖片相同，詞目亦有重覆，兩條應合併。[12]

　　應鳳凰撰〈梁實秋〉條（頁 764），選的是一張不甚恰當的四人合照，且與任育德所撰的〈蔣復璁〉（頁 1225）條相同，連圖說也一字不差。

　　許雪姬撰〈黃玉階〉條（頁 923），所附的第 2 張圖與葉碧聆撰〈臺北天然足會〉條（頁 1046）之圖片，除了前者看來稍大之外，似乎是同一張大合照。

　　以上所列是筆者粗略翻查後，所發現的重覆收錄的圖片，來日改版時應予修正才是。

4.3 應收而未附圖者

　　在配圖時，若已有規範，則能夠對全書的插圖有統一的標準，而不至於發生該附圖未加的情形，使讀者覺得圖像訊息不夠完整。經由實際核對發現，有關重要事件部分，二二八事件（頁 48）附有 2 張圖，美麗島事件（頁 606）未附圖，兩者皆為臺灣現代重要之歷史事件，但獨缺後者之照片，不免令人對於圖片收錄之體例產生困惑，究竟其收錄標準何在？又筆者粗略查看，事件類的插圖比例似乎偏低，總共只有二二八事件、二林事件、十信事件

---

[12]　參見本書〈人物詞條補正〉一文之說明。

共 4 幀圖片。在楊碧川的版本中也有類似的問題，美麗島事件（頁
178）在隔頁整版刊有四張圖片，而二二八事件的釋文洋洋灑灑近
兩頁，卻無半張相關圖片，顯示編寫者的個人主觀太強，撰文插
圖漫無標準。此外，在人物部分，鄭南榕自焚事件一條，收的是
他的半身照，應有更好的選擇；另外，許多近當代人物的照片未
收，極為可惜。這些沒有照片的人物非常多，此處約略舉例：張
之洞、白景瑞、梅貽琦、張秀亞、陳泗治、黃君璧、蔣緯國、明
治天皇、長谷川清、尼克森（Richard M. Nixon）、麥克阿瑟（Douglas
MacArthur）等。總而言之，可找得到的圖片，尤其是近代人物的
部分，能附上是最好不過。

4.4 不適當的圖片

圖片的適當對否，直接影響讀者的訊息接收，應慎重為之。
舉例而言，人物在本辭典占 37%，其中半數都有圖片，然而所收
之圖很多是合照。筆者認為在人物詞目的圖片選用上，應以晚年
半身照為原則，且盡可能以獨照為主。而期刊應以創刊號封面為
首選，例外情況可採用有爭議的刊期。不可隨興所至，任意選擇
一期的圖片。以這樣的標準來看，本書不符合要求之詞目不勝枚
舉，以下舉數例說明：

王見川撰〈李炳南〉條（頁 383），所選的照片不知出自何處，
真實性存疑，詳見顧敏耀專文說明。[13]

---

[13] 詳見顧敏耀：〈《臺灣歷史辭典》詞條商榷：以王見川撰〈李炳南〉條為例〉（《歷
史月刊》，2006 年 7 月）。本文經修正作者後附於本書附錄四。

張淑雅撰〈杜魯門〉條（頁 398），用的是合照（下左圖），圖說中也未說明合照者為何人。建議應更換為個人獨照較妥（下右圖）。[14]

杜魯門（左）

應鳳凰撰〈林海音〉條（頁 482）為側面照（下左圖），應有更好的選擇，如下右圖。[15]

---

[14] 圖片取自維基百科網站
http://zh.wikipedia.org/wiki/%E6%9D%9C%E9%AD%AF%E9%96%80

[15] 此圖出自林海音之女夏祖麗所撰《從城南走來──林海音傳》一書，摘自天下文化所建構的網頁 http://www.bookzone.com.tw/event/lin-hanyin/index.htm

王美雪撰〈洪炎秋〉條（頁 587），所選用的照片為家族合照，假使圖說無誤的話，主角在當時還只是個小孩（見下左圖），選用此照，非常不恰當。此處從「走讀台灣」網站另取一圖供作參考（見下右圖）。[16]

約拍攝於 1906 年的家族合照。前排左 2 為洪炎秋，左 3 為其父洪一枝（洪棄生），右 5 為洪文瑞。

邱函妮撰〈陳進〉條（頁 824），照片雖然人物半身獨照，但參照其享年，可知並非晚年所照，應是其少女時期，或是極年輕時之照片，應可考慮以晚年照代替。

陳佳宏撰〈楊英風〉條（頁 969），所選二張圖片之一（頁 970）為合照，且畫面中應為主角的楊英風呈仰頭姿勢，合照者反而更清晰，似乎有喧賓奪主之嫌，應考慮更換為獨照。

---

[16] 圖片取自網站：走讀臺灣──彰化縣鹿港鎮人物介紹。搜尋日期：2008 年 8 月 3 日。ttp://readtw.ncl.edu.tw/readtw/town_html/1000702/HTML/page06_18.htm

1996 年，楊英風與時任宜蘭縣長
的游錫堃於「協力擎天」景觀作
品前合影。

沈懷玉撰〈雷震事件〉條（頁 1013-1014），是雷震夫婦為施
明德與愛琳達證婚後的合照（下左圖），與此事件風馬牛不相及，
不宜放在此處。建議另擇較合適者，如下右圖。[17]

張志祥撰〈羅斯福〉條（頁 1333），選的是雅爾達會議後的合
照，此照（頁 1334）放在事件或會議中較佳，不宜放在人物。或
許可考慮改用下右圖。[18]

---

[17] 取自中央研究院近代史檔案館 http://archives.sinica.edu.tw/main/52/la/la.htm
[18] 圖片取自維基百科網站，搜尋日期：2008 年 8 月 3 日。
http://zh.wikipedia.org/w/index.php?title=%E5%AF%8C%E5%85%B0%E5%85%8B

1945年2月，邱吉爾、羅斯福、
史達林（前排左至右）在雅爾達
會議後合影。

　　經筆者瀏覽後，發現人物部分，採用合照者不在少數，無法一一羅列，除前述幾幅外，尚有翁俊明（頁 672）、高天成（頁 685）、張文環（頁 735）、曹秋圃（頁 761）、莊嵩（頁 796）、莊孟侯（頁 798）、許常惠（頁 807-808）、連橫（頁 812）、連震東（頁 813）、郭廷以（頁 815-816）、陳炘（頁 823）、陳誠（頁 825）、陳儀（頁 826）、陳五福（頁 829）、陳秀喜（頁 835）、陳旺成（頁 836-837）、陳紹馨（頁 847）、黃朝琴（頁 933）等。

　　再者，有些人物的圖片雖非合照，卻也不合要求，例如，〈杜聰明〉條（頁 399），插圖是中壯年之照，而非晚年照，可考慮更換較佳者。〈張大千〉（頁 734）用的是其作品的首日封、〈張書紳〉（頁 742）、〈張純甫〉（頁 742）此二條用的是書法作品、〈郭柏川〉

（頁 817）是其畫作（頁 818），應用半身照較妥當，而〈郭欽定〉（頁 819）用的則是郭元益食品的嘉義分店的照片，也不太適當。〈蘇雪林〉（頁 1349）其圖片為全身照，距離有些遠，看不大清楚，應該有更好的選擇才是。

4.5 圖名與圖說商榷

圖片選定後，再決定形式、版面編排，最後還要確認是否加圖說，輔助讀者理解。是否需要圖說也應有具體的標準，且應全書一致，不可隨意變換。以下說法可供參考：

> 一般說來，如果圖注和詞目完全一樣，而且插圖完全在條目之中，則可以不加圖注。例如，"馬克思"條中的馬克思頭像，何必加上圖注"馬克思"？省去此類不必要的圖注，可以節省大量篇幅。圖注和詞目不全一樣，或因條目較短，插圖不完全在條目之中，則以加圖注為宜。加圖注時，務必使圖注和插圖完全一致。[19]

準此原則，《臺灣歷史辭典》書中收錄人物 1,730 位，插圖 631 張，多數只附 1 張圖，其中有 33 條有 2 張圖片，這些圖片中，絕大多數採用人物肖像，可考慮刪去此類「○○○肖像」的圖說，除可減省篇幅和校對的時間，同時亦可避免如「紹達」一條的錯誤。[20]

---

[19] 楊祖希、徐慶凱：《專科辭典學》（成都：四川辭書出版社，1991 年 8 月，頁 273）。

[20] 第 795 頁詞目為「紹達」，而圖注卻是「邵達」，兩者明顯不符。

　　另外，圖說與內文亦時有出入。不知是否由於配圖者與撰稿者不同，而加圖說時，並未細讀內文的緣故。如〈張我軍〉（頁739）一則，其圖說就不夠清楚，必須參照詞目〈亂都之戀〉條，讀者才能知道此合照者為夫婦，否則也僅能憑推測猜想了。若仍要用此圖，圖說應改為「張我軍與妻子羅文淑合照」較妥當。

　　同樣的，前述〈洪炎秋〉條（頁587）的圖說，敘述不清，其云「右5為洪文瑞」，是指被抱著的小孩嗎？若是的話，筆者查閱了〈洪炎秋〉與〈洪一生〉兩條的釋文，皆未提及此人，令人一頭霧水。

　　〈中正文化中心〉條（頁122）所附之圖片，並非如圖說說的有「兩大建築」，從圖片看來，屋頂為歇山頂形式，屋簷分高低兩層，似乎是「國家音樂廳」，說明應該更詳實才對。

國家戲劇院與國家音樂廳是位於臺北市的中正文化中心兩大建築。

　　薛化元撰〈何應欽〉條（頁337）的大合照，圖說不清不楚。合照者不僅姓名未注，連身份都未提及。可考慮更換為下右圖。[21]

[21] 圖片取自維基百科網站，搜尋日期：2008年8月3日。
http://zh.wikipedia.org/w/index.php?title=%E4%BD%95%E6%87%89%E6%AC%BD&variant=zh-tw

中坐者為何應欽。

　　陳善瑜撰〈吳大猷〉條（頁345），雖選了兩張照片，但都是合照，一張是和胡適的合照，另一張除了照片不妥，圖說也頗待改進，因為釋文皆未提及合照者的身分，僅說是「赫柏格」，倘若讀者的背景知識不足，很難確知所言究竟是何人，這就失去了釋文增進讀者認識知識的作用。[22]

---

[22] 維基百科 http://zh.wikipedia.org/wiki/%E7%8B%84%E6%8B%89%E5%85%8B「狄拉克」一條的釋文如下：保羅·狄拉克（Paul Adrie Maurice Dirac，1902 年 8 月 8 日—1984 年 10 月 20 日），英國理論物理學家，量子力學的奠基者之一，因狄拉克方程獲得 1933 年諾貝爾物理學獎。狄拉克出生於英格蘭西南部的布里斯托，在布里斯托大學取得電子工程和數學兩個學位之後，於 1926 年在劍橋大學取得博士學位。他對物理學的主要貢獻是：給出描述費米子的相對論性量子力學方程（狄拉克方程），給出反粒子解；預言磁單極；費米—狄拉克統計。另外在量子場論尤其是量子電動力學方面也作出了奠基性的工作。在重力論和重力量子化方面也有傑出的工作。他一生著作不少，他的《量子力學原理》，一直是該領域的權威性經典名著，甚至有人稱之為「量子力學的聖經」。

1955 年，物理大師狄拉克
（左）至加拿大國家研究
院，中立為吳大猷，右為赫
柏格。

　　薛化元撰陳錫卿條（頁 859），除了採用合照明顯不符合要求外，圖片效果不佳，又圖說所說明的另外兩人，在釋文中皆未提及，因此無法得知兩人之身分，筆者再查索詞條，也未見收錄此兩人，如此一來，圖說的功用便無法發揮。

陳錫卿（右立者）與林坤鐘
（中坐者）、林濬哲（左立
者）合影。

　　以上略舉數例，說明圖名和圖說的處理，對讀者而言，也許不致構成嚴重的困擾，然而這的確會讓人在查閱辭典時，不時遇到丈二金剛摸不著頭腦的狀況，因此，編者在配圖時應更加留意才是。

5 圖片統計及其比較分析

　　前文曾提及，幾本與臺灣歷史相關的辭典的插圖情況，此處整

理成表格，並對各辭典處理圖片的方式，稍加比較討論。

書　　名	詞　目	圖　片	比　例
許雪姬《臺灣歷史辭典》	4656 條	1260 張	27.06%
楊碧川《臺灣歷史辭典》	1499 條[23]	233 張[24]	15.54%
佟建寅《台灣歷史辭典》	1573 條	無圖片	0

　　以遠流版插圖而言，其視覺效果極佳，版面的編排也很舒適，但再細究之下，其中有許多值得改進之處，前已述及，不再贅言。而楊版的插圖，優點在於，其人物絕大部分都是半身頭像的晚年照，也沒有多加圖說，可節省版面空間，但圖片的處理方式，仍需改進，許多圖片不僅畫面有點模糊，並且背後還有線條。另外，以辭典篇幅來看，楊版的插圖比例為 15.54%，在 233 張插圖中，人物部分有156 張，超過全書圖片的一半，佔了 66.95%，是其他本所不及。可惜的是，插圖的處理方式稍嫌草率了點，例如〈馬偕〉條（頁 175）的插圖或許是為了遷就版面，而將圖片放在〈麻豆案〉條之下，也就是該條目之前，看來極為突兀。

---

[23] 雖然楊版在封底上說「本辭典共收錄二千餘條，舉凡政治、軍事、外交、內政、法令、經濟、移民、宗教、文化、文學、藝術活動，以及與臺灣史相關的外國人物、世界動態等，皆搜羅入內。」但筆者計算其詞條索引和地名附錄，僅得到1499 條，此處暫依統計所得計算。

[24] 此處所統計的楊版《臺灣歷史辭典》圖片，包含照片、圖片及表格。

又如楊版的〈施明正〉條（頁227），可能是編者的精心構想，認為其人的身分是作家、畫家，就選了他的側面的畫像（可能是自畫像，未附圖說），筆者認為除非不得已，人物最好還是以正面、半身的晚年獨照為宜。

最後要說的是，楊版收錄有多幅各時期的臺灣地圖，以及各種表格，是其特點（遠流版另有附錄），然而，這些圖片放的位置，有時不免過於隨興，如第121頁有一幅「清領時期的臺灣」地圖，佔滿整頁，但筆者前看後看，卻無法將此圖與前後文相連繫，且本書並未編有圖片目錄，辭典又是用來查找，應該沒有多少讀者會從第一頁讀到最後一頁，那麼，試問擺放此圖有何功用呢？同樣的情況，還有第166頁的「1895的臺灣攻防戰」、192頁的「日治初期的臺灣武裝抗日」。而第201頁一幅近全頁的原住民逐鹿圖，也有些太過了，這些都是可以再改進的地方。

6 結語

圖片對專科辭典的重要性，如前所述，與正文已不相上下。就本辭典而言，以下有幾項具體改善建議，供作參考。首先，將來再版時，可考慮在正文前附上整頁的臺灣彩色地圖，至少可包含四個時期的臺灣地圖（荷蘭時期、清領時期、日治時期、國民政府時期），讓讀者從圖像中，自行揣摩想像當時的景況。

再者，圖像的規範化能夠決定辭典的品質，應該制定圖片的體例，以及編輯流程的控管，以便往後有所遵從。以現況而言，《台灣文化事典》全書無插圖，不但版面較單調，且也缺乏直觀性的影像

訊息；而楊碧川的《臺灣歷史辭典》雖有插圖，但配圖方式則亟待改進，相較之下，本書的插圖已是箇中翹楚，但如同本文在前面所提及的，若要充分達成影像的直觀性、提供訊息、美化版面等效果，在圖片編輯的處理過程，當更為細膩，才不至產生反效果。

　　最後，筆者要再次強調範式化的重要性，這一點不單針對圖像的編輯，在辭典編纂的每一個步驟都應有所規範，也就是說「體例」的建立，絕對是辭典編纂要成功的首要條件，雖說沒有標準，仍舊可能達成目的，然則若要達到圖文並茂，以濟文字之窮的目標，本書仍有許多進步的空間，留待日後修正。

　　本文主要在討論專科辭典的插圖，筆者侷限於能力，僅能對此問題作粗略的探討，希望參與編纂者能將其實際工作情況，寫成經驗談或甘苦談，提供後繼者參考。更期盼有志者能夠共同加入這個研究行列，讓我們往後能使用到更準確、品質更好的專科辭典。

【圖片目錄】

體例篇

張晏瑞[*]

1 前言

近二、三十年來，是臺灣史研究蓬勃發展的時期，新史料和研究成果不斷出現，加上新課程標準實施。在中小學課程中，關於臺灣史的篇幅大為增加，因此對臺灣史知識做有系統整理的呼聲日高，在這樣的社會期待下，開始了《臺灣歷史辭典》的編纂。

《臺灣歷史辭典》的編纂從 2000 年 6 月開始，由中央研究院近代史研究所研究員許雪姬主持，開始進行大規模編寫的工作。2001 年底，完成第一階段工作。第二階段工作，從 2002 年 3 月開始，到 2003 年 3 月結束。最後交由遠流出版公司出版。[1]一部大型的專科辭典，從開始編纂到發稿，僅用短短兩年半的時間，可見其編纂進度相當急迫。雖然參與編纂的人員都是學有專精的學者、專家，但缺乏編辭典、寫詞條的先備知識和相關訓練。加上沒有一個現成的編寫模式可供參考。因此《臺灣歷史辭典》的成

---

[*] 臺北市立教育大學中國語文學系碩士。
[1] 許雪姬：《臺灣歷史辭典・序》（臺北：遠流出版公司，2004 年），頁 1。

書，可以說是一種開創、探索、與研究的嘗試。

辭典的編纂技術十分複雜，編纂過程相當辛苦。因此，編纂辭典的工作，說是「智者所不為」亦不為過。由於編纂過程中，會產生許多問題，如：框架、體例、選目、釋文、資料校核⋯⋯等，對整本辭典的質量，有著不同程度的影響。出版後，編纂團隊必須對錯誤提出修正，以備再版參考。同時，繼續收集相關資料做為日後增訂之用。

一本優質的辭典，編纂小組內部必須具備統一的體例、修正的能力、更新的實力，三樣特點。在編纂之前，預先針對問題訂出應然的規範，在編纂當中，嚴格要求編輯、撰稿人員遵守。完稿出版之後，開始籌劃更新再版、修訂事宜。編纂小組之外，則要有「書評」做檢討及評論的工作，以備再版時的參考。

《臺灣歷史辭典》從 2004 年 5 月出版，迄今已逾三個年頭。目前尚未見到以各種角度，對它做深入分析和建議的文章。且出版至今，尚未聽聞對該辭典做更新、修改、增訂的計畫。可見臺灣對辭典編纂事業的發展並無長遠的規劃。當初參與編纂的專家學者，在成書後，也未對這次編纂過程發表反省、檢討與感想的經驗談。對於辭典編纂事業的發展，無法產生經驗累積、傳承的效果。因為辭典編纂經驗，沒有從歷次的編纂中獲得累積，辭典的水準便不容易獲得長期發展的進步。有鑑於此，國內工具書專家張錦郎先生便開始號召對《臺灣歷史辭典》做一連串有系統的評論，希望從各種不同的視角，對該辭典做深入的分析。

辭典的編纂過程，「體例」是決定辭典質量的關鍵。本文從「體例」的角度，分析《臺灣歷史辭典》，並試擬體例，置於附錄，以

作為對照參考。

2 《臺灣歷史辭典》在工具書中的定位

書籍依照編輯特點和使用習慣可以分為一般書和工具書。工具書和一般書之間最大的不同在於工具書具有強大的檢索性。[2]現在一般書籍多具有簡易的檢索性，如：目次、索引……等，但與工具書相比，則顯不足。

除了檢索性外，工具書編纂的第一考量是實用性。從實用的立場來看工具書，詞條撰寫必須資料豐富、資訊正確，尚須兼顧資料的編排、表現，以及行文的整體性、邏輯性和簡練性。至於修辭華麗、用詞典雅、內容引人入勝……等，為了避免主觀意識的加入，則須再三斟酌。

工具書的分類，一般分為「辭典型工具書」、「非辭典型工具書」。「辭典型工具書」又分為「百科全書」和「辭典」兩類，如：大英百科全書、語文辭典……等。「非辭典型工具書」則如：索引、年鑑、年表……等。當代由於科技的發展，知識不以語言為限，因此當代的「辭典」又可分為日常所說「辭典」的「語言符號辭典」，以及「非語言符號辭典」如：「機器語言辭典」……等。語言符號辭典可再細分為收專科詞語的「專科辭典」，如：《臺灣歷史辭典》；收普通詞語的「語文辭典」，如：《辭源》；兼收專科詞

2　工具書是匯集特定範圍的知識，按照某種次序加以編排，供人檢索查閱的書籍。其功用主要在於解惑釋疑，提供資料，指引線索，指點讀書門徑。（楊祖希、徐慶凱：《專科辭典學》（成都：四川辭書出版社，1991年）

語和普通詞語的「綜合性辭典」，如：《大辭海》。[3]

　　從文建會主委陳郁秀，以及主編許雪姬為《臺灣歷史辭典》撰寫的序文可知：《臺灣歷史辭典》的編纂目標是匯集目前臺灣史研究成果，提供學者及有興趣的讀者加以檢索、釋疑之用。[4]因此，《臺灣歷史辭典》在書籍中的定位，是「工具書」門，「辭典」類，「專科辭典」學，「歷史辭典」科中的「臺灣歷史」屬。

3 專科辭典應具備的幾個條件

　　《臺灣歷史辭典》既然為專科辭典中的一員，那麼它應該具備專科辭典的基本條件。楊祖希在〈專科辭典學芻論〉一文中，將專科辭典應具備的特質歸納為以下幾點[5]：

（1）按照不同的學科編纂。學科大至可以包括所有一切學科，小至只包括一門學科的一個門類或一個專題。

（2）讀者對象主要是專業工作者（包括從事該學科教學、研究的人員，同該學科對口的實際工作者，以及在高等學校和中等專業學校中攻讀該學科的學生、研究生等）。

---

[3]　參考自楊祖希、徐慶凱：《專科辭典學》（成都：四川辭書出版社，1991 年）。

[4]　迄今為止，尚未有一本圖文對照的辭典，可供對臺灣史研究的入門者隨手檢索，以及學者案頭參考之用。（陳郁秀：《臺灣歷史辭典·序》（臺北：遠流出版公司，2004 年，頁 1）《臺灣歷史辭典》的編纂是實用、可反映目前臺灣史研究成果，並足以讓坊間對臺灣史有興趣的人參考。許雪姬總策畫《臺灣歷史辭典·序》（臺北：遠流出版公司，2004 年），頁 1。

[5]　楊祖希：〈專科辭典學芻論〉（《辭書研究》1991 年第 4 期，1991 年 7 月），頁 6。

（3）只收專科詞語，不收普通詞語。

（4）對本學科的詞語收集得比較完備。同綜合性辭典中相同或相應學科的詞目相比較，專科辭典所收該學科詞目的數量要多好幾倍。

（5）釋文有相當的深度和廣度，專業知識比較豐富。同一專科詞語在專科辭典中得到的解釋，遠較語文辭典詳盡，也比綜合性辭典深入。

透過楊祖希的歸納可知《臺灣歷史辭典》必須針對臺灣的歷史做編纂，並且要設定幾個專題或門類來收詞。此外，收詞範圍必須針對歷史範疇收錄，超出歷史範疇者不收。收詞數量須達一定程度。釋文方面必須深入、廣泛的介紹歷史知識，並針對讀者對象調整釋文深淺。要達到以上的條件，編纂者本身除了要有深厚的歷史專業知識外，還要具備廣泛收集、分析、掌握、運用資料的能力，更要有工具書的編纂經驗或先備知識。

　　工具書的「體例」是編纂時的規範和條例，可簡稱「編例」，是工具書編纂工作手冊中的一部分。做好「體例」，才能正確的掌握辭典的規模和方向、選目的範圍和原則、釋義的原則和方法、釋文的深淺和字數、插圖附錄的選用和處理、編排索引的控制和方法。依照工作手冊中的「體例」來進行辭典的編纂，較能正確掌握編纂進度，確保釋文品質，並符合專科辭典應具備的條件。

4 專科辭典「體例」概說

　　專科辭典的「體例」是辭典的「編寫格式」，即編寫過程中的制度、方向、細則及組織形式。就辭典整體來看，它像一個框架，辭典每個部分都必須依照框架的規範來設計。就編纂的過程來說，它是一種指導，也是一種方鍼。具體的形容是「操作手冊」，是編寫辭典的操作手冊。

　　辭典的編纂很少出自一人之手，大多由眾人分工而成。在「分工編纂」的情況，要控制選目的範圍、詞目的定名、資料的搜集與使用、釋文的內容與深淺、詮釋的角度與觀點、內容的品質、行文的風格、編寫的格式……等，維持一本辭典的整體性，便成了棘手的問題。因此，編纂辭典前先擬定「體例」，可以規範辭典的整體性。中國大陸幾部有名的辭典或百科全書，在編纂前都擬定有「體例」，例如：《辭海》、《大辭海》、《現代漢語詞典》、《中國歷史大辭典》……等。有些辭典的「體例」僅在編纂團隊內部流通，有些則是會單獨出版。

　　如果沒有「體例」，辭典編纂的過程中，會面臨無所依據的情形，編纂者撰稿時，容易各行其道。辭典內容的組織和表述，則缺乏整體性，而整體性正是辭典質量的參考點。

　　辭典編纂過程，可分為編寫、審稿、定稿、出版四個步驟。編寫與審稿間的往返，是影響辭典編纂進度的主因。撰稿者與審稿者之間對詞條所持的標準差異太大，勢必增加「編寫」和「審稿」之間的往返，影響編纂進度。如果辭典編纂前，事先擬定體例，使撰稿者與審稿者對詞條有相同的標準，可以減少認知的差

距，避免多次往返修改，在辭典的編纂上，可以又好又快。[6]

大多數辭典在編輯前會擬定編纂計畫。工具書編輯專家張錦郎先生認為，辭典的體例應該和編纂計畫一起裝訂成為一本工作手冊，供撰稿者隨時翻閱，參考遵行。[7]

如何擬定辭典的體例，筆者另著〈論文史辭典擬定體例的方法〉[8]，文中有較詳細的討論。為了評論的需要，本文先針對體例中：辭典架構、辭典釋文、編輯規格、插圖四類，加以概說。

4.1 辭典架構

辭典架構，主要是規定詞目的選收和定名。可細分為：收詞原則、收詞範圍、詞目定名、詞目分級。

4.1.1 收詞原則

依照辭典的性質、規模、讀者對象，來確定收詞原則。除了規定「收詞相關程度」的依據，還必須考慮詞目的穩定性、各門類詞目收錄比例的平衡、排除哪些詞目……等問題。對於在世和已故的人物詞條的收錄、法令收不收現行法、著作收不收單篇……等問題，也須兼顧。收詞原則對於詞目收錄的作用在於將繁夥的

---

[6] 楊祖希認為：「編寫初稿時不照體例辦事，還會嚴重影響進度。因為這樣一來，勢必需要大量返工，既造成修改的困難，又浪費時間和精力，事倍而功半。如果能按照體例特別是按照選詞的範圍和原則來選收詞目，按照釋義的範圍和順序來編寫釋文，倒可以起到防止缺漏、避免無效勞動的作用。」楊祖希：〈專科辭典編纂的好中求快問題〉(《辭書研究》1984 年第 2 期，1984 年 3 月)，頁 107-108。

[7] 筆者按：此看法已與張錦郎先生當面確認。

[8] 《佛教圖書館館刊》第 46 期，2007 年 12 月，頁 103-113。

詞目作一界隔，去蕪存菁，並且規範出辭典應用的領域、讀者的
範疇。如：袖珍本、實用本、小學生辭典、中學生辭典……等。

4.1.2 收詞範圍

「收詞」是開始撰寫詞條前最重要的工作，「收詞範圍」的界
定，決定辭典的類別、規模、適用對象及應用範圍。一般界定收
詞範圍的方法是根據辭典的類別、性質、規模、讀者對象、學科
發展狀況等，幾方面來界定。做好收詞範圍的界定，可以顯示辭
典方向，掌控辭典規模，避免詞條濫收或漏收，並兼顧辭典學科
的分類與收詞的完整。

4.1.3 詞目定名

在詞目定名的規定上，主要規範名詞的主名、別名、全名、
略名的使用；人物的本名、字號、筆名、諡號的使用；外文譯名
的根據……等問題。詞目定名的規定目的在防止別名取代正名的
問題。以作家洪炎秋之父為例：洪棄生，原名洪攀桂，字月樵。
若辭典以「洪攀桂」為詞目名，那麼對洪棄生不了解的讀者來說，
要查找「洪棄生」的資料就不容易了。又如：中國文化大學戲劇
系、私立中國文化大學戲劇學系、中國文化大學戲劇學系，這三
個詞條都略有不同，在定名時要如何統一，才不至於造成混亂與
難查詢，這是詞目定名必須做好的規範。

4.1.4 詞目分級

　　一般來說，辭典編纂的經費有限。若要用最少的預算，收錄最豐富的詞條；用最少的篇幅，收錄最完備的知識，就要善用「詞目分級」。依照辭典的規模及所收詞條的數量分類層級，一般分為四級：學科基本詞為一級詞目，衍生詞為二、三級詞目，參見詞條為四級詞目。將所收詞目分級後，再依辭典規模，規定各級字數，以預估辭典的字數。分級可以讓撰稿人作好篇幅掌控，基本詞解釋較詳細，參見詞較簡略，避免釋文內容重覆。詞目分級，除了可以預估辭典字數外，還可以提高編纂速度，減少撰稿者與審稿者，對釋文詳略的認知不同，產生重複刪改的情形。

4.2 辭典釋文

　　辭典釋文主要是對詞條釋文的「用語」、「內容」加以規範。可分為釋義原則及釋文程式。

4.2.1 釋義原則

　　工具書編纂的立場應該力求中立，強調的是釋文的準確性，引用資料的原始性、可靠性，不能夠離開資料、事實、材料進行評論。釋義原則主要是對詞條的釋義用語加以規範，目的是在增加釋文的正確性、穩定性、客觀性，減少釋文的主觀性、批判性、頌揚性。例如，釋文中不用「目前」、「即將」、「今後」等具有時效性的詞語，不用「爪牙」、「走狗」等批判性的詞語，或是頌揚的詞語。

4.2.2 釋文程式

釋文程式是「釋義範圍」和「編寫順序」的合稱，它不是簡單的技術規定，而是選擇材料、組織材料的方法。[9]透過釋文程式的規範，可以掌握釋文的深淺、詳略、次序、敘述……等結構性的問題。

「釋義範圍」規定釋文包含的內容，如：別稱、定義、基本介紹、來源、演變、基本介紹外更深入的介紹等。

「編寫順序」規定釋文撰寫的順序，如：事件詞條必須先寫事件別稱，再寫概括語，接著敘述主要內容，以及產生的作用和影響。

透過釋文程式的規定，可以使分工完成的辭典具有整體性，並可掌握釋文撰寫所應包括的要點，可以加快審稿和校對的速度。

4.3 編輯規格

編輯規格是撰寫釋文時在格式上的規定。可分為一般規格與技術規格。

4.3.1 一般規格

一般規格規定編寫詞條的用紙格式或電子檔案設定、版面配置、詞目加注、釋文分段、分項解釋、引用資料注明出處、撰稿人署名等格式。

---

[9] 楊祖希：《專科辭典學》（成都：四川辭書出版社，1991 年 8 月），頁 94。

4.3.2 技術規格

技術規格規定：字體、注音方式、別稱、歷史紀年、古今地名問題、引文、參見、數字、計量單位、標點符號的使用……等。

4.4 插圖

專科辭典透過釋文文字對詞目加以描述，即使再詳細，也難比一張圖片具體。因此，釋文中如能佐以圖片，可以讓使用者有更具體的了解，更擴大辭典釋文訊息的含量。

使用圖片輔助釋文，必須注意圖片選用的正確性及主題性。圖片選用不正確，或主題不明顯、使詞目抽象化……等錯誤的插圖，非但無法輔助釋文，更容易誤導讀者。

體例對於插圖的規範，主要在：配圖原則、圖名命名、圖注標示三方面，以確保圖片使用的適切。

5《臺灣歷史辭典》的體例問題

《臺灣歷史辭典》的編纂，全部只有兩年半的時間，要在這樣短的時間內編好一本辭典，實屬不易。加上編纂的團隊動員了多位在臺灣史研究上學有專精的學者、專家、研究生。參與編纂《臺灣歷史辭典》的人員，未必都有編纂辭典的經驗，因此編纂的難度更為提高。

面對這種情況，筆者認為可以透過編制工作手冊，指定分工、設計流程、規範體例，作為全書編纂的依據。減少在編纂的過程

中，許多意外產生的問題，加快整體編纂的速度，同時也加強辭典的整體性，控制辭典的質量。

許雪姬先生在《臺灣歷史辭典》序文中提到一些有關編纂過程中所遭遇的問題，他說：

> 初期為了詞目、字數、書寫辦法等凡例有過冗長的討論，但是實際交稿時撰稿者卻未必遵循，因此製表、改稿、補充，成為相當繁重的工作。在這一年半期間，文化處聘請了幾位專家做審查人，給我們很多的建議。比如對經濟類有些法令尚在執行中算不算歷史[10]？而重要的臺灣史著作是否有必要放入等。[11]

他也提到在第一階段結案時，《臺灣歷史辭典》整體的編纂情況：

> 2001 年底本計畫結案。不過如前所提，一年半時間有點倉促，其實只完成了六、七分，離可以出版還有一段距離，少數答應的撰稿人也還欠稿，而要達到能上網、出版，需要在體例上更為畫一，並減少不該有的錯誤，面對這個半成品我的憂慮更深。[12]

他還提到第二階段的工作重點，及產生的問題：

> 這一階段的工作重點仍在改稿、催稿、製作表格，……這階段提出來的問題，大半是哪些詞目該列而未列或哪些詞目應

---

[10] 筆者按：原書引文疑為校對疏失，今正。
[11] 許雪姬編：《臺灣歷史辭典·序》（臺北：遠流出版公司，2004 年）。
[12] 同上注。

該刪除，同時詞目的內容亦做某些修訂。[13]

從許雪姬先生在《臺灣歷史辭典》序文中，提到編纂過程所遭遇的問題，筆者猜想，應是未擬定體例所造成。若擬有完善的體例，那麼在詞條的收錄上，現行法令收不收、重要著作收不收……等問題，就能夠及早解決。同時，選詞問題也不應在第二階段編纂時，還造成困擾。此外，若有擬定體例，並將它做成手冊供工作人員在撰寫時遵循，那麼在交稿之後，修改與補充的工作便可輕鬆許多，到第二階段編纂時，便能減輕改稿工作的負擔。

在許先生的序文中有提到：「初期為了詞目、字數、書寫辦法等凡例有過冗長的討論……。」「凡例」應指說明著作內容和編纂體例的文字，專科辭典的凡例一般包括：涉及的學科、詞目的數量、有的還概括說明選詞、命名的原則；多義詞的分項解釋；參見詞及其格式；引文出處和版面；外文和譯名；編排方式；附錄；索引……等項目，是成書以後撰寫，供讀者使用辭典前的參考。「體例」指的是編纂辭典的編寫格式，著重在詞條分級和各級詞條字數；釋文項目和行文次序；釋義原則和釋文程式；插圖……等。凡例與體例之間的差別，就像電器產品的「使用說明書」與「製作說明書」一樣，在設計上是截然不同的。許先生在序文中所提到的凡例，指的應是體例的內容。

《臺灣歷史辭典》的編纂過程，在第一階段審稿、定稿後，還留有的體例問題和詞目選收問題。面對這些問題，許雪姬先生在第二階段編纂時處理。但許先生處理的依據為何？處理過後，

---

[13] 同注 11。

問題是否解決？抑或產生更多的新問題？同時，第二階段尚有許多詞條陸續交稿，這些陸續交來詞條的體例問題該如何處理？這些問題造成辭典編纂上的一大負擔。

《臺灣歷史辭典》成書後，許雪姬先生應邀在「《臺灣文學辭典》編輯會議」中分享其編纂經驗，會中許先生的看法較偏向「體例取消論」[14]的觀點，認為在辭典的編纂過程中體例的影響不大。筆者試從收詞、釋文、規格、圖片四個體例應規定的項目，來探討《臺灣歷史辭典》中的體例問題。

5.1 收詞上的問題

建立辭典的框架結構和收詞是編好辭典的第一步。程應鏐主編《中國歷史大辭典·宋史》出版後，有人問主編在編纂工作中有什麼經驗，程應鏐說：

> 我以為確定詞目是最重要的。要使一部辭典適合於讀者的需要，首先就要在詞目的收錄上下功夫。[15]

詞目的收錄要依照辭典的特性，在開始撰寫詞條前，做到全而不濫，精而不漏的程度！筆者認為，《臺灣歷史辭典》在編纂初期並未詳細擬定體例，因此在選詞、定名上，歸納有以下問題：

---

[14] 認為體例只是雕蟲小技，沒有體例照樣可以編出辭書，體例方面的問題不會影響辭書的質量。有的甚至抱怨有了體例，反而束縛手腳，不能暢所欲言，影響辭書的科學性和知識性，因而認為制定體例不啻是作繭自縛，無益有害。參見楊祖希：《專科辭典學》（成都：四川辭書出版社，1991 年 8 月），頁 89。

[15] 程應鏐：《流金集》（上海：上海古籍出版社，1995 年），頁 289。

5.1.1 詞條的濫收和漏收

《臺灣歷史辭典》的收詞，雖從凡例中可約略看出其範疇，但實際統整詞條後，會發現有許多濫收和漏收的詞條。例如：

在詞條濫收方面──《臺灣歷史辭典》收錄「今日電影」一詞，該刊物的定位在當時應屬流行雜誌，收錄在專科辭典中實為蛇足。即使要收該詞條，《今日電影》今天業已停刊，辭典在釋文中，應該要注明共出多少期，但該辭典並未著錄，該詞條的重要性，大為減弱。

在漏收方面──該辭典收錄了 1988 年 1 月 18 日創立的「信誼幼兒圖書館」一條，卻未收歷史悠久的「臺灣大學圖書館」、「省立臺中圖書館」[16]、「臺北市立圖書館」……等重要的圖書館。

辭典編纂前，若未擬定體例對選詞做規範，且選詞時未做好系統性資料收集的工作，便容易造成詞條的濫收和漏收。以下再略舉一些詞目收錄上的盲點，提供參考：

《臺灣年鑑》是由黃玉齋主編，1947 年臺灣新生報社出版，共二十八章，一百三十萬字，是關於臺灣史的重要著作。楊碧川認為：

> 這（臺灣年鑑）是一部代表二次大戰後，臺灣當時人士對歷
> 史及政、經、社會、文化等各層面的總結性觀點，具有歷史
> 意義。[17]

---

[16] 現已改為「國立臺中圖書館」。

[17] 楊碧川：《臺灣歷史辭典》（臺北：前衛出版社，1997 年），頁 268。

《臺灣歷史辭典》漏收了這一重要詞條,十分可惜。

辭典編纂前,在選詞時收集資料的功夫相當重要,從收集的資料中有系統的收錄詞條,可以避免漏收重要詞條的情形。

相似的情形還有《臺灣省五十一年來統計提要》,該《提要》是研究臺灣在日本統治五十一年來最完整的統計資料集,於 1946年出版,全書共分 24 大類[18],《臺灣歷史辭典》亦未收錄。

此外,《臺灣文獻》是臺灣省文獻會出版的刊物,《臺灣歷史辭典》收「臺灣省文獻委員會」一詞,卻漏收《臺灣文獻》,且在「臺灣省文獻會」釋文中亦未提及。與《臺灣文獻》相反的是《臺北文物》,該辭典並未收「臺北市文獻委員會」,卻收錄該會出版的刊物。

重要單位與其出版的重點刊物,應該一起收錄立目,並且相互參照,以擴大辭典收錄,避免漏收。

辭典收錄詞條,必須要有系統性、邏輯性。收錄詞條時,一定要做詞目分級,對與一級詞目直接相關的次級項目,應列為次級詞目,並全面收錄。

從《臺灣歷史辭典》的內容未發現詞目有分級的規律,因此,對一級詞目下所包含的次級詞目時有漏收。例如:

「十項建設」為臺灣經濟發展的重要建設,此詞目應列為一級詞目。十項建設的細目包含:「北迴鐵路」、「臺中港」、「中山高速公路」、「蘇澳港」、「中正國際機場」、「中國造船廠」、「核一廠」、「中國鋼鐵廠」、「鐵路電氣化」、「石油化學工廠」十項重大工程。

---

[18] 編按:楊碧川《臺灣歷史辭典》寫分為 34 大類是錯的。

《臺灣歷史辭典》收錄前八項，卻漏收末兩項。

此外，「行政院」為一級中央機關，應列為一級詞目。行政院底下所屬各部，應列為二級詞目。根據「行政院組織法」在民國69年6月29日，所做的第6次修正，第3條條文中規定：行政院下轄八部、二會、一處、一局。分別是：內政部、外交部、國防部、財政部、教育部、法務部、經濟部、交通部、蒙藏委員會、僑務委員會、主計處、新聞局。《臺灣歷史辭典》對行政院轄下部會僅收「內政部」、「財政部」兩個詞目，未收「法務部」、「交通部」、「經濟部」……等同級單位。但《臺灣歷史辭典》中，卻收錄二十一個「經濟部」的轄下單位，並且收錄「交通部」所轄機關中，「中央氣象局」、「電信總局」、「運輸研究所」等詞目。

從這種未收錄主管機關詞目，卻收錄下行單位詞目的情形，可知在辭典編纂前，先做系統化的收詞，是十分重要的。

針對詞條濫收、漏收、不合邏輯的情形，筆者認為在編輯前應先做好資料彙編工作，進而從資料中選詞。亦可參見其他相關的專科辭典，先有一個詞目的依據，再加以擴充。此外，在編纂前必須對詞目做系統化的處理、分級。詞目分級工作對辭典編纂有許多好處，就選詞來說，可以達到全面、完整、有系統、有邏輯等效果。

5.1.2 詞目定名未統一標準

在辭典的編纂過程中，「選詞」好壞是決定一本辭典價值的源頭，而詞目「定名」（立目）的好壞則是決定辭典價值是否彰顯的

關鍵。定名定的好,則方便讀者查閱,若定名出現問題,則徒增讀者困擾。為了方便讀者的查閱,定名須注意名詞的主名、別名、全名、略名的使用;人物的本名、字號、筆名、諡號的使用;外文譯名的根據……等問題。避免讀者誤解,或查找不到,或誤用詞條。

《臺灣歷史辭典》在定名方面,可歸納出:,定名不夠嚴謹、詞目和釋文間用詞不相同、定名不符合讀者習慣等問題。

定名不夠嚴謹,如:該辭典中收錄「編譯館」一詞,該詞目的定名可以涵括,除了國立編譯館外,以及臺灣省編譯館。臺灣省編譯館於 1946 年成立,由許壽裳擔任首任館長。[19]若單獨使用「編譯館」作為詞目,很可能對讀者造成混淆。

雖然該辭典在凡例中提到,國立、省立文教機構均不加「國立」、「省立」等字樣,不過在「國立編譯館」這類的詞條中,若去掉「國立」二字,便容易造成詞條意義改變,因為編譯館有「國立」與「臺灣省立」之別。此外,該詞條於該書索引的頁碼,標示亦有錯誤。該詞條並非列於索引頁中所標示的「頁482」。

詞目與釋文間用詞不相同的情形,如:為因應民國60年代初期,世界性經濟危機而推動的十項經濟建設計畫,一般多慣稱為「十大建設」。《臺灣歷史辭典》中並無「十大建設」詞目,而另外以「十項建設」一詞來取代。但有關十項建設的詞目釋文中,均用「十大建設」一詞。如:中山高速公路、中國造船公司、北

---

[19] 詳細資料見包恆新編:《台灣知識辭典》(福州:福建人民出版社,1987 年),頁 261。

迴鐵路、核能一廠……等，釋文中均注明「為十大建設之一」。「十項建設」的釋文中所列舉的「中國造船廠」，該廠在該辭典的詞目卻定名為「中國造船公司」。

　　針對詞目定名的問題，筆者認為應該先從資料彙編的工作下手，做好資料收集的工作，再加以選目、定名。資料彙編作得好，自然會發現有名稱相似而實際上卻不相同的機構，也能夠發現該收而漏收的詞條。詞條的收錄完備、有系統，自然就不會有濫收的情形。在定名方面，除了要兼顧主名、別名外，還要注意詞目的普及性，以免造成讀者在查找上的困擾，而降低辭典的使用價值。

5.1.3 外文詞目選詞、定名問題

　　《臺灣歷史辭典》中收有外文詞目，大部分的外文詞目都用中文譯名，但少部分詞目仍用外文。由於外文詞目在轉換上容易有中文同音字的情形產生，因此筆者認為在辭典的編纂上，外文詞條應以原文詞目為主，其後附加中文詞目。此外在編制索引時，應分為中文詞目索引及外文詞目索引。中文詞目索引以中文譯名詞目為檢索項，外文詞目索引以外文原文詞目為檢索項。外文原名和中文譯名間，互相成對，區分索引，以方便讀者查詢。

　　《臺灣歷史辭典》在外文的選詞和定名上，就索引部分來看，《臺灣歷史辭典》分中文詞目索引、英文詞目索引兩種。中文詞目以筆畫來排序，英文詞目以字母順序來排序。但該辭典英文詞目索引所列詞目僅四條，即：ABC 書、CAT 民航公司、F-5E、Jacinto

Esquivel 神父。四條英文詞目名稱中英文夾雜，就工具書編纂來說，這樣的命名方式，值得商榷。此外，為什麼要針對這四條英文詞目特別再另立英文詞目索引，而不轉換成中文譯名，或是將其他中文譯名的詞目恢復英文詞目收錄，在工具書編纂來看，實應稍作調整。

從收錄的邏輯來看，該辭典收錄「F-5E」戰機做為詞目，那 F-104 戰機，亦曾為臺灣空軍的主力戰機，是否也應收錄？F-86 戰機曾創下臺海空戰大捷，是否也應收錄？倘若空軍戰機型號作為詞目收錄了，那坦克車的型號是否也應作為詞目收錄？該辭典在收詞上，應該可以稍做調整。

從詞目的命名來看，《臺灣歷史辭典》收錄許多外國人名，如：馬偕（George Leslie Mackay）、巴克禮（Thomas Barclay）…等人，皆翻譯為中文譯名作為中文詞目。「Jacinto Esquivel 神父」一詞應該要比照辦理，且人名詞目對於職稱詞應列於釋文當中，不應出現在詞目。

《臺灣歷史辭典》在外文詞目的收錄上，倘若事先有完善的體例，就不至於產生「F-5E」、「Jacinto Esquivel 神父」等錯誤。體例對收詞立目的重要性，在中文詞目中，或許不被彰顯，但在外文詞目上，便容易產生疏忽。體例對選詞立目的重要，由此可見一斑。

5.2 釋文上的問題

「釋文」是辭典編纂工作中最重要的環節，是辭典的核心，也是辭典的生命。《臺灣歷史辭典》的編寫人員都是專家學者，在

理論修養、專業知識、文字水準上的表現是不容置疑的。但很多
人是第一次編寫詞條，在沒有編輯體例的情況下，對編寫辭典的
艱鉅性、複雜性估計不足，造成釋文體例方面，產生待商榷之處，
歸納有：釋文過於冗長；概括語多重複詞頭；不同撰寫者行文風
格迥異；同性質詞條收錄的內容項目不一；「等」的用法不同；用
詞欠統一。

5.2.1 釋文過於冗長

《臺灣歷史辭典》一頁分兩欄，每欄 41 行。釋文在 30 行以
上的詞條眾多，40 行以上的也很常見，50 行以上的有「一九〇八
年援華法案」51 行、「達邦創社」55 行……等；甚至「臺灣新文
學運動」一條高達 70 行以上。造成詞條偏長的原因，除了未作詞
目分級外，主要是未對釋文做出規範，容易造成以創作文章的方
式撰寫釋文。

辭典釋文並非論文，亦非報刊文章，而是較接近濃縮的論文
或研究論文，或類似摘要。最合乎辭典釋文要求的文體便是「辭
典體」。辭典體的主要特色是開門見山，開宗明義，不穿鞋戴帽，
不加尾巴的文體。只介紹必要的知識，不擅自引申，不發揮，不
辯駁，不議論，不描寫。語言樸實，言簡意賅，字斟句酌，惜墨
如金。便是最佳的辭典體。[20]

辭典的釋文要科學性強，簡明扼要，這是任何辭典的要求。

---

[20] 連健生：〈《教育大辭典》的收詞與釋文〉（《辭書研究》1992 年第 6 期，1992 年
11 月），頁 41。

若是大型專科辭典，還要求內容豐富，信息量大，以表現全面多方位的解釋。釋文不是捉住一點資料就加以發揮，而是要靠很多材料經過整理、分析、概括、濃縮、編寫的過程，直接緊扣詞目內容，不能將個人主觀意識形諸文字。《臺灣歷史辭典》「中國文藝協會」條，釋文提到：「成立大會上黨部與政府官員雲集。」「黨部」及「政府官員」是刻意安排將感情形諸文字的語言。

此外，辭典釋文不能有預料、評論、批判的語氣在其中。《臺灣歷史辭典》「中央圖書館臺灣分館」條，釋文中即有「2004年遷館至永和後將改為國立臺灣圖書館」的預測性文句。然該館至今仍稱為「國立中央圖書館臺灣分館」，且遷館至中和而非永和。

《臺灣歷史辭典》釋文過於冗長的原因，大部分是未能掌握「辭書體」文章造成的。此外，過多的文學性語言，除了篇幅增加之外，對於辭典的正確性、資料的穩定性、以及詞典質量的提升，並無益處。在編纂前，擬定體例並對撰稿者做詞條撰文提醒，可避免這類型問題產生。

5.2.2 概括語多重複詞頭

就辭典編纂來說，概括語是詞目後的第一句話。主要用來介定詞目的歸屬，可以使讀者了解詞目的本質意義，而非絕對判定詞目的意義。放在第一句的的目的，是要讀者一看就知道這個詞目是指什麼。如：期刊詞條的概括語為「刊名」便知是期刊，而不是專書。

詞目一般都需要加概括語，但也有例外的情形。見詞知義的

就不用加概括語，如：「戒嚴期間臺灣省區山地管理辦法」便不用加概括語。另外，綜合性詞目涉及的方面較多，不能一語概括，也不用加概括語。

《臺灣歷史辭典》的釋文中，有些定義或概括語是詞頭的重複。釋文首句重複詞頭，是辭典釋文中嚴重的技術問題，不僅徒增文字，也無益於詞典的釋文。《臺灣歷史辭典》全書中，隨處可見這種情形，甚至有重複詞頭長達十四字之多者，例如：「中國國民黨第八次、第九次全國代表大會」。此外，「中國國民黨中央評議委員會」，釋文重複詞頭也長達十一字。

寫文章重複標題，可以使文氣連貫，加深讀者印象，但對辭典來說，釋文首句常屬於下定義，定義必須以簡練而明確的文字把詞目的本質特徵準確無誤的概括出來。因此釋文首句應為定義，或概括語，或注明簡稱或全稱。如：「中央圖書館臺灣分館」釋文首句應說：「全稱國立中央圖書館臺灣分館。」

5.2.3 行文風格迥異

編纂辭典要使眾多編纂者行文風格完全相同，是不可能的事，但仍需嚴格要求，同時避免詞條釋文的用語風格截然不同。《臺灣歷史辭典》絕大多數詞條均用白話文寫作，但邵雅玲所撰寫的詞條，全用文言文行文。辭典的編纂，必須顧及釋文間的一致性，也就是釋文間的協調性。相鄰詞條間，若行文風格相差甚遠，對辭典整體釋文的風格，有不良的影響。

5.2.4 內容著錄項目不一

辭典釋文的撰寫，必須依照釋文程式的規定。各種類型的詞條釋文應先寫什麼，後寫什麼，應有大體相同的順序。《臺灣歷史辭典》的釋文，相同類型詞條，在釋文的著錄上沒有統一的內容，在次序上亦不相同，因此釋文欠缺整體性。

5.2.5 用詞欠統一

由於一部辭典的編寫者甚夥，為了顧及詞條釋文的一致性，因此需要體例來規範釋文的用詞。《臺灣歷史辭典》釋文中的用詞多未加以規範。例如：「逝世」和「去世」二詞的使用，在該辭典中便有許多不同的用法。在 208 頁「王育德」條，釋文中用「因心肌梗塞去世。」在 355 頁「吳新榮」條，釋文中用「因心疾猝發逝世。」王育德 60 歲逝世，吳新榮 61 歲逝世，同樣的年紀，同樣的死因離開人間，在辭典中用詞應該相同。此外，年老與年輕時離開人間的用詞也應有所區別。體例中應著錄「年輕用去世、病逝；年老則用逝世，不必用病逝。」

此外，《臺灣歷史辭典》在名詞的使用上也欠缺統一。例如：「吳國楨事件」條中，釋文用「臺灣省主席吳國楨」，到了「張恩溥」條中，釋文用「臺灣省政府主席吳國楨」。同樣的情形還有「蔣中正總統」、「蔣介石總統」；「1949 年中央政府遷臺」、「1949 年中華民國政府遷臺」、「1949 年國府播遷來臺」；以及有的詞條用「二二八事件」、有的用「二二八事變」。

除了釋文的中文用詞欠統一外，外文用語的著錄也有不同，

如:「尼克森」一詞,在 1140 頁著錄為「Richard M. Nixon」,1141
頁則著錄為「Richard Milhous Nixon」,這是鄭仰恩先生在「臺灣
基督長老教會三宣言」與「臺灣基督長老教會退出普世教協事件」
兩則相連詞條的釋文中,著錄英文用語不同的情形。

對於《臺灣歷史辭典》釋文用詞欠統一的情形,筆者認為應
該在編纂前,先召集撰稿的專家學者,針對釋文中的用詞,事先
編制體例,供撰寫時參考。若撰寫時有遭遇體例未規範者,應該
立即召開編輯會議,對「體例」做修改,並告知所有撰稿者。只
有在詞典體例中擬定統一的辭典用語,才能使釋文用詞歸於統一。

5.2.6 「等」字的過度使用

釋文中「等」字的使用,目的在「省略不記,限定縮小」之
用,即於文言文中的「云」、「云云」。在辭典釋文中,「等」字不
宜過度使用。例如:

《臺灣歷史辭典》「孫立人事件」條中,寫到:「事發之初,
蔣中正總統命令由陳誠擔任主任委員,與王寵惠、許世英、張群、
何應欽、吳忠信、王雲五、黃少谷、俞大維等 9 人組成調查委員
會。」釋文中,調查委員會九人已經全部列出,再加「等」字便
顯累贅。相同的還有「大庄事件」中,起事的平埔各庄,已全部
寫出,其後仍再加等。

「等」字除了受到過度使用外,同一個作者在「等」字的用
法上也出現不統一的情形。例如:

薛化元所寫撰詞條「中國國民黨第十一屆四中全會」,釋文中

提到：「在 12 月 14 日選出的 27 位中央常務委員中，臺籍人士由 5 名遽增到 9 名，包括謝東閔、林洋港、邱創煥、林金生、林挺生、李登輝、徐慶鐘、蔡鴻文及洪壽南。」臺籍人士九人全列，不加「等」字，此為是正確的寫法。但他在「中國國民黨第十一次全國代表大會」釋文中寫道：「選出中央常務委員 22 人，包括臺籍的謝東閔、林金生、林挺生、徐慶鐘、蔡鴻文等 5 人」，在此五位人名全列卻又加「等」。薛化元所撰寫的詞條釋文，對「等」字的用法，已十分正確，但也不免有錯用的情形發生。編纂前若能夠先擬定體例，提醒撰稿人能夠注意外，校稿人員也能夠及時發現錯誤，進而加以改正，避免這種錯誤。

專科辭典的釋文必須對每個詞條都要做一定深度和廣度的介紹，且對於各家說法必須保持客觀，不能妄加評論。在有限的字數下，要加入大量的知識，行文必須儘可能的精練、簡潔。此外，為了保持辭典的整體性，因此必須要著錄內容項目、順序、用字遣詞作規範，儘可能讓同類型、同性質的詞目釋文有相同的寫法。此外，避免把詞條當做文章的題目來寫，減少贅字、保持客觀。

5.3 未做詞目分級所造成的問題

詞目分級是工具書在編纂前必做的工作。目的除了要擴大收錄詞條數目外，就是要避免釋文重複性過高，並預估字數，掌握辭典編纂進度。

《臺灣歷史辭典》所收的詞條，無法形顯看出詞目分級的痕跡。在詞目在選收上容易造成內容相近的詞條釋文重複收錄，或性質相同的詞條收錄不全、查找不便的情形。此外，對於詞條的

重要性，以及釋文的長短、參見條的歸納也不容易事先掌握。

5.3.1 內容相近詞條釋文重複收錄

《臺灣歷史辭典》相關詞條釋文重複收錄的情形，以人物詞條來說，可歸納出人物與著作詞條釋文重複，以及人物與事件詞條釋文重複。例如：

「姚瑩」與其著作「東槎紀略」；「楊廷理」與其著作「東瀛紀事」；……等，人物條釋文中須介紹其著作，著作條釋文中須介紹作者，二者內容即重複。而在「楊廷理」詞條釋文中，漏提其著作有《東瀛紀事》一書，兩詞條間的連結性，便大為降低。人物與事件詞條釋文重複的情形，如：「孫立人」與「孫立人事件」亦同。

以「人物與著作詞條釋文重複」的情形來分析，在著作條釋文有提到作者，在作者條釋文中又提到著作，釋文間彼此互相重複，這種情形對辭典來說顯得累贅，浪費篇幅。較好解決的方法是在著作條釋文中不介紹作者生平和其他的著作，只介紹作者姓名及該作品內容；在人物條目中只介紹其重要的著作，而不介紹著作的內容。[21]

5.3.2 收錄不全

由於詞目未分級導致詞條漏收的情形，在本文「詞條的濫收

---

[21] 曾大力：〈專科辭典相關條目的撰寫安排〉(《辭書研究》1994 年第 4 期，1994 年 7 月)，頁 137。

．211．

和漏收」一節中已有提及。此處以「十項建設」（應稱為「十大建設」）為例，若有作詞目分級的動作，「十項建設」應列為一級詞目，十項建設中的各項建設應列為二級詞目全部收錄。不會漏收「鐵路電氣化」與「石油化學工業」兩詞條。同時，在釋文的撰稿上，一級詞目可以籠統廣泛的介紹，二級詞目再加以深入分敘。透過詞目分級，不僅可以避免漏收，更可提高釋文深度。

5.3.3 字數無法預先統計

詞目分級可依詞目的重要性分為四級，並規定每級的字數。如果辭典在編纂前即先做好詞目分級的工作，便可以預先統計字數，撰稿者在撰稿時，也可以掌握篇幅，對字數加以控制。這樣不僅可以解決《臺灣歷史辭典》釋文冗長的問題，在辭典編纂上，也可以預先估算字數。

5.3.4 無法歸納參見條

參見條的歸納必須根基於詞目分級的工作上，可以將別名、字號……等列為參見條加以收錄。一方面可以增加詞目收錄的數量，另方面對篇幅也不會產生巨大的影響，對讀者來說，更增加查詢上的方便性。

5.4 規格上的問題

編輯規格主要是在規範詞條的版面編排格式，以及詞條的字體、注音方式、別稱、歷史紀年、古今地名問題的處理、引文、

參見、數字、計量單位、標點符號如何使用……等的規定。目的在追求辭典整體的一致性。

《臺灣歷史辭典》在釋義規格這方面，就體例的角度來看，缺乏整體的規則。本文僅以該辭典釋文中數字和列舉條目方式為例：

在數字方面，《臺灣歷史辭典》表現的方法太多元，例如：「第一次逢坂事件」釋文中，採用二名、五名的國字數字記數方法，在「第二次逢坂事件」釋文中，採用 18 名、58 名的阿拉伯數字記數方法。不同作者，採用的記數方式各自發揮，容易造成辭典中記數方式混亂，筆者認為應該擬定體例，建議統一用「阿拉伯數字」計數為佳。

釋文中，在列舉方式上，「鄭成功告示」條中，對於告示內容列舉了八條，這八條告示在該書中共用了四種表現方式：

「一、....。二、、...。三、...。」（頁 1244）

「（1）...，（2）...，（3）...，」（頁 369）

「（1）...；（2）...；（3）...；」（頁 165）

「（1）...。（2）...。（3）...。」（頁 703）

可見，若事先無體例規範，撰稿者在撰寫詞條時，便容易各行其事，辭典釋文便容易顯得混亂。在序號規格方面，筆者建議辭典文字應盡量精簡，可以統一使用「（1）...。（2）...。（3）...。」的方式。但不論採用何種方式，辭典在編纂前先擬定體例，以求釋文的整體性是最重要的。

5.5 圖片的問題

在辭典中，圖片的功用是為了輔助釋文，目的在讓讀者能夠更具體的了解釋文的意義。因此圖片的選擇必需要兼顧正確和突顯主題的要求，才能使詞目具體化。在圖名（圖題）和圖注這兩方面也必須要達到解說圖片、輔助釋文的效果。

《臺灣歷史辭典》大量採用圖片約 1260 張，圖文並茂，有助於讀者對詞目的了解。其圖片問題，歸納有：選用圖片沒有標準、錯用圖片、圖片無法輔助釋文、圖注紛雜無益釋文等問題。

5.5.1 選用圖片沒有標準

《臺灣歷史辭典》中收錄有許多人物、畫像、建築……等照片，有些照片難得一見，十分具有價值。但在照片的選用和置放上沒有規範，從「人物詞條圖片」來說，百科全書對於近現代人物照片均以正面攝影為主。因此在人物照片的選用上，應以正面攝影的照片作為選用對象，而非讀書、寫字、閱讀……等。例如：「胡適」詞條應選用正面的相片，而非閱讀照片。因為工具書的目的是要傳達真實的資訊，而非美觀、帥氣的寫真。

此外，照片的選用應兼顧讀者對作者的認識，例如：「謝東閔」詞條插圖，《臺灣歷史辭典》選用謝東閔大學時期的照片，而非當選副總統的照片。大學時期，謝東閔尚未成名，不是人們對他熟悉的印象，無法讓讀者獲得實際需要的認識，也無益於釋文的輔助，應選用當選副總統的照片為宜。

最後，一詞條所配的圖應以一幅為限，能夠完整傳達資訊即

可。如：「鍾理和」詞條中配置兩張圖片，則值得商榷。

5.5.2 錯用圖片

《臺灣歷史辭典》的部分圖片有配錯的情形。例如：「臺灣文藝作家協會」配圖竟是 1964 年創刊的《臺灣文藝》。這樣配圖容易誤導讀者，且無法達到輔助說明的效果。

5.5.3 圖片無法輔助釋文

《臺灣歷史辭典》收錄圖片雖多，但部分圖片對釋文並無直接幫助。一方面是選用不夠具體的圖片，另一方面是圖片主題不夠明顯，或畫面太過紛雜，也有脫離主題太遠的情形。例如：選用「謝東閔」大學時期的照片，便無法具體的輔助釋文中對他的介紹。此外，在「雷震事件」詞條的配圖中，包含與雷案無關的施明德、艾琳達二人，一方面無法突顯雷震，另一方面則容易讓讀者產生混淆。

在「武德會」詞條中，選用了「臺南武德殿」側面照，與「臺中武德殿」正面照。以建築圖片來輔助團體詞條的釋文，所達到的效果應該有限，應用團體人物合照相片為宜。

以上僅是對部分圖片提出建議，對於圖片的問題，筆者認為應該對圖片的選用加以規範，才能去蕪存菁，提高插圖輔助釋文的功用。

5.5.4 圖名紛雜無益釋文

圖片的體例除了著重在選圖外，還有圖名（圖題）的規定。圖名是對插圖的內容的簡要說明。每一幅圖均須加圖名，圖名的著錄需與詞目相呼應。一詞條配有多幅插圖時，還必須加上總圖名。

《臺灣歷史辭典》在圖名的著錄上並無規則可循，往往由作者自行發揮。有的過於簡略，有的則過繁，例如：「阿里史社」條中搭配的是一幅古地圖，圖名不能只寫「阿里史社」，應該寫作「阿里史社舊址示意圖」。又如：「傳記文學」條中，圖名為「《傳記文學》雜誌」，「雜誌」二字實為贅字。

此外，在人物條的附圖圖名，只記人名即可，動作的描述，均是畫蛇添足。例如：「胡適」條中的圖名為「於桌前閱讀的胡適」，胡適的動作，讀者可以自行從圖片中看出，所以改為「胡適」即可。

6 試擬《臺灣歷史辭典》體例

對於從辭典編纂體例的角度，來看《臺灣歷史辭典》在體例方面的問題。筆者認為應是缺乏一份較為完整的體例所導致。筆者試擬一份體例，以提供讀者對照、參考。

中國大陸在辭典編纂的研究上，已形成一門「辭書學」的學問，對體例的擬訂有逐漸範式化的趨勢。筆者以上海辭書出版社所擬定《大辭海》百科條目體例為底本，再針對歷史辭典的特性

加以修改。筆者並非史學專家，在試擬的體例中，必定有許多疏漏之處。但本文的目的主要是強調體例對辭典編纂的重要性，並且提供一個體例的完整架構，供有興趣的讀者參考，更希望提倡辭典編纂時，能夠重視體例。

試擬體例全文，請見本書附錄一。

7 結語

工具書之所以冠上「工具」這兩個字，便代表它具有一定程度提高生產的功用。不論是在語言、文化、經濟、科技等，各種領域都存在有對相關的工具書需求。但臺灣各界普遍對工具書都不重視，政府單位對此也缺乏遠見，出版業也就興趣缺缺。很少會有出版業者願意投資大成本去編纂一部的工具書。即使是學術單位，也不願意成立一個組織，其目的僅在編好一部工具書。

反觀中國大陸，由於民間對工具書的需求，加上政府單位的重視，近年來出版的工具書如雨後春筍。上海辭書出版社更以專門出版工具書營業，並且發行辭書學的專門期刊、成立辭書學會，藉工具書揚名於出版界。

由於中國大陸對工具書的重視，工具書編纂的水平日益提高，工具書編纂的經驗也逐日累積。雖然他們在一般書籍的出版經驗落後臺灣，但在工具書編纂的實力，則領先臺灣。

《臺灣歷史辭典》是臺灣近年來罕見的大手筆工具書編纂計畫。不論對於臺灣歷史、國家整體意識、教育各方面，都有相當重要的影響。許雪姬先生將該辭典催生出來，可謂功德無量。

　　本文主要從辭書學的角度，對該辭典在體例方面的問題提出
討論，一方面藉著辭典體例的角度做評論，另外提倡辭典編纂前
應先擬定詳細的體例。

　　評論辭典以體例做依據，可以使評論的立場更客觀，且可以
更深入的去了解編纂過程中所遇到的問題。筆者認為若能形成辭
典編纂前先擬定體例，辭典編纂後以體例為依據來評論辭典的風
氣，則辭典編纂的經驗可以得到累積，對於辭典的品質和水準應
能獲得提升。

輔文篇

范嘉倩[*]

1 前言

　　輔文運用於書籍，在今日已相當廣泛，其種類多樣，各從不同角度來輔助讀者理解正文，其重要性不容小覷。

　　然而，相較於正文，書籍輔文較不受國人重視，甚至「輔文」一詞，對於多數國人而言，是相當陌生的。但以工具書來說，若編者編製輔文失當，抑或讀者未能妥善利用輔文，皆會徒增理解及查檢正文的困擾與不便；反之，若編者、讀者對輔文都有足夠的認識，以完善的編製及良好的運用態度，來充分發揮輔文的作用，相信讀者定能輕易掌握正文，於查檢正文內容時，可達事半功倍之效。

　　由中研院近代史研究所研究員許雪姬教授總策畫之《臺灣歷史辭典》[1]，為現今三部同題名為「臺灣歷史辭典」的工具書中[2]，詞

---

[*]　本文撰於筆者就讀臺北市立教育大學中國語文學系碩士班期間，現任職於教育部顧問室人文數位教學計畫。

[1]　許雪姬總策畫：《臺灣歷史辭典》（臺北：遠流出版公司，2004 年 5 月）。

[2]　另一為楊碧川著：《臺灣歷史辭典》（臺北：前衛出版社，1997 年 8 月）；一為佟建寅主編：《台灣歷史辭典》（北京：群眾出版社，1990 年 12 月）。

條數量最多、臺灣史料蒐集最為豐富的一部。然而如此集合百餘位
學術菁英撰成的堂堂巨著[3]，至今已出版三年，仍未見深刻有力的評
論。

　　故此，本文將焦點鎖定在《臺灣歷史辭典》之輔文。撰寫目的，
除了肯定《臺灣歷史辭典》編輯群編製輔文所付出的心力外，並企
望藉著探討、評析《臺灣歷史辭典》輔文之優缺，讓國人明白工具
書輔文之重要性及其價值所在，進而善加編製、利用工具書輔文。

2 何謂輔文

　　輔文是相對於正文而言的，一本書中，主體為正文，輔文則處
於從屬地位。所謂輔文，是指在書籍中用以說明、解釋、闡述正文
內容的輔助性文字或圖表形式的資料，能幫助、引導讀者理解、掌
握和利用正文。

　　輔文的種類，林穗芳在〈談談書籍輔文〉一文中述及：「輔文的
種類很多，按位置來劃分，有文前的（前言），有文後的（後記），
有文上的（書眉標題），有文中的（夾注），有文下的（腳注），有文
旁的（旁題）。按功能可分三大類，即識別性輔文、說明和參考性輔
文、檢索性輔文。」[4]識別性輔文提供一本書籍的最基本信息予讀者，
其項目包括有：書名、著譯者、出版者、出版日期、版次、開本、
定價以及發行方式等。林穗芳言：「這些是一本書區別於其他書的重

---

[3]　本辭書編輯凡例中有言：「本書由一百餘位學有專長者分別利用已有的研究
　　成果撰成，以求展現現階段臺灣史研究的成果。」
[4]　林穗芳：〈談談書籍輔文〉，《編輯學刊》1988 年第 3 期，頁 56。

要標誌。」[5]說明和參考性輔文有：編輯說明、出版說明、內容提要、內容摘要、序言、凡例、編後記、注釋、參考文獻、附錄、勘誤表等。至於檢索性輔文則主要有目次、書眉、索引。

輔文雖為正文的一種附屬體，但隨著今人對圖書編輯的日漸重視，輔文於書籍中的地位亦漸提高。由上段敘述可知，輔文形式多樣，內容豐富，而其形式與內容的繁盛，正顯示編者明瞭愈多輔助角度的開發，愈能加強讀者對正文的掌握。今日輔文除了擁有形式、內容豐富多樣的特點外，更具有知識的相對獨立性特色。《編輯實用百科全書》：「輔文雖屬正文的附屬體，但具有知識的相對獨立性。如書籍中的序跋之類，其內容固然直接為正文服務，可是質量上乘者自成一體，本身就是一篇具有特色和價值的著作。」[6]例如《臺灣歷史辭典》附錄裡的職官表，是研究臺灣自明鄭、清領、日治至今中華民國職官的重要資料，價值不言可喻。其作用本是為正文提供參考資料，卻又自成體系，具備了知識的相對獨立性。

在了解書籍輔文的定義、種類及其特色後，以下筆者將針對《臺灣歷史辭典》的輔文——凡例、目次、附錄、索引、勘誤表、編後記與書眉，作一番探討。

---

[5]　同前注。

[6]　邊春光主編：《編輯實用百科全書》（北京：中國書籍出版社，1994 年 12 月），頁 221。

3 凡例之評介

3.1 何謂凡例

　　凡例，是說明書籍內容、要旨和編輯體例的文字。一般書籍少見凡例，多見於工具書。《現代漢語詞典》釋作：「書前關於本書體例的說明。」[7]《辭海》釋為：「說明著作內容和編纂體例的文字。語出杜預《春秋左傳序》：『其發凡以言例，皆經國之常制，周公之垂法，史書之舊章。』今多放在書的前面，也稱『例言』、『發凡』。」[8]透過《現代漢語詞典》與《辭海》的解釋，可明白凡例的定義、出處，及其功用。

3.2 《臺灣歷史辭典》編輯凡例訛誤及欠妥處舉隅

　　目前臺灣編輯出版之工具書，其凡例大多粗糙，探其原由，是因凡例的編寫總在書籍完成後，故不夠完整，少有可讀性。與現今其他兩本同題名為《臺灣歷史辭典》的工具書相較，由許雪姬總策畫的《臺灣歷史辭典》，其凡例編寫最為完備。編輯凡例中，分「編輯目標」與「辭典內容」二項主題，「辭典內容」下再分為五項目——詞目收錄原則、正文格式、圖片編輯、附錄、檢索方式，每一項目下，均有詳細解說。可見編者對凡例的重視，已超越另兩本同書名的工具書。編者用心編寫凡例，讓讀者容易掌握、了解全書概貌，

---

[7]　中國社會科學院語言研究所詞典編輯室編：《現代漢語詞典》（1996 年修訂本）（北京：商務印書館，1997 年 7 月），頁 346。

[8]　辭海編輯委員會編纂：《辭海》（1999 年版普及本）（上海：上海辭書出版社，1999 年 9 月），頁 976。

且更易於使用辭書，這一點，應予以高度肯定。

　　然而，本辭書的凡例尚存在著一些錯訛及不妥之處，以下，筆者將其指出，並提出完善凡例之建言。

　　「壹、編輯目標」第一條及第三條分別敘述：

　　　一、本書為一本實用的臺灣史辭典，收錄詞目 4,656 條、圖片約 1260 張、附表 44 種。行文力求簡潔，不僅提供學界參考，亦可做為國、高中歷史老師輔助性的教學工具，乃至一般社會大眾使用。

　　　三、本書中配加 1260 張照片，有助讀者參考。

第一條已說明收錄圖片約 1260 張，第三條又重複說明書中配加 1260 張照片，因此第三條可刪去，不需贅言。再者，其所指之圖片（照片），並非獨立存在，乃是附於釋文，屬於釋文的一部分，目的是幫助讀者理解釋文。故關於圖片（照片）的用處，可於「圖片編輯」中再加以說明。

　　又「貳、辭典內容」第二項目「正文格式」第一條，以辭典中的詞條「新港文書」為例，說明詞目內容──詞目名稱、正文內容、撰者姓名、參考資料、可供交互參照之詞條的編排格式。其中，撰稿者部分，於撰者姓名後加一「撰」字，例如詞條「新港文書」為「【翁佳音撰】」。然而，凡例中已注明撰者的署名位置，讀者便可清楚得知釋文後的姓名為撰者姓名，故不需再多加一「撰」字。而本辭書共收錄 4656 條詞目，如此省略「撰」字的作法，將可省下 4656 字，為辭書減少不必要的空間浪費。

　　又「貳、辭典內容」第二項目「正文格式」第二條為：

(二)每一「詞目」以三至五百字為原則，最多不超過一千五
百字。每則釋文末附一本最主要的參考書目與可供交互
參照之詞目，供讀者進一步查詢、研究。

此凡例中，筆者以引號標示之「詞目」應更正為「詞條」。所謂詞
目，是辭典中注釋的對象，多數為一個詞，亦包括固定詞組以至
定型的短句。而此處所指，應為詞條，詞條通常指辭典中注釋的
對象和釋文的統一體。

又「貳、辭典內容」第二項目「正文格式」第四條下之第一小
條為：

每「則」詞目盡量附上一筆紙本參考資料，但若為期刊或書
籍之詞目，則不再附上參考書目。若為「官方出版之典籍」，
如地方志或調查報告則不載作者名稱；出版年代並統一轉換
為西元紀年。

此凡例出現用詞未妥的情況。詞目的單位詞，用「條」較之用「則」
為宜。而「官方出版之典籍」，筆者建議，宜更改為「政府出版品
（或官書）」。

又「貳、辭典內容」第四項目「附錄」第一、第二條分別為：

(一) 分為三部分，其凡例格式見於附錄之篇名頁。

(二) 收有主要參考書 2200 則、附表 44 種、關鍵字總索引 1
萬 2000 條。

第一條敘述附錄「分為三部分」，讀者閱讀至此，應會產生「分為
哪三部分？」的疑惑，故建議，不妨於第一條凡例中即說明附錄

分為「參考書目」、「附表」、「關鍵字總索引」三部分。補充此三項說明文字，不但增此條凡例之完整性，亦幫助讀者省去自行查找的時間。第二條說明每個部分之數量：「主要參考書 2200『則』、附表 44『種』、關鍵字總索引 1 萬 2000 條」。[9]查閱附錄「參考書目」的部分，不僅包括專書，亦有期刊論文、博碩士論文等。專書、博碩士論文的單位詞宜用「本」或「冊」，期刊論文屬單篇論文，其單位詞宜用「篇」，而非統一稱為「則」。關於附錄中之參考書目，後有單元進一步探析。另外，附表之單位詞「種」，今日資訊界較流行使用「筆」。

3.3 完善編輯凡例之建議

除了以上幾點是較欠妥處外，針對凡例可再改進的地方，筆者提出以下建議：

第一，原編輯凡例並沒有注明人物詞目中，男性人物與女性人物的識別法。筆者以為，因本辭書中的人物詞目，男性佔了絕大多數，因此要識別男性與女性人物，只需在女性詞目中，加注標示。女性人物詞目較少，標示起來較為簡便，如此，便可達識別男性與女性人物詞目的目的。

第二，對於名稱相同內容各異的詞目處理方式，凡例說明：

> 詞目名稱完全相同者，按其時代先後註記 I、II。

然而這樣的注記方法，讀者無法旋即識別何者才是待查之詞目，

9　編輯凡例說明關鍵字總索引收入 1 萬 2000 條，索引凡例卻說明關鍵字總索引計收入 2 萬 1000 條，二者說法有異，應為著錄上之疏失。

因此在檢索時，便有須翻閱二詞條內容，才能獲取欲得之資料的
情況發生。此注記方法，不妥之處在其不能幫助讀者便捷的檢索。

筆者以為，編者處理名稱相同內容各異的詞目，為方便讀者
查檢，應予以分別立案：在目錄中，用詞目後括注不同的卷號、
年代、類別等方式，以示區別。例如，「臺灣文藝Ⅰ」、「臺灣文藝
Ⅱ」，不注記Ⅰ、Ⅱ，而是可將「臺灣文藝」後分別括注其創刊年
代，「臺灣文藝Ⅰ」更改為「臺灣文藝（1934）」；「臺灣文藝Ⅱ」
更改為「臺灣文藝（1964）」。由其各別的創刊年代示區別，較之
以Ⅰ、Ⅱ注記，更可令讀者達一目了然之效。

另有少量的詞目，在同一詞條內，為表達不同義項，以「其
一」、「其二」來分別表述之。例如詞目「臺灣雜詠合刻」，該詞條
內容全文：

> 《臺灣雜詠合刻》一名而二指，其一是單指臺灣大學圖書館
> 或省立臺北圖書館所藏有關王凱泰、馬清樞、何澂諸人的「臺
> 灣雜詠」作品合刻本，其二則是臺灣銀行經濟研究室將劉家
> 謀《海音詩》與上述諸家作品合併刊出，仍以《臺灣雜詠合
> 刻》為名作為臺灣文獻叢刊之一。以上4人之作皆屬歌詠臺
> 灣風土人情的詩篇，其中劉家謀《海音詩》成於任職臺灣府
> 學訓導時，於1855年刊行，集中藉詩寄寓不平，其作如黃
> 鐘大呂，不為錚錚細響；王凱泰「臺灣雜詠」32首、「續詠」
> 12首則是於巡撫任內暇時所撰，詩風清華婉約，有古竹枝
> 之遺韻；又有校官馬清樞、太守何澂此唱彼和，詩成自注，
> 內容可考，舉凡山川、習尚、物產等，事靡不搜，典足參故，

有助采風。[10]

詞條內容以「其一」、「其二」的方式來敘述不同義項,此舉並不妥。宜用規範化的字辭典式釋義法❶、❷來表示,而非上述之文章表示法。因此,凡例應注明:一詞多義的詞目,以❶、❷、❸、❹……分項敘述;一義中需要分項說明的,以(1)、(2)、(3)、(4)……分述之。

4 目次之評介

4.1 何謂目次

目次在工具書所扮演的,有如領航員的角色。在茫茫資料堆中,讀者若欲快捷的找尋到待檢閱的資料,就必須仰賴目次的引領,往正確的途徑進行查檢。《現代漢語詞典》為目次下的定義為:「目錄」[11],而目錄則釋作:「❶按一定次序開列出來以供查考的事物名目:圖書~|財產~。❷書刊上列出的篇章名目(多放在正文前)。」[12]《現代漢語大詞典》則釋為:「書刊上的目錄。表示內容的篇目次序。孫犁《耕堂讀書記二》:『《翁文恭公日記》共四十冊,涵芬樓影印。後有目次。』」[13]

---

[10] 同注 1,許雪姬總策畫:《臺灣歷史辭典》,頁 1175-1176。

[11] 同注 7,中國社會科學院語言研究所詞典編輯室編:《現代漢語詞典》(1996 年修訂本),頁 904。

[12] 同前注。

[13] 《現代漢語大詞典》編委會編:《現代漢語大詞典》(上海:漢語大詞典出版社,2000 年 12 月),頁 2584。

簡言之，目次就是將書刊中的篇章名目，按邏輯順序排列，以供讀者了解全書結構，及檢索之用的工具。

4.2 《臺灣歷史辭典》目次的問題

《臺灣歷史辭典》在編輯凡例中，對其檢索方式有如下的說明：

> （一）本辭典編有兩種檢索方式。一為詞目筆畫目錄置於書前；另為關鍵字總索引，置於附錄中。

由此凡例，可得知《臺灣歷史辭典》目次的編排原則，是依詞目之筆畫數來排序。筆畫排序雖為常見的目次編排方式之一，但《臺灣歷史辭典》的目次，卻發現因按照筆畫排序，而產生了二個邏輯上的問題，造成讀者查檢上的困擾。

其一，一、二、三、四、五、六、七、八、九、十為一般邏輯順序。但若依筆畫排序，其先後次序則會有倒置的情況發生。例如：第一期至第十期的經濟建設計畫詞目，就因筆畫排序的原則，其次序變成：第一期四年經濟建設計畫→第七期六年經濟建設計畫→第九期四年經濟建設計畫→第二期四年經濟建設計畫→第八期四年經濟建設計畫→第十期四年經濟建設計畫→第三期四年經濟建設計畫→第五期四年經濟建設計畫→第六期四年經濟建設計畫→第四期四年經濟建設計畫。如此編排不僅不合邏輯概念，且令讀者有紊亂之感。

其二，筆畫排序除了造成次序倒置的狀況外，亦會導致成組詞目被間隔開的情況。例如：第一次全國科技會議至第五次全國

科技會議詞目，為了順應筆畫排序，第一次全國科技會議與第二次全國科技會議之間，排入了十七條不同類別的詞目；第二次全國科技會議與第三次全國科技會議之間，亦是排入了八條不同類別的詞目。此編排方式，編輯凡例亦有言：

（二）排序原則一律按詞頭之筆畫排序，不另分類別。

然而，不分類別造成成組詞目被拆散，彼此遙遙相望的情況，實造成讀者查檢上的不便。

4.3 完善目次之建議

　　針對上述問題，筆者以為，雖然排序原則是以筆畫編排，但不應受筆畫囿限，遇特殊情況，該有彈性做法。上述問題，應以邏輯順序及讀者使用習慣為優先考量。通常，一、二、三、四、五……為邏輯順序，故四出現在五之後，八出現在五之前的情形實非妥當。再者，成組詞目應緊鄰一起，使其有整體性之感，讀者查檢起來較為方便、迅速。例如目次第27頁，第一屆國民大會第二次會議至第一屆國民大會第七次會議詞目，此成組詞目不僅緊靠一起，且兼顧序次，依照二次→三次→四次→五次→六次→七次的順序排列。這樣的編排方法較為妥善。

　　此外，本辭書目次是依筆畫排序，為便利讀者從內容上查檢，建議應再增編「詞目分類目錄」，增加檢索渠道，因應查檢習慣不同的讀者，以提高辭書的使用功效。

5 附錄之評介

5.1 何謂附錄

　　附錄是圖書正文的附屬成分之一。《現代漢語詞典》釋作:「附在正文後面與正文有關的文章或參考資料。」[14]《辭海》定義為:「附於圖書或詩文後面的有關資料。有文章、文件、圖表、書目、索引、大事記、釋名對照表等,便於讀者查考,或有助於讀者理解正文。」[15]《辭典學概論》敘述:「附錄是辭典裡除正文、序言、凡例、索引等以外,附加進來的一些參考資料或參考表格。它實際是辭典內容的某種延伸。一些沒有收進辭典正文,但估計到讀者有可能經常查檢的常識性材料,都可以以附錄的形式列入辭典裡來。」[16]

　　由以上的定義可知,附錄是與圖書正文相關的資料,能對正文起延伸、補充及參考的作用,幫助讀者查考與理解正文。而上述《辭典學概論》所言及之序言、凡例等亦為圖書的附屬成份之一,然其為何不屬附錄?曾大力在〈談談專科辭典的附錄〉一文中說:「至於序言(或前言)、編撰者名單、凡例、說明、題詞、跋(或後記)等內容,屬於編纂工作文件或評價性文字,有其大致固定的模式和內容,也是辭典的附屬成分,但不屬附錄,因為

---

[14] 同注 7,頁 394。

[15] 同注 8,頁 1254。

[16] 胡明揚、謝自立等編著:《辭典學概論》(北京:中國人民大學出版社,1982年),頁 193。

這些材料對正文的內容沒有延伸、補充作用。」[17]因附錄有著能延伸及補充正文的特性，而序跋、編撰者名單、凡例、說明、題詞等內容無此特性，故不歸屬附錄。除此之外，索引能歸入附錄嗎？《辭海》認為索引為附錄內容之一，但《辭典學概論》則持相反觀點，兩者間認定之標準為何？曾大力在〈談談專科辭典的附錄〉一文中亦言及：「我們認為索引有兩種：一種是資料索引，指與本書有關的文獻資料，即論著、期刊、文章等等索引。如《共青團工作辭典》後附《馬恩列斯有關青年問題論述的篇目索引》……這些附錄都為讀者提供了進一步了解正文內容的線索，擴大了知識容量，應屬附錄。另一種是檢字索引，指正文編排順序之外的查找正文的其他方法。……如一本分類編排的辭典，一般還附有筆畫、音序索引……這種索引同樣是辭典重要的附屬成分，但不是附錄，因為它對正文內容沒有延伸、補充作用，只是指出條目所在而已。」[18]由這段論述得知，索引是否歸屬於附錄，必須界定其種類，若為資料索引，則屬附錄，若為檢字索引，則反之。

5.2 《臺灣歷史辭典》附錄之特色

《臺灣歷史辭典》之附錄不直接附印於正文後，而是另外裝訂成冊，題名為《臺灣歷史辭典【附錄】》。內容包括三部分：「參考書目」、「附表」、「關鍵字總索引」，內容豐富，總頁數達 495 頁，顯見編者付出了相當大的心力於此。

---

[17] 曾大力：〈談談專科辭典的附錄〉，《辭書研究》1995 年第 2 期，頁 47-48。
[18] 同注 17，曾大力：〈談談專科辭典的附錄〉，頁 48。

其特點：1. 有多種具參考價值的資料，如本書主要參考書目（引用文獻），對專業人員、教師等讀者，頗有利用價值。2. 本辭書附錄最大的貢獻，是在附表方面的製作。整理出明鄭、清領、日治以至現今中華民國時期臺灣歷任的重要職官，以及戰後初期在臺發行之重要雜誌、報紙等。其中，中西曆對照年表的編製，不僅有西曆、中曆年號的對照，更加入日年號，因此更具完整性。完成如此繁瑣的整理工作，不只為讀者提供查考正文的重要參考資料，更清晰且完整的呈現了臺灣歷史的發展與變化。

編者在附錄編製上的用心與努力是有目共睹的，但為求其更臻於完善，筆者仍針對其缺失，提出改善建議。

5.3 參考書目之評析

附錄的參考書目部分，對讀者來說，甚具利用價值。但此部分仍有未妥之處，以下，逐一將問題提出，並加以探討。

5.3.1 標題及分類商榷

標題「參考書目」，建議改為「參考文獻」。因文獻涵蓋的資料範圍較廣，除了專書外，其他如期刊論文、報紙論文、博碩士論文、檔案、網路資料等形式的資料皆可稱為文獻，而檔案、網路資料便不宜稱為書目，故建議工具書收錄的參考資料其標題可統一稱為「參考文獻」。其次，參考書目凡例第一大項「收錄原則」下的第一條敘述：

（1）為方便讀者進一步參考，故將本辭典引用之參考資料

　　彙編成主要參考書目。

既然凡例說明了本辭書之參考資料是「本辭典引用之參考資料彙編」，何不將標題直接稱為「引用書目」或「引用文獻」，但因發現有些引用資料並未列入，亦可改稱為「主要引用文獻」。

　　另外，凡例第一大項「收錄原則」下的第二條敘述：

　　（2）限於篇幅，戰後部分之法律專輯、各單篇公報資料、
　　　　各機關院校之相關歷史、簡介等不予收入。

若受限於篇幅，可以不收各單篇公報資料，但不能不列《總統府公報》。如「孫立人」、「孫立人事件」兩釋文，因未詳加查閱《總統府公報》，才會發生引文錯誤的情況。[19]

　　參考書目的分類上，亦有值得商榷之處。凡例第二大項「排列原則」下的第一條敘述：

　　（1）按中日文專書、史料志書、中日專刊論文、外文參考
　　　　書分類。

參考書目將專書與專刊論文分為兩類，但今日並無「專刊論文」此一名詞，且專書與專刊如何劃分？專刊於今並無一定義，通常指一本書或連續性的叢刊。中研院近史所出版的一系列專刊，也

---

[19] 在「孫立人」及「孫立人事件」兩詞條中，釋文皆引同一段文字，然而同一段引文卻出現內容不一的情況。孫立人詞條之引文為：「准予自新，毋庸另行議處，由國防部隨時考察，以觀後效。」孫立人事件詞條之引文則為：「今即令准免去總統府參軍長職務，特准予自新，毋庸另行議處，由國防部隨時查考，以觀後效。」一曰：「考察」，一曰：「查考」，同一段引文卻有不同的用語出現，此應是未詳細對照原文而產生之錯誤。

是專書的一種。而論文有期刊論文、會議論文、個人論文集的論文、報紙論文等，是以「篇」為計算單位，與專書、專刊以「冊」為計算單位是不同的。因此在分類上，仍須加以琢磨。

5.3.2 著錄錯誤及缺漏

參考書目有許多著錄錯誤的地方，以下舉例說明：

「一、中日文專書（一）中文出版品（1）專書」部分：

> 363.殷海光，《殷海光紀念集》（臺北市：桂冠圖書公司，1990年）

本書是專門輯錄懷念和評論殷海光先生的文字，因此本書作者不可能為殷海光先生。經查考，應是由林正弘主編，殷夏君璐等著，原作者名應為著錄上的錯誤。

> 661.葉石濤，《臺灣文學史綱》（高雄市：文學雜誌社，1981年）

《臺灣文學史綱》由文學界雜誌社出版，而非文學雜誌社，且出版年乃 1987 年，非 1981 年。

「三、中日專刊論文（一）期刊、會議、專書論文」部分：

> 83. 沈傳光，〈菸酒稅法草案之剖析〉《稅務》1747 卷（2000年 4 月），頁 17~18

經檢閱後，應為《稅務》1747 期，而非 1747 卷。

> 200.陳芳明，〈檢討民國六十二年的詩評〉《中外文學》25

期（1974 年 6 月）

《中外文學》用總號 25 期宜改為 3 卷 1 期，因正文「唐文標事件」釋文裡，所言及之期刊均用卷期。故應予以統一，以達規範化。

291.歐森藩，〈從商品標示法談到不二價運動〉《會計與管理》634 卷（1982 年 3 月）

經檢閱後，應為《會計與管理》634 期，而非 634 卷。

292.編輯部，〈悼念王井泉特輯〉《臺灣文藝》第九期（1965 年）

「編輯部」於此處並無意義。原「編輯部」宜改為「臺灣文藝編輯部」。

294.蔣宜文，〈從文獎會到國家文化藝術基金會〉《中央月刊文訊別冊》3 卷 143 期（1997 年 9 月）

作者著錄錯誤，「蔣宜文」應為「莊宜文」。且並非《中央月刊文訊別冊》3 卷 143 期，應為《中央月刊文訊別冊》別冊 3 號（總號 143 期）。[20]

---

[20] 《文訊別冊》編輯部於《中央月刊文訊別冊》別冊 1 號（總號 141 期）之「編輯室報告」中說：「今年七月，《文訊》一四○期，創刊屆滿十四週年。在黨的改造及黨刊的全面檢討行動中，決定將《文訊》與《中央綜合月刊》合併，改以『別冊』方式呈現，暫以『文訊別冊』為名，與《中央》合訂出刊，至於內容，則大體維持與以往相同的走向。」

301.鄭兒玉，〈教會合一運動之歷史檢討〉《神學與教會》9
　　卷 1~2 期（1970 年 6 月）

《神學與教會》第九卷第一期與第二期合刊，筆者建議此處
卷期之著錄方式宜與《神學與教會》原著錄方式相同，將「合刊」
二字補充在 9 卷 1－2 期之後，也就是：「鄭兒玉，〈教會合一運動
之歷史檢討〉《神學與教會》9 卷 1－2 期合刊（1970 年 6 月）」。
可讓讀者清楚得知此二期合刊。

303.鄭喜夫，〈清代臺灣「番屯」考（上、下）〉《臺灣文獻》
　　27 卷 2 期、3 期（1976 年），頁 111~130、59~87

〈清代臺灣「番屯」考（上、下）〉篇名中之（上、下）應置
於單書名號之外，更改過後為〈清代臺灣「番屯」考〉（上、下）。

由以上列舉之例子可發現，許多著錄上的錯誤或欠妥處都只
是些微的疏失，但些微疏失便會使得文獻的來源、出處喪失準確
性，造成讀者難以掌握文獻，參考書目的價值也會因此打了折扣。
若在一開始著錄或校對樣書時，能仔細查對，便可減少此類問題
的出現。

在附錄的參考書目中，有些重要的文獻，並未被列入，然書
稿的學術性與權威性，在某種程度上取決於參考文獻的水準，若
重要的文獻不被參考、引用，則會影響正文的品質。遺漏的重要
文獻例如有：

●《臺灣省五十一年來統計提要(民國前 17 年至民國 34 年）》
　（臺灣省行政長官公署統計室編印，民 35 年，臺灣省政

府主計處重印，民 83 年）。[21]

● 臺灣新生報社叢書編纂委員會：《臺灣年鑑：民國三十六年》
（臺北：臺灣新生報社，民 36 年）。

● Pacific News Service 編輯：《台灣年鑑 1981：中華民國七
十週年紀念特刊》（日本：日本太平洋通訊社，1981 年）。

● 李敖編之《真相叢書》，如李敖編：《孫立人研究》（臺北：
李敖出版社，1988 年）、李敖編：《孫案研究》（臺北：李
敖出版社，1988 年）。參考此兩本李敖的著作，可對孫立
人及孫案更於了解，在撰寫「孫立人」及「孫立人事件」
兩詞目的釋文時，亦能更為詳盡且切中核心。

● 林治平主編：《臺灣基督教史——史料與研究回顧：國際學
術研討會論文集》（臺北：基督教宇宙光傳播中心，1998
年）。

● 陳芳明：《殖民地臺灣：左翼政治運動史論》（臺北：麥田
出版社，1998 年）。

● 賴永祥：《教會史話　第一~五輯》（臺南：人光出版社，
1990—2000 年）。參考書目只收第五輯，應一至五輯皆收。

● 林慶彰編：《日據時期臺灣儒學參考文獻》（臺北：臺灣學

---

[21] 此書的重要性與價值，在民國 36 年 7 月 10 日《中央日報》第一版〈一部紀
念臺灣省光復的巨著——臺灣省五十一年來統計提要〉一文中有言：「本書
是臺灣五十一年來統計數字的總接收，原有各種統計資料的總清算。……本
書特點：一、原來間斷年份已盡量蒐集補充，變殘缺為完整。二、度量衡單
位經過嚴密折算，改為最新標準制，應用稱便。三、數字可靠，校對精湛，
是唯一不用勘誤表的統計書。」

生書局，2000 年）。此書共收入十三位臺籍儒學家：吳德功、洪棄生、胡南溟、章太炎、連橫、張純甫、周定山、林履信、郭明昆、張深切、廖文奎、黃得時、江文也。其中《臺灣歷史辭典》未收入的有：章太炎、周定山[22]、郭明昆。《臺灣歷史辭典》應在比對之後，考量是否有增補人物詞目的需要。其餘辭典有收錄者，部分人物生卒年的記載與此書不同。故撰稿人撰寫這幾位人物的詞條時，宜參考此書蒐集的珍貴資料，除了對人物生卒年再予以詳查外，亦應增補人物的生平與經歷。

● 江文也，日治時期臺灣一位重要的音樂家。他除了創作音樂外，亦研究音樂理論，著有《上代支那正樂考——孔子的音樂論》（東京：三省堂，1942 年[昭和 17 年]）。本書探討中國古代音樂，兼論孔子的音樂思想，初以日文出版，是江文也的重要著作，但此詞條的撰稿人卻未參考此書。

5.4 對附錄之建議

對於本辭書之附錄，筆者建議：第一，附錄可不收錄古蹟，但臺閩地區某些重要的古蹟應當做詞目，為其撰寫釋文。第二，參考書目的部分，其一，不可引用未正式出版的圖書。如本辭書列出的博碩士論文多未出版，其論點未必成為定論，故不可成為

---

[22] 本辭書未以「周定山」為一人物詞目，但收錄了周定山的著作「《一吼劫前集》」為詞目。

主要的參考資料。其二，筆者以為參考書目亦可不予收錄。一般
辭書中，並未在附錄編列參考書目，因撰稿者撰寫一詞條，通常
必須參考、查閱為數眾多的資料，若予以一一列舉，甚或只列主
要參考資料，皆恐佔據大量篇幅。再者，辭書的每一條詞條，其
撰稿者必須分辨、判定許多資料的詳實與否後才能撰寫而成，因
此辭書可為典範，具有相當的權威性，將來是要讓讀者引用的，
故辭書不需再收錄參考書目。若堅持編列參考書目，則應收錄具
高度參考價值的資料。如研究臺灣的二次文獻工具書：張炎憲、
李季樺、王靜霏編：《臺灣史關係文獻書目（1984-1988）》（臺北縣
板橋市：臺灣風物雜誌社，1989 年）、高賢治、劉燕儷主編：《臺
灣地區文獻會期刊總索引》（臺北：龍文出版社，1989 年）、林美
容編：《臺灣民間信仰研究書目》（臺北：中央研究院民族學研究
所，1991 年）。第三，附錄內容包含以下二種即可：「歷史大事年
表」[23]、「中西日年代對照表」，且應置於正文後，也就是與正文合
訂為一冊。第四，筆者認為，本辭書附錄中的附表內容豐富，具
有高度價值，但其頁數多達 303 頁，數量過多，不適宜收於附錄
中，應另出 24 開單行本。

---

[23] 「歷史大事年表」於歷史辭典中佔有重要地位，讀者可從大事年表中查閱歷
史上曾發生之重要事件，有助於理解正文。

6 索引之評介

6.1 何謂索引

　　索引又稱「引得」，是圖書資料的檢索工具。其編製方式，是將書稿中的各事物名稱予以摘錄，標明頁碼，按一定次序排列，目的在告訴讀者待查閱的項目在何「地址」。《現代漢語詞典》釋作：「把書刊中的項目或內容摘記下來，每條下標注出處頁碼，按一定次序排列，供人查閱的資料。也叫引得。」[24]《辭海》解釋為：「舊稱『通檢』或『備檢』，也據英文 index 音譯為『引得』。檢尋圖書資料的一種工具。將圖書、報刊資料中的各種事物名稱（如字、詞、人名、書名、刊名、篇名、內容主題名等）分別摘錄，或加注釋，記明出處頁數，按字順或分類排列，附在一書之後，或單獨編輯成冊。亦有利用計算機編製索引。」[25]柯平在《文獻目錄學》中，認為索引必須具備四項條件：「即有一定的記錄範圍，有確定的檢索對象，有一定的編排方法，有出處注明。」[26]而柯平也為索引下了定義：「所謂索引，就是記錄和指引文獻事項或單元知識，按一定的編排方法組織起來的檢索工具。」[27]

　　索引的種類繁多，如綜合索引、主題檢索引、人名索引、地名索引、文獻索引、名詞術語索引等。在前「附錄之評介」的單

---

[24] 同注 7，中國社會科學院語言研究所詞典編輯室編：《現代漢語詞典》（1996 年修訂本），頁 1213。

[25] 同注 8，辭海編輯委員會編纂：《辭海》（1999 年版普及本），頁 397。

[26] 柯平編著：《文獻目錄學》（開封：河南大學出版社，1998 年 8 月），頁 133。

[27] 同注 26。

元中，筆者引用曾大力的論述，將索引分為「資料索引」與「檢字索引」兩類。[28]而柯平在《文獻目錄學》中，將索引的類型分為：1．按索引分析的對象，可分為篇目索引和內容索引。2．按索引語言劃分，索引可分為書名索引、著者索引、引文索引、等級制分類索引、字順主題索引、關鍵詞索引、前後關聯索引、掛接索引、概念組配索引、號碼索引。[29]由此可知，索引的種類多樣，書籍該編製何種索引，應根據書籍的內容和性質來決定、取捨。索引是除目次外，用來幫助讀者快捷、準確的進行檢索的工具，因此索引必須具備內容全面完備、標目用詞簡明扼要、編排科學的要件，以便讀者使用。

6.2 索引歸屬位置及其名稱商榷

本辭書之「關鍵字總索引」，附有「索引檢字表」。依照前述曾大力對索引的分類，關鍵字索引屬於檢字索引。因此就索引在本辭書的歸屬位置而言，將索引擺放在附錄裡是不合適的。除了它對正文內容沒有起到延伸、補充的作用外，我們還須明白：檢字索引雖非正文，但與正文是混然一體的資料，沒有檢字索引，就無法查檢正文。然而檢索渠道不管有幾種，都不具備附錄的特性，而是辭典構成的有機部分，檢字索引沒有可有可無、可多可少的靈活性，因此，檢字索引不可當作附錄。

故此，筆者以為，不屬附錄的關鍵字總索引應置於附錄之後。

---

[28] 資料索引是指與本書有關的文獻資料，及論著、期刊、文章等等索引；檢字索引指正文編排順序之外的查找正文的其他方法。

[29] 柯平對索引的分類，詳細內容請參閱柯平編著：《文獻目錄學》，頁 134-135。

再者,因檢字索引與正文是一體的資料,且為方便讀者隨時查檢,關鍵字總索引亦應與正文合訂在一冊。即辭書內容順序依次為正文、附錄、索引。

名稱方面,本辭書的索引題名為「關鍵字總索引」,但查閱其內容,查檢標目並非「字」,而是「詞」,如「「十項建設」[30]、「立法院」、「原住民族教育法」、「馬關條約」、「臺灣話文運動」等。故是否應該將「關鍵字索引」易名為「主題(內容)索引」,較為妥善?

6.3 索引編製方法商榷

本辭書「關鍵字總索引」的編製方法,是先以每個關鍵詞的詞頭筆畫作為順序,再將某一關鍵詞出現在書中的頁碼一一標示出來,如:「一二八事變・443,1185,1224」。然而這樣的編製方法並不完善,即某一關鍵詞之後跟著出現的頁碼並不能顯示出該詞條之內容為何,在不知頁碼代表何詞條的情況下,讀者便須多花工夫查檢。因此,筆者以為,為方便讀者檢索,可在某一關鍵詞的每個頁碼後,以括弧標注該詞條之「主題」,如:

行政院・　47(九年國教),71(三通),80(土地增值稅),
　　　　　107(山地保留地),118(公務員保險),120(公
　　　　　債發行條例),121(央行法),122(中正大學、

---

[30] 本辭典中,有關十大建設的詞目,如「中山高速公路」、「北迴鐵路」等,其釋文內皆使用「十大建設」一詞。故筆者建議用詞應統一,舉凡在詞目、釋文、關鍵字總索引等處出現之「十項建設」一詞,皆宜統稱為「十大建設」。

中正文化中心）……

　　在頁碼後標注該詞條之主題，讀者便可迅速得知其內容主旨，利於檢索。

　　另外，在《臺灣時報》這一關鍵詞中，其後所列之頁碼，並非全指相同時期的《臺灣時報》，頁碼 272、406、773、1133 是指日治時期的《臺灣時報》，而頁碼 353、765 則是指 1971 年創刊的《臺灣時報》。名稱相同而內容各異的關鍵詞，編者若不分別立案處理，讀者便無法迅速辨別每個頁碼所指的關鍵詞其內容上的差異，甚或誤解每個頁碼所指的關鍵詞內容是相同的。故《臺灣時報》此一關鍵詞，筆者建議應以創刊年代分列兩條，予以如此編排：

　　　《臺灣時報》（1909）‧272（石川欽一郎），406（決戰臺灣
　　　　　　　　　　　　小說集），773（清秋），1133（臺灣
　　　　　　　　　　　　時報 1909）
　　　《臺灣時報》（1971）‧353（吳基福），765（梅新）

　　在名稱相同而內容各異的關鍵詞後，再以括弧加注卷號、年代、類別等關鍵詞示區別，讀者便可輕易辨識。依此類推，其他名稱相同而內容各異的關鍵詞，編者原以「Ⅰ」、「Ⅱ」區分，不如以括弧加注卷號、年代、類別等關鍵詞示區別，能令讀者更為迅速的查檢。例如原款目為：

　　　《臺灣文藝》Ⅰ‧　345，406，741，……

《臺灣文藝》Ⅱ · 187，357，358，……

應改以著錄為：

《臺灣文藝》(1934)· 345（吳天賞），406（決戰臺灣小說
集），741（張星建），……
《臺灣文藝》(1964)· 187（文學界），357（吳濁流），358
（吳濁流文學獎），……

6.4 索引檢字表的編製問題

至於「索引檢字表」，其編製方式，是在每一個筆畫數後注明
起始頁碼，再一一列出某一筆畫的字，但並無標示檢字順序是按
照何種方式編排。基本上，索引檢字表編得相當不妥。例如筆畫
十一畫的字，標明從第 436 頁開始。但筆畫十一畫的字，是從第
436 頁到第 449 頁，共 14 頁，包括 125 個字。讀者要查檢十一畫
的其中一個字，若非檢字順序中開頭幾個字，或最後幾個字，則
勢必要從頭（第 436 頁）開始尋找，最壞的情況是查檢至最末頁
（第 449 頁），才可找到欲尋之字，這將造成讀者極大的不便，即
使有書眉標明該頁收錄的字，讀者也必須一頁頁翻找欲查檢的項
目。

故此，索引檢字表該如何編製？筆者建議：例如筆畫十一畫
的字，必須 125 個字分別標明頁碼，且 125 個字要按一定的檢字
順序編排，如部首編排、音序編排、或四角號碼編排。在頁碼精
確、檢字順序有一定排列規則的編製下，讀者便可輕易查檢。

7 缺勘誤表與編後記

7.1 缺勘誤表

勘誤表是校正書刊錯誤的表，是作者或編者在校勘過程發現錯誤後，採取更正的動作。在編製圖書時，每個環節都可能有意外疏失，造成書籍的錯誤。因此在校閱書籍後，必須製作勘誤表，更正錯誤，以對讀者負責。勘誤表一般按書籍的篇目章節順序排列，分誤、正兩樣，注明某頁的某個部分原本錯誤為何，更正後應為何，亦或遺漏的須補上什麼，多餘的該刪去什麼，倒置的改正後是什麼。

本辭書無勘誤表的製作，在無勘誤表的情況下，讀者遇到書中訛誤之處，只得自己摸索，找出正確解答。若讀者未發現錯誤，則有被錯誤誤導的可能。因此，本辭書應該再針對書中的疏失，增補勘誤表。

然而，筆者以為，也許並非編者忽略了勘誤表的重要性，而是本辭書的內容龐大且繁雜，若要詳盡校對辭書內容，必然又是一浩大工程。囿於有限的時間、人力、物力，要製作出勘誤表絕非易事，故才無勘誤表問世。

7.2 缺編後記

在了解編後記前，先探討序與後記的異同。序的定義與內容，《編輯實用百科全書》言：「包括序言、前言、前記、引言、弁言、敘、敘錄、卷首語、寫在前面、作者的話等。……由著譯者或編選者自撰的，稱自序（包括作者序，譯者序、編者序）……自序

者可根據具體情況，有選擇地說明作品的基本內容、著譯目的、編選意圖、寫作背景、編寫體例、資料來源、所據版本、校勘原則、學術主張、成書過程、增定情況等等，一般還對給過指點、幫助的個人或單位致謝，以示尊重他人的勞動。」[31]而以相關文章當做序言的，稱為代序；若商請他人寫序，稱為他序，可對書籍作中肯的分析與評論。後記，《編輯實用百科全書》言：「亦稱跋、附記、後序、編後語、寫在後面。書籍輔文的一種文體名。附於卷末介紹或評析作品的說明文字。」[32]編後記與後記的不同在於：後記一般由作者自撰，而編後記則是編者或編輯部撰寫的。其內容，《編輯實用百科全書》言：「其內容與前言大體相同，可作為前言的補充，如無前言亦可替代前言，有選擇地向讀者交代該書編著譯的目的和意圖、資料來源、校勘原則、成書過程等。但著編者自撰的，更側重於定稿後需向讀者說明的一些問題，如編寫經過、創作體會、關於稿件中基本內容或某些觀點的再認識，在付排前曾蒙何人給予指點、審讀稿件、校勘文字、提供資料等，並感謝有關人士或有關單位給予精神上的鼓勵或物質上的支持等等。」[33]由此可知，序與編後記都是向讀者交代有關本書情況的說明性文字。其內容大致相同，但仍有個別側重的要點。

　　作者與編者也可在後記或編後記中，作一扼要的回顧，向讀者敘述撰寫、編製書籍期間的甘苦、曾遭遇的難題，並如何克服難題；亦可陳述成書後的體認與感想。讀者可從中吸取前人的經

[31] 同注 6，邊春光主編：《編輯實用百科全書》，頁 221。
[32] 同注 31，頁 224。
[33] 同注 6，邊春光主編：《編輯實用百科全書》，頁 224。

驗，學習其優點；也可作為前車之鑑，改進或避免前人曾犯下的錯誤，對於將來撰寫、編製相關書籍，具有相當必要的參考價值。

然而，國人編工具書少有撰寫編後記，是其缺憾處，本書亦不例外。但閱讀本書總策畫——許雪姬教授所撰寫的序文後，覺其最後一段的部分文字處理不甚妥當，建議此部分文字應放在編後記裡敘述。節錄如下：

> 一百多位撰稿者的熱情相助，銘感在心。……我的學生們除了撰稿外，……都協助過校對工作，其中邵雅玲的校對特別仔細，數量也最多，……本想請她協助最後階段的校對工作，不料她卻在 9 月 27 日離開人世，令師友傷心不捨，希望這本辭典的出版在天上的她能看到。[34]

這段文字充滿感情之情緒性口吻，置於序文中欠妥，應另撰一篇編後記，將此段故事納入，再予以敘述。另外，亦可附編校人員合照。擺放照片，除了表示對編校人員的辛勞表示敬意，亦可拉近讀者與編校人員的距離。

8 書眉之評介

本單元以比較分析的方法，將《臺灣歷史辭典》與《中國歷史大辭典》[35]、《哲學大辭典》[36]以及《台灣文化事典》[37]作一對照，

---

[34] 同注 1，許雪姬總策畫：《臺灣歷史辭典・序》，頁 5。

[35] 中國歷史大辭典編纂委員會編纂：《中國歷史大辭典》（上海：上海辭書出版社，2000 年 3 月）。

探討其書眉排印位置之優缺及書眉內容之異同。除了書眉編排方式外，其他版面之設計——天頭地腳、左右邊欄、詞目字級，與詞條編排格式亦涵蓋在此單元中一併探討。

8.1 書眉位置及內容商榷

　　書眉是檢索性輔文的一種，《辭海》定義為：「❶直排本書籍的天頭。常在閱讀時作眉批之用，故稱。❷橫排本書籍排印在版心上方的書名、篇章次序和標題等文字。」[38]

　　本辭書書眉的位置位於左頁的左上角及右頁的右上角，內容標示該頁詞目的詞頭筆畫以及該頁所有的詞目。如此的編製法，並不符合工具書常規。《編輯實用百科全書》言：「橫排本大都印在書頁上端」。[39]以對照的《中國歷史大辭典》、《哲學大辭典》、《台灣文化事典》為例，此三部辭典書眉之位置皆於該書頁上端，而書眉之內容，《中國歷史大辭典》、《台灣文化事典》標示該頁詞目之詞頭及其筆畫數，《哲學大辭典》則標示該頁詞目之詞頭及其漢語拼音，三者皆未將該頁詞目全部列出。[40]

---

[36] 哲學大辭典修訂本編輯委員會編：《哲學大辭典》(修訂本)（上海：上海辭書出版社，2001 年 6 月）。

[37] 林礽乾等總編輯：《台灣文化事典》（臺北：國立臺灣師範大學人文教育研究中心，2004 年 12 月）。

[38] 同注 8，辭海編輯委員會編纂：《辭海》（1999 年版普及本），頁 295。

[39] 同注 6，邊春光主編：《編輯實用百科全書》，頁 273。

[40] 為便利讀者清楚辨識，筆者以表格方式呈現《臺灣歷史辭典》、《中國歷史大辭典》、《哲學大辭典》及《台灣文化事典》書眉編製之異同：

對照、比較之後，筆者建議，《臺灣歷史辭典》之書眉，亦應置於該書頁上端，此編排法與原本將書眉置於左頁左上角及右頁右上角之編排方式相較，具有大幅減少空間浪費的優點。再者，因本辭書的詞目在每頁之數量並不多，且詞目與釋文區別分明，故書眉處不需再將該頁的詞目一一列出，只需將該頁詞目之詞頭及其筆畫數標示出即可。另外，頁碼的位置亦可排在書眉左右，如《中國歷史大辭典》、《哲學大辭典》、《台灣文化事典》，皆將頁碼置於書眉左右。地腳省下的空間，每頁每欄可多排兩行字，一頁約增 72 個字，估計可為本辭書省去約 62 頁的頁數。

8.2 版面設計與詞條格式檢討

與其他三部辭典相較，《臺灣歷史辭典》的天頭、地腳及左右邊欄明顯大了許多，版面因而徒留相當多空白。筆者以為，這樣的設計造成空間上的浪費，實無必要。若能參考其他三部辭典，將天頭、地腳及左右邊欄的寬度縮小到一適中的尺寸，如此，版面便能容納更多字，可預期的，將有效減少書籍頁數。

再來談到詞條的詞目字級和釋文字級，從《中國歷史大辭典》、《哲學大辭典》、《台灣文化事典》來看，其詞目字級與釋文

	臺灣歷史辭典	中國歷史大辭典	哲學大辭典	台灣文化事典
書眉位置	左頁左上角及右頁右上角	該書頁上端	該書頁上端	該書頁上端
書眉內容	該頁詞目之詞頭筆畫及該頁所有的詞目	該頁詞目之詞頭及其筆畫數	該頁詞目之詞頭及其漢語拼音	該頁詞目之詞頭及其筆畫數

字級落差並不大，但《臺灣歷史辭典》的詞目字級卻遠大於釋文字級。詞目字級加大，固然可達到醒目的效果，但在節省空間的前提下，字級過大的詞目，著實占去了許多可運用的空間。[41]因此，筆者建議，《臺灣歷史辭典》詞條的詞目，可參照其他三部辭典，將其字級縮小，以增加版面空間。

　　詞條編排格式方面，《臺灣歷史辭典》與《台灣文化事典》於詞條釋文後皆先予以標示撰稿者，再附上參考資料[42]，而《臺灣歷史辭典》在參考資料後，又另外附上可供交互參照之詞條。二者的編排，都是將撰稿者標示於參考資料之前。但筆者認為，不論附上了參考資料或是供交互參照之詞條，參考資料與供交互參照之詞條便成了詞條的一部分，而撰稿者是必須對詞條的每一部分負責的，因此，撰稿者的署名位置，應一律標明在整條詞條之末，以示對整條詞條的負責。

9 結語

　　《臺灣歷史辭典》於本文扮演之角色，不僅為評論對象，更為說解實例。筆者藉以闡述各類型輔文——凡例、目次、附錄、索引、勘誤表、編後記與書眉在工具書中的作用。並藉《臺灣歷

---

[41] 在不過份加大詞目字級的條件下，為使詞目達醒目的效果，仍有多種方法。例如：運用字型的變化，或是加粗原詞目字體。

[42] 《臺灣歷史辭典》並非每條詞條皆會附上參考資料，其凡例言：「每則詞目盡量附上一筆紙本參考資料，但若為期刊或書籍之詞目，則不再附上參考書目。」

史辭典》輔文優點的提出，盼其可成為其他工具書效法之模範；而對於不妥處，筆者亦提出改善建議。評論與說明的目的，是希望由此喚起國人對輔文的重視，重新思考輔文存在於書籍中的意義與價值，進而完善國內各出版品之輔文部分。

《臺灣歷史辭典》這樣一部巨著的問世，是臺灣工具書進展的重要里程碑。背後多少人付出的心血不應被埋沒，除了給予最大的掌聲外，在學術評論界，應予以深切的評介。然而，臺灣學界書評風氣不盛，少見鞭辟入裡的書籍評論。因此，撰此文，筆者勉力為之，企盼對《臺灣歷史辭典》輔文的評析，能起拋磚引玉的作用，帶動日後的書評風氣，藉以提升作者撰文、編者編纂及讀者閱讀的品質。

版面設計篇

張晏瑞[*]

1 前言

　　人類編纂書籍的目的是在提供人們知識和訊息。依照書籍編製的特點，書籍可以分為一般書和工具書兩大類。工具書和一般書最大的不同處，是匯集大量特定範圍的知識單元，並且透過有次序的編排方法，刻意加強它的系統性、組織性，使它具備強大的檢索功能，以供人翻檢查閱。[1]因此工具書的編纂，除了內容要符合編纂的目的以及兼顧使用對象外，還要提供一套方便檢索的方法，以及方便檢索的排版方式。有一套方便檢索的方法，可以將大量的知識分門別類，有系統的將內容排列，並且提供有組織性的目次，供讀者按圖索驥，檢索需要的資料。有一套方便檢索的版面設計，對讀者來說，一方面可以加快檢索的速度，另一方

---

[*]　臺北市立教育大學中國語文學系碩士。
[1]　工具書的定義：「工具書是匯集特定範圍的知識，按照某種次序加以編排，供人檢索查閱的書籍。其功用主要在於解惑釋疑，提供資料，指引線索，指點讀書門徑。」（楊祖希、徐慶凱：《專科辭典學》（成都：四川辭書出版社，1991 年）。

面則可以提高閱讀的舒適，甚至可以減輕工具書的重量，方便攜帶；對出版社而言，除可以提高出版品的質量外，更可以節約紙張的使用，加快出版的速度，減少編印成本的支出。因此我們在評論一本工具書的良窳之際，除了視其內容撰寫的優劣外，版面設計也是不可或缺的。

《臺灣歷史辭典》由中央研究院近史所研究員許雪姬總策劃，收錄了近二、三十年來臺灣史研究的成果，由遠流出版公司出版。全書精裝二冊：正文一冊 1375 頁、附錄一冊 495 頁，共 160 萬字。是臺灣史研究上一部重要的工具書。以下便透過工具書版面設計的角度，來探討《臺灣歷史辭典》的版面編排。

2 工具書版面設計的考量

工具書在版面設計上，必須兼顧檢索方式及內容收納，以及取用方便。

2.1 加快檢索速度的版面設計

在檢索方式上，一般書籍的檢索方式多為目次頁標注章節，章節後加注頁碼，讀者透過頁碼尋找閱讀的章節。

工具書所收的內容皆以詞條方式呈現，除了詞條分類相同的關係外，其間並無絕對的相關性，因此無法分類章節。一般工具書檢索多依照工具書的特點，開發幾種檢索方式供讀者使用，本文在此不加贅述。本文的重點是希望透過版面的設計，提高檢索速度，使讀者能更快找到需要的知識，因此筆者認為工具書的版

面需包含檢索功能的設計。版面檢索功能除了頁碼外，尚須包含目次的一部分內容。就筆畫檢索為例，版面須包含筆畫數、詞頭、詞目，以方便讀者檢索。但是，在專科辭典的編纂上，由於每頁收錄的詞條數目不多，可以不必有詞頭、詞目的設計。

2.2 充分利用版面空間

　　一般書籍透過章節，有次序傳達知識，而工具書是將各種知識濃縮為眾多的獨立詞條來讓讀者查詢。在資料內容的收納，一般書籍提供知識訊息的量，往往不及工具書的百分之一。可見工具書的設計是要檢索知識，而不是用來閱讀知識的。

　　筆者認為，工具書在版面設計上，要以容納大量資訊為主要考量，充分利用版面空間。閱讀的舒適性則依工具書版本的安排，如：大字本、普及本、縮印本……等，作為次要目標。至於美觀、賞心悅目……等華麗的設計，不宜在工具書的版面上表現。

　　在有限的版面容納大量的資訊，勢必會造成視覺擁擠的情況。針對這種情形，詞條內容可以透過字型、字級、字體的改變，營造出層次感，以方便讀者閱讀。例如：詞目字體須大於釋文內容；作者、參考資料，必須和釋文內容做出區別等。

2.3 減輕整體的重量

　　工具書收錄的內容越多，成書之後往往就是一大冊，重量也成正比。為了減輕重量，最好選擇質輕韌性強的紙材。倘若由於特殊的原因選用較厚的紙材，也要考慮成書的厚度、重量。若成書後太厚或太重，宜適量分冊，以保護書籍，方便讀者。避免過

重導致讀者取用不便，以及翻頁時造成破損。

3 《臺灣歷史辭典》版面設計商榷

　　《臺灣歷史辭典》由遠流出版公司出版後，廣告網頁上出現以下一段話：「全書精裝二鉅冊：主文乙冊 1376 頁、附錄乙冊 400 頁，共 160 萬字，收錄 4656 條詞條、1200 幅珍貴歷史圖像、44 則附表，菊開，絹質硬面書封、圓背精印、附精美硬殼書盒。」[2]或許這是廣告用語較為聳動，但也點出一般人常犯的迷思，就是工具書應該印刷精美、又大又厚，才能凸顯其價值。筆者測量《臺灣歷史辭典》後，該書正文部分厚度達 7.2 公分、重量達 3 公斤；附錄部分厚 4 公分、重 1.3 公斤；全書合計 11.2 公分、4.3 公斤，以上數據未包含硬殼書盒。對一部中型的專科辭典來說，筆者認為有點過重、過厚了。

　　從版面設計的角度來看《臺灣歷史辭典》，筆者認為在版面編排上，有以下問題值得商榷：

3.1 未充分利用版面空間

　　《臺灣歷史辭典》，採用較多的留白做為版面設計的特色。[3]該書以十六開版面，每頁分兩欄，每欄不含圖 41 行，每行 18 字。頁首留白 3 公分、頁尾留白 2.5 公分、邊欄留白 1.5 公分、外側留白

---

[2] 引用自：http://www.ylib.com/hotsale/tw_dictionary/index.htm （遠流博識網）
[3] 請參考本文附圖一。

4 公分。詞目用 14 級字細明體、釋文用 9 級字細明體、參考書目等資料用 9 級字標楷體。筆者翻閱《大英百科全書》、《辭海》、《大辭海》等工具書，認為該書的排版方式，較接近「大字本」的編排，但又較「大字本」更為豪華。

筆者試著重新編排《臺灣歷史辭典》的版面[4]，同樣採用十六開版面，每頁依舊分兩欄，每欄行距拉大共 35 行，每行 23 字。頁首留白處改為 2.5 公分，並加入檢索條件、頁碼。頁尾留白處改為 1 公分。內、外側留白部分皆改為 1 公分。詞目用 12 級字粗體細明體、釋文用 9 級字細明體、參考書目等資料用 9 級字標楷體。

筆者透過調整頁首、頁尾和邊欄，利用留白的版面，加大一倍行距，加強閱讀時的舒適。依照筆者的設計，每頁若不含圖，尚可以增加 174 字；全書可以減少約 113 頁。若將行距縮小，則全書減少的頁數則更多。由此，筆者認為《臺灣歷史辭典》應可以針對版面空間的利用，稍做調整。

3.2 紙材選用、分冊方式商榷

一般辭典所採用的紙質，多以聖經紙、道林紙為主。目的是減輕工具書的重量、厚度。《臺灣歷史辭典》所採用的紙材較厚。若以 100 頁來計算，《臺灣歷史辭典》厚 0.6 公分，而採用較薄紙張的《大英百科全書》，僅厚 0.3 公分。可見紙材的選用是會對工具書的重量、厚度造成影響的。

近年來，善用分冊已成為工具書編纂的潮流。如：《大英百科

---

[4] 請參考本文附圖二。

全書》、《中國大百科全書》、《辭海》、《大辭海》等，均分為數冊
裝訂。若《臺灣歷史辭典》希望使用較厚的紙材時，應該將其均
分為三冊，正文、索引分上、下二冊，附錄一冊，以減輕厚度，
方便讀者。

3.3 檢索設計商榷

在檢索方面，《臺灣歷史辭典》每頁提供頁碼、筆畫、詞目三
種檢索資料。筆畫、詞目皆位於每頁頁首的外側，能夠讓讀者加
快翻檢的速度。但頁碼列於每頁頁尾的中間，讀者在翻檢時，因
此必須上下對照，增加檢索時間。

筆者認為專科辭典每頁所收錄的詞條不多，加上索引已明確
指出頁碼，因此在排版上不需另外提供詞目，但應該將頁碼置於
筆畫旁。讀者檢索時，可透過目次查得頁碼，利用大字體筆畫的
指引快速翻至該詞條所在頁數。這樣的安排可以簡化版面的複雜
程度，增加辭典釋文的空間，也不會拖慢檢索的速度。

3.4 詞條內容缺乏層次感

《臺灣歷史辭典》的詞目用 14 級字細明體、釋文用 9 級字細
明體、參考書目等資料用 9 級字標楷體。整體看來，詞目的字體過
大，在頁面上看起來較為突兀。雖然可以吸引讀者注意，加快檢
索時間，但浪費太多空間，得不償失。筆者認為應將詞目改為 12
級粗體細明體，並在詞目後空料二格接釋文，以利用空間。

此外，《臺灣歷史辭典》釋文和參考資料間均為九號字。由於
字體小，造成字型之間差異變小，因此筆者認為應該將參考資改

為九級字、標楷體，以突顯和正文間的差異。

4 結語

《臺灣歷史辭典》的編纂對臺灣各界來說都代表著相當重要的意義。由於筆者在查閱時，深感其排版方式應該有更臻完美的空間，因而提出商榷，並試為擬作，以供再版時參考。遠流出版公司為出版界的巨擘，出版過許多好書，排版上的經驗十分豐富。但工具書的排版，仍有更上層樓的機會，希望該出版社能夠對工具書的排版方式，再加以研究、嘗試，並將經驗傳承下來，提高臺灣工具書的質量。

圖一：《臺灣歷史辭典》原始版面

十三畫

亂都之戀

詩集。作者裴我軍，1925年12月於臺北出版，臺灣新文學史上的第一部詩集。1923年初，裴我軍到北京求學，進入升學補習班後與同學羅文淑相戀，其戀情為女方長輩所反對，欲逼迫羅女士另嫁他人。兩人毅然決然逃走臺灣，並在臺灣成婚。《亂都之戀》寫的正是1924年3月到1925年3月一年之間，他們爭取戀愛自由和婚姻自主過程中的複雜心情。作品先多發表於《臺灣民報》。由於創作期間，北京正值直奉之戰，北京城內外人心惶惶，故而結集時，裴我軍將書名定為《亂都之戀》。【游勝冠撰】〔→張光直編，《張我軍詩文集》，1989〕〔→張我軍〕

亂彈戲

臺灣所謂的「亂彈班」，指的是職業的北管戲班。亂彈戲大約在清代乾隆、嘉慶年間傳入臺灣，為早期臺灣漢人社會中非常受歡迎的劇種，俗諺「吃肉吃三層，看戲看亂彈」即為其寫照。亂彈戲使用激昂高亢的北管音樂，口白以摻雜了中州腔及閩廣韻的「官話」為主，演出劇目多為描述忠孝節義等內容的歷史劇。亂彈戲又分為福路（福祿）與西路（西皮）兩大派別系統。福路常用唱腔有彩板、平板、緊中慢、慢中緊、緊板等，領奏樂器是殼仔弦（即椰胡）；西路常用的唱腔有導板、西皮、二黃、垛子等，用吊規仔（京胡）領奏，和京劇有些接近。臺灣的亂彈戲大約的流行於1911年到1932年，其後受日本政府壓抑而逐漸沉寂。戰後，無論職業劇團或是業餘的北管子弟團體，都迅速蓬勃地發展。但是隨著社會結構的轉變，自1977年至今，臺灣的職業亂彈戲班僅餘王金鳳所領導的「新美園」一團。【若莢玫撰】〔→王振義，《臺灣的北管》，1982〕〔→北

傳記文學

創刊於1962年6月1日並發行至今。由蔣夢麟題寫刊名，由有「野史館館長」之稱的劉紹唐創辦。《傳記文學》是一份結合學術性與文學性的綜合刊物，創刊宗旨為「提倡傳記文學，保存近代史料」。內容包括歷史事件回憶錄、人物傳記、人物研究、日記、思念與憶述、作者讀者書簡、歷史照片等。

○《傳記文學》創刊。

此外，該雜誌還舉辦過多次的人物專題座談會，進行口述歷史的計畫，及時保留了許多珍貴的史料，大約3,000餘篇。除了雜誌之外，傳記文學雜誌社還出版一系列人物傳記與歷史叢刊等圖書，約有400餘種。累積相當豐富的現代中國史料，素有「民國史長城」之稱。2000年2月10日隨著劉紹唐病逝，《傳記文學》的經營作了改動，由成嘉玲、成露茜姊妹接辦，並由成露茜擔任社長。除了沿襲傳統的傳記史料路線外，也加入如「臺灣民眾史」、「傳記書齋」等單元，並陸續開闢「時代隨想」、「常民記憶」等單元，希望了盡承與開創，並將關注焦點由中國現代範疇擴大至臺灣史料傳記等方面。【葉翠蘋撰】〔→鄭叔唐，《出版社傳奇》，1981〕〔→劉紹唐〕

傳統藝術中心

為謀求傳統藝術的傳承與發揚，行政院文化建設委員會於1994年起開始籌設專責機構。1996年1月31日國立傳統藝術中心籌備處奉准成立；歷經多年的籌建規畫，位

於宜蘭五結鄉、占地24公頃的中心園區終於在2003年10月4日正式對外開放。中心的設置目標是「加強統籌、規畫、推動傳統藝術之維護、研究、發展、傳習、展演、推廣等工作，使傳統藝術能獲得新生、發展與創新；同時有效經營管理園區，運用園區硬體設施與軟體活動規畫，展現傳統藝術之美，豐富國民的生活內涵。」【石婉舜撰】〔→國立傳統藝術中心籌備處編，《傳藝紀要1996~2001》，2001；『國立傳統藝術中心官方網站』〕

◗ 傳藝園中心（園區內的戲臺（左）與文昌祠（右），2003年11月攝。

傳臚

包含有兩種意思，一為貢舉殿試放榜，由知貢舉官呼唱舉人姓名，單頭司立於殿階下，以次傳喝。二為明清時期殿科舉殿試二、三甲之第一名為傳臚，臺灣傳統民宅常有額、匾畫或造型，即高二「甲」傳臚之意。【許雪姬撰】〔→邱樹森主編，《中國歷代職官辭典》，1998〕〔→殿試、舉人〕

匯率自由化政策

1958年政府推動外匯改革，逐步從複式匯率返回單一匯率。然而在1961年至1972年代，經濟發展以出口為導向，官價匯率長期偏高。1978年實施機動匯率制度，次年設立外匯市場，然匯率仍由外匯指定銀行與中央銀行共同議訂。此時期由於出口旺盛，外匯存底迅速累積，股市與房價狂

圖，終於1982年改採中心匯率制度，允許銀行與顧客各在1角範圍內議訂匯價，而銀行間成交價以不超過2.25%為限。1986年在美國壓力下中心匯率由40元提升至32元；1989年4月廢止中心匯率制度，讓銀行間外匯交易匯率完全自由化，而3萬美元以下之小額結匯匯率則由外匯銀行共同議訂。1990年2月取消小額結匯議訂匯率制度。至此匯率自由化大致完成，惟仍受中央銀行買賣外匯的操作性干擾。【黃春興撰】〔→行政院財政部金融局，《我國金融制度與政策》，1999〕〔→複式匯率〕

圓山文化

史前考古學文化，新石器時代晚期文化，戰後1950年代學界依臺北市圓山遺址出土遺物命名，是臺灣較早辨認的史前文化。本文化主要分布於臺北盆地北側，淡水河口二岸及北海岸地區。年代目前有二種說法，一為距今4,500年到2,000年之間，另一種為距今3,200年到2,500年。本文化主要特徵為器有區域性色彩的陶器、石器、骨角器、玉器。石器類型很多，包括各種磨製的大型錛形器、鏃形器、斧形器、鑿形器，中小型的鏃形器、鑿形器、斧形器、鏃形器、石槌、網墜、凹石、砥石、石簇等日常生活使用的農、漁、獵具及工具，其中以有肩石斧、有段石錛、有角大錛、平凸面大錛、匙形大錛等最具特色，但是在臺灣其他文化常見的石刀，卻罕見於圓山文化。骨角器包括魚叉、槍頭、箭

◗ 圓山遺址出土的圓山文化骨器等手。

圖二：建議版面樣式

十三畫

亂都之戀 詩集。作者張我軍，1925年12月於臺北出版，臺灣新文學史上的第一部詩集。1923年初，張我軍到北京求學，進入升學補習班後與同學羅文淑相戀，其戀情為女方長輩所反對，故遭迫羅女士另嫁他人。兩人毅然決然遠走臺灣，並在臺灣成婚。《亂都之戀》寫作的正是1924年3月到1925年3月一年之間，他們爭取戀愛自由和婚姻自主過程中的複雜心情。作品先多發表於《臺灣民報》，由於創作期間，北京正值直奉之戰，北京城內外人心惶惶，故而結集時，張我軍將書名定為《亂都之戀》。〔照光直編，《照我軍評集》，1989〕〔→張我軍〕【鴻勝宸】

亂彈戲 臺灣所通的「亂彈班」，指的是職業的北管戲班。亂彈盛大約在清代乾隆、嘉慶年間傳入臺灣，為早期臺灣漢人社會中非常受歡迎的劇種，俗諺「吃活吃三層，看戲看亂彈」即為其寫照。亂彈使用戲劇高亢的北管音樂。口白以摻雜了中州韻及湖廣韻的「官話」為主。演出劇目多為描述忠孝節義等內容的歷史劇。亂彈戲又分為福路（攝綠）與西路（西皮）兩大派別系統。福路常用唱腔有彩板、平板、緊中慢、慢中緊、緊板等，領奏樂器是殼仔弦（即椰胡）；西路常用的唱腔有導板、西皮、二黃、垛子等，用吊規仔（京胡）領奏，和京劇有些接近。臺灣的亂彈戲大約流行於1911年到1932年。其後受日本政府壓抑而逐漸沉寂。戰後，無論職業劇團或是業餘的北管子弟團體，都迅速蓬勃地發展。但是隨著社會結構的轉變，自1977年至今，臺灣的職業亂彈班僅餘王金鳳所領導的「新美園」一團。〔王振義《臺灣的北管》，1982〕〔→北管〕【簡秀珍】

傳記文學 創刊於1962年6月1日並發行至今。由薛夢讚題寫刊名。由有「野史館館長」之稱的劉紹唐創辦。《傳記文學》是一份結合學術性與文學性的綜合刊物，創刊宗旨為「提倡傳記文學，保存近代史料」，內容包括歷史事件回憶錄、人物傳記、人物研究、日記、思念與憶述、作者讀者書簡、歷史照片等。此外，該雜誌還舉辦過多次的人物專題座談會，進行口述歷史的計畫，及時保留了許多珍貴的史料，大約3,000餘篇。除了雜誌之外，傳記文學雜誌社還出版一系列人物傳記與歷史叢刊等叢書，約有400餘種，累積相當豐富的現代中國史史料，素有「民國史長城」之稱。2000年2月10日隨著劉紹唐病逝，《傳記文學》的經營作了改動，由成嘉峰、成露茜姊妹接棒，並由成露茜擔任社長。除了沿襲傳統的傳記史料路線外，也加入如「臺灣民采史」，「傳記書齋」等單元，並陸續開闢「時代隨想」、「常民記憶」等單元，兼顧了繼承與開創，並將關注焦點由中國現代範疇擴大至臺灣史料傳記等方面。〔游淑靜，《出版社傳奇》，1981〕〔→劉紹唐〕【梁境璟】

●傳記文學

傳記文學424期封面。

傳統藝術中心 為謀求傳統藝術的傳承與發展，行政院文化建設委員會於1994年起開始籌設專責機構。1996年1月31日國立傳統藝術中心籌備處奉准成立；歷經多年的籌建規畫，位於宜蘭五結鄉，占地24公頃的中心園區終於在2003年10月4日正式對外開放。中心的設置目標是「加強戲專、規畫、推動傳統藝術之蒐藏、研究、發展、傳習、展演、推廣等工作，使傳統藝術能獲得新生、發展與創新；同時有效經營管理園區，運用園區硬體設施與軟體活動規畫，展現傳統藝術之美，豐富國民的生活內涵。」〔國立傳統藝術中心籌備處編，《傳藝紀要1990-2001》，2001；『國立傳統藝術中心官方網站』〕【石婉舜】

十三畫
- 0940 -

●傳統藝術中心
戲臺（左）與文昌祠（右）2003 年 11 月。

傳臚 包含有兩種意思。一為貢舉殿試放榜，由知
貢舉官呼喚舉人姓名，單頭司立於殿階下，以次傳
唱。二為明清時期榜科舉殿試二、三甲之第一名為傳
臚。臺灣傳統民宅常有稱、醫畫或造型，即寓二「甲」
傳臚之意。（邢莉庄等編《中國歷代職官辭典》·1998）
〔→殿試、舉人〕【許雪姬】

匯率自由化政策 1958 年政府推動外匯改革，逐
步從複式匯率返回單一匯率。然而在 1961 年至 1972
年代，經濟發展以出口為導向，官價匯率長期偏高。
1978 年實施機動匯率制度，次年設立外匯市場，然
匯率仍由外匯指定銀行與中央銀行共同議訂。此時期
由於出口旺盛，外匯存底迅速累積，股市與房價狂
飆，終於 1982 年改採中心匯率制度，允許銀行與顧
客在 1 角範圍內議訂匯價，而銀行間成交價以不超過
2.25%為限。1986 年在美國壓力下將中心匯率由 40
元提升至 32 元；1989 年 4 月廢止中心匯率制度，讓
銀行間外匯交易匯率完全自由化，而 3 萬美元以下的
小額結匯匯率則由外匯銀行共同議訂。1990 年 2 月
取消小額結匯議訂匯率制度，至此匯率自由化大致完
成，惟仍受中央銀行買賣外匯的操作性干擾。（行政
院財政部金融局《我國金融制度與政策》·1999）〔→
複式匯率〕【黃春興】

圓山文化 史前考古學文化。新石器時代晚期文
化。戰後 1950 年代學界依臺北市圓山遺址出土農物
命名，是臺灣較早辨認的史前文化。本文化主要分布
於臺北盆地北側，淡水河口二岸及北海岸地區。年代
目前有二種說法，一為距今 4,500 年到 2,000 年之間，
另一種為距今 3,200 年到 2,500 年。本文化主要特徵
為富有區域性色彩的陶器、石器、骨角器、玉器。石
器類型很多，包括各種磨製的大型鏟形器、鋤形器、
斧形器、錛形器，中小型的錛形器、鑿形器、斧形器、
鋤形器、石槌、網墜、凹石、砥石、石簇等日常生活
使用的農、漁、獵具及工具，其中以有肩石斧、有段
石錛、有角大鏟、平凸面大鑿、匙形大錛等最具特色，
但是在臺灣其他文化常見的石刀，卻罕見於圓山文
化。骨角器包括魚叉、槍頭、箭鏃等，形制繁多，是
主要的漁獵用具。此外經常出土精緻的玉器，包括玉
錛、玉玦、管珠、玉璜、玉璮等。陶器絕大多數為淺
棕夾砂陶、拍墊法手製。在陶土中有意摻和人工打碎
的安山岩粒或天然的沙子，火候多為攝氏 500 至 550
度。陶器外表通常抹平後上一層紅色顏料，大多為素
面，極
少數覆
片表面
有紅色
彩繪紋
和網印
紋，但
器容內
裡和把

●圓山文化
圓山遺址出土的陶器把手。

手上常
見有捺
點紋。最常見的器型為侈口圜底罐、圈足罐、盆、瓶、
雙把罐、雙口圈足罐。（黃士強、劉益昌、楊鳳屏等，
《圓山兒童主題公園圓山遺址考古調查研究計畫》。
臺北市立兒童育樂中心委託臺灣大學人類學系
之研究報告·1999）【劉益昌】

校讀篇

張錦郎[*]

前言

　　根據許雪姬教授總策畫的《臺灣歷史辭典》（以下簡稱《歷史辭典》）序文，《歷史辭典》的編輯工作始於 2000 年 6 月，由臺灣省政府文化處補助新臺幣 480 萬元之經費，限定 18 個月完成，許教授明知時間不夠，但是為了完成多年的心願，還是「冒險答應下來」，時間一到只完成了六、七分。2002 年 3 月轉向行政院文建會申請，給補助經費新臺幣 80 萬元，限一年完成。到了 2003 年 3 月如期完成。共收詞目 4656 條，全書兩巨冊，共 1870 頁，計 299 萬 3 千餘字，詞目收錄範圍包括：政治、外交、軍事、經濟、社會、教育、文化、風俗、舊地名、重要歷史性文獻等方面，主要著重於組織、法令、事件、人物、著作、專有名詞及典章制度的介紹，全書詞目按筆畫順序排列。書中配有 1260 張照片。附錄收有主要參考書 2200 筆，附表 44 種，關鍵字總索引 1 萬 2 千條。

　　這是一部介於大型和中型之間的專科辭典，是臺灣有史以

---

[*] 現為臺北市立教育大學中國語文學系兼任教授。

來，第一部收錄詞目最多的歷史辭典。這部辭典有兩大特色：其一，掌握選題的正確方向。編纂專科辭典的第一步工作就是確定選題（詳見楊祖希、徐慶凱著《專科辭典學》第三章專科辭典的編纂過程）。筆者認為目前最急迫編纂有關臺灣的專科辭典，第一是《臺灣歷史辭典》，第二是「臺灣文學辭典」。許雪姬教授遠在 1997 年就向臺灣省政府文化處提出編纂《歷史辭典》計畫，當時的文化處洪孟啟處長也表示同意。今天，大家能擁有這部辭典，要佩服許教授的遠見。有了選題計畫，還要馬上組織一支有高度工作效率的編纂隊伍，還要有顧問群、編審委員和審查委員來配合。說實在的，這是要靠人際關係的，如果不是許教授，而是換了別人，能否在短期間內請到近兩百人，這些人還要有犧牲奉獻的精神和服務社會的熱忱，筆者認為是很困難的，這也是我們要佩服的第二點。如果換了別人來主持，不可能說用了兩年七個月就完成《歷史辭典》的編纂和編輯這樣艱鉅的任務。另外，遠流出版公司用了一年的時間，把《歷史辭典》排印出版，中間還包括提供照片和五次校對，工作效率之高，我們同感佩服。其二，這部《歷史辭典》是臺灣第一部貫通三百多年，涉及歷史各方面的介於大型和中型的專科辭典，收錄的詞條中至少有二千條是以前的工具書未收錄的，即第一次收入工具書，「具有很高的原創性」。

　　至於這部《歷史辭典》的缺點，主要是編寫體例不一致，這可能與編寫人員以前很少利用專科辭典，或無詞條、條目撰寫經驗有關，加上事先似無編輯工作手冊可供遵循與參考有關，導致有的詞條寫成文章式或論文式，而非辭典式語言，就更談不上規

範化語言。其次是對資料的權威性認識不足，這或許是學校教育未訓練如何利用二次文獻蒐集主題相關的文獻資料，未訓練如何辨別史料有關，這一方面的缺點，可從詞條的參考資料看出來，如未能引用或參考學報和學術期刊的論文，而是引用官方的網路資料，官方的簡介概況資料或未正式出版的碩士論文等，這些都是編辭典最忌諱的事。

本《歷史辭典》出版後，久久未見書評，令人頗感詫異。是不是表示史學界不重視工具書，或是怕得罪人，不想寫書評，不得而知。缺書評，工具書的編纂就不會進步，這是很簡單的道理。本來想與經常寫書評的吳銘能教授合評這部《歷史辭典》，後因吳教授應聘到四川大學任教而作罷，這其間拜讀到中央大學博士候選人顧敏耀老師在《歷史月刊》上發表評《歷史辭典》人物詞條「李炳南」的大作，是幾千字的論文，還附了幾張照片，說明該詞條的缺失，顧敏耀老師的考證功夫，令人激賞。後來仍未見有較全面的書評，於是想到找研究生合作，分別從人物、著作、期刊、插圖、體例、輔文等不同角度來評這部《歷史辭典》。可能是第一次嘗試集體合評一部工具書，大家興致都很高，有的研究生還寫了兩篇，不到一年就交稿了，中央研究院中國文哲研究所林慶彰教授獲悉此事，鼓勵正式出版，我們也順便請林教授寫一篇序文。筆者原來只想寫一篇校勘記，林教授則鼓勵擴大範圍寫校讀記，於是就逐頁找出有問題的詞條，提出看法或加以評論，有的詞條並與《台灣文化事典》（以下簡稱《文化事典》）的詞條做比較，主要目的是提供《歷史辭典》將來修訂再版時的參考。校讀記包括三部分：首列《歷史辭典》頁數，次列詞目或有關標題，

最後列詞條值得商榷的地方。筆者在學校主修圖書館學，未受過史學的專業訓練，又是初次校讀著名臺灣史學者兼專家許雪姬教授總策畫的巨著，錯誤、缺失知所難免，敬請讀者們不吝批評指正。

頁7　《臺灣歷史辭典》編輯凡例　書名《臺灣歷史辭典》可刪除，因為頁 11 的「總目次」未見《臺灣歷史辭典》，只見「編輯凡例」四字。事實上，「編輯」二字亦可刪除。筆者查了幾本編輯學或出版學的百科全書，或辭書學的辭典，未見過「編輯凡例」的條目或詞條，只見「編輯」或「凡例」。還有一點小意見。凡例上的標題字，不論一級或二級標題（如「編輯目標」、「詞目收錄原則」等），用黑體字，是常見的；但是，凡例的說明文字，如「史前」、「西元」、「詞目名稱」、「主要參考書」等，也用黑體字，對筆者這種經常要讀凡例，把凡例當法律條文來看的人來說，凡例的說明文字用黑體字，頗感突兀不和諧的感覺。也未見過其他工具書的凡例，有如此作法。至於凡例的文字，有稱「每一詞目」，有稱「每則詞目」（或序文有的稱「收錄四千六百五十六條詞目」，有的稱「收有辭目 4656 則」，宜統一。

頁11　總目次　首先討論工具書的總目次和凡例排列的先後問題。有的工具書，目次在前，凡例在後；有的工具書則相反，先排凡例，再排目次。建議來一次讀者問卷調查，聽聽讀者的意見。《臺灣歷史辭典》的總目次，包括：陳序、許序、本辭典工作者名單、編輯凡例、詞目目次、正文、鳴謝與圖

片出處，共七部分。其中「詞目目次」標示在第 12 頁，翻到第 12 頁，只見「目次」和「1-4 畫」（事實上未見有 4 畫的詞目）幾個字，未見「詞目目次」四字。又根據「編輯凡例」中的「檢索方式」，說「本辭典編有兩種檢索方式。一為詞目筆畫目錄置於書前；另為關鍵字總索引，置於附錄中。」既然如此，筆者提議就把總目次的「詞目目次」，改稱「詞目筆畫目錄」。不過筆者最期盼的是將來再版時，正文前最好編一份「詞目分類目錄」。

頁 21　**東瀛紀事**　誤排成東瀛記事。（編者按：本書第四版已改為「東瀛紀事」。）

頁 41　**一九四八年援華法案**　詞條中提到美國總統「杜魯門（Harry S. Truman）總統」，頁 603、868 也是如此寫法。但是，頁 601、604、1093、1315 卻寫「杜魯門（Harry S. Truman）」，未加「總統」二字。《臺灣歷史辭典》（以下簡稱《歷史辭典》）對美國其他總統，如尼克森、卡特、克林頓等的稱呼或姓名的寫法，均未統一，未規範化。對中華民國總統的稱呼，也未一致，如：蔣中正總統、蔣介石總統、總統蔣中正、蔣中正、蔣介石，有五種稱呼或寫法，均應規範化。又，該詞目（「一九四八年援華法案」）是《歷史辭典》第一個詞條，卻出現在第 41 頁，這是錯誤的編排，正文都是從第一頁開始，這是編輯學的常識。筆者發現該出版單位另一本工具書《臺灣史小事典》。正文是從第 9 頁開始，也是犯同樣的錯誤。

頁 42　**一肚皮集**　漏提清光緒元年雙峯草堂刊本。

頁 46　**乃木希典**　卒年寫 1922 年。詞條寫「1912 年明治天皇出殯

之日，夫妻（指乃木希典）同時於自宅自盡」，則卒年應改為 1912 年。又生年 1850 年，另一說法是 1849 年，待考。（編者按：本書第四版生卒年已改為「1849.11.11.~1912.9.13」，惟網路版仍未修改。）

頁 48　二七部隊　詞條概括語或釋文重複詞頭（詞目），這是要避免的，可避免的。《歷史辭典》全書有 139 個詞條重複詞頭（詞目），產生 681 個贅字。《台灣文化事典》只有極少數的詞條（或條目）是重複詞頭（或條頭）的。

頁 50　二二八和平日促進會　詞條寫到 1987 年 2 月 13 日發表宣言，宣言要旨包括：「在『二二八事件』發生的第四十週年，我們呼籲（漏「全島居民」）共同來紀念這個日子，並祈求和平早日降臨（漏「在臺灣島上」）」。

頁 51　二林事件　詞條寫「1927 年 4 月 13 日三審定讞」，頁 393 寫「1927 年 4 月 13 日二林事件二審判決」。日期相同，判決不同。《台灣文化事典》則寫成「1927 年 4 月終審」。此事應不難查出正確的說法。

頁 53　人間佛教　太虛法師生年為 1889 年，非 1880 年。

頁 55-56　八十年代　引發刊詞，「這是一個集體參與時代」，「與」字下缺一「的」字；「是一個群眾智慧的年代」，「年代」應改為「時代」。

頁 65　三毛　1964 年進私立中國文化大學哲學系……，應改為中國文化學院。

頁 72　下村湖人　詞條的參考資料寫「《下村湖人全集》，1976 年」，《全集》共 10 冊，國土社出版，出版年疑為 1975 年。

頁 87　大地詩社　《大地詩刊》1972 年創刊，誤為 1971 年。主要成員李弦宜加注係李豐楙，童山宜加注係邱燮友。

頁 98-99　**大業書店**　彭邦楨誤為彭邦禎。

頁 100　**大學雜誌**　詞條內容六次寫成《大學》雜誌，宜改為《大學雜誌》。

頁 128-129　　**中國文藝協會**　副刊編者聯誼會誤為副刊編輯聯誼會。

頁 129　**中國生產力中心**　詞條內容宜加重要出版品，如《中華民國工商名錄》。

頁 130　**中國佛教會**　1945 年組織中國佛教整理委員會，非中國佛教會整理委員會。

頁 132　**中國青年寫作協會**　參考資料是瘂弦編的《青年筆陣》，非 1966 年《中國文藝年鑒》。

頁 151　**中華藝苑**　創刊日期：1955 年 3 月。中央圖書館的記錄是 1955 年 1 月，《文訊》雜誌社編的展覽目錄的記錄是 1955 年 2 月 26 日。孰是孰非？待考。

頁 154　**尹仲容**　只記載生卒年為 1903-1963。均無月日的記載。事實上，有關尹仲容的生平資料可參考沈雲龍編著《尹仲容先生年譜初稿》、《尹仲容先生紀念集》，《民國人物小傳》第 2 冊也有尹仲容傳記資料。詞條有 5 次提到「尹氏」二字，共 10 字，均可略去。尹仲容的生平資料只寫 15 行，李國鼎的生平資料寫了 41 行。我覺得尹仲容的生平可以再多寫一些。尹仲容一生勇於改革、勇於負責、勇於說話、勇於認錯。

　　一家報紙給先生的評語是「忠於謀國，勇於任事，名位不問，毀譽不驚，勞怨不辭，成敗不計」。報載出殯之日有工商各界人士五千餘人前往弔祭執紼，表達朝野對先生的敬愛與哀思！

頁 178　**太田政弘**　生年月日為 1871 年 10 月 4 日，畢業學校為東京帝國大學英法科。國家圖書館特藏組編印《臺灣歷史人物小傳——明清暨日據時期》乙書所載則為「明治三年（1870）十月四日生。……畢業於東京帝大法科」。兩段資料，頗有出入。後者又記載「並准許本島人創刊《臺灣新民報》，為島人辦報之始」。《台灣文化事典》也提到此事「特許臺灣人自辦的《臺灣新民報》創刊」。

頁 178　**孔昭慈**　1794 年生，參考資料有《清史稿》。《臺灣歷史人物小傳——明清暨日據時期》乙書所載為 1795 年生，根據的材料有吳汝綸〈福建臺澎兵備道剛介孔公神道碑銘〉、宗稷臣〈孔雲鶴墓志銘〉等 6 種。

頁 184　**文化交流**　未注明只出第 1 輯，《中國大百科全書・中國文學》說出版 2 輯是錯的。《台灣文化事典》說在排印第 2 輯時，因二二八事件爆發而被迫停刊是對的。

頁 184　**文化清潔運動**　詞條應採紀事本末體的寫作方法，本詞條只記「始」的部分，後來一連串發生的事，未見記載，如 8 月成立「文化清潔運動促進會籌備處」，舉行「民意調查」，接受各界檢舉三害書刊的信函，並公布結果。同月，內政部以「誨淫誨盜妨害治安」的罪名，對十家雜誌處以定期停刊的處分。11 月份內政部又根據《出版法》第 35 條，制定「戰

時出版品禁止或限制登載事項等」。

頁 196 **日據下臺灣新文學選集**　漏著錄出版者明潭出版社，此書由李南衡主編（頁 1275 即如此著錄），非李南衡編。

頁 198 **毛天福**　生卒年不詳重複著錄。

頁 206 **王民寧**　戰後擔任臺灣省警備司令部副官處少將處長。宜改成臺灣省警備總司令部，頁 1088 照此改正。本書附錄「關鍵字索引」，詞目「臺灣省警備司令部」宜取消。

頁 207 **王白淵**　詞條寫「於 1945 年擔任臺灣文化協進會創會理事之一」，可是頁 1077-1078 卻記載臺灣文化協進會，「1946 年 6 月 16 日於台北中山堂成立」。

頁 208-209　**王育德**　詞條寫「主要著作有《王育德全集》（共 15 冊），《臺灣語言の歷史的研究》、《臺灣人原日本兵的訴訟》等」。筆者是頭一遭看到把「全集」列在單行本前面。通常都是先列出「主要著作」或「主要作品」，後列「另有《○○○全集》行世」。

頁 210 **王尚義**　詞條內容，寫作者「早夭」、「病逝」、「去世」（兩次），類似詞語使用一次即可，又說作品「幾乎每本都暢銷」，詞（辭）典應忌諱此種用語。同時，已列參考資料為《中華民國作家作品目錄》，詞條中所列作品，就不必再著錄出版的名稱和出版年代。頁 216，「王禎和」詞條，也犯同樣的毛病。

頁 216 **王詩琅**　未著錄另有《王詩琅全集》行世。

頁 216 **王禎和**　詞條內容有「直到 1990 年以鼻癌病逝……1990 年 9 月病逝台北」。「病逝」重複兩次，顯示撰稿者或校對者的

草率。

頁 221　丘念台　詞條內容有「二二八事變」，宜改為「二二八事件」。

頁 223　代紡代織　詞條內容有「生管會」的簡稱，宜改全稱「臺灣區生產事業管理委員會」。

頁 223　仙人掌出版社　該詞條列舉 5 位作家及其作品，可考慮增白先勇的《遊園驚夢》，由於白先勇答應該書由仙人掌出版社出版，也順便答應《現代文學》由該出版社接辦。該出版社也出版過黃春明的《兒子的大玩偶》。《歷史辭典》頁 198 詞條「水牛出版社」，內容又有出版《兒子的大玩偶》，是有問題的。

頁 230　北郭園全集　未注明卷數。按該書共 10 卷，附墓誌銘，臺灣大學圖書館總館及文學院圖書館均有收藏。(見《臺灣公藏普通本線裝書書名索引》)，頁 213。又《歷史辭典》頁 1242，詞條「鄭用錫」，「著有《北郭園集》」，「園」字後漏一「全」字。

頁 231　北華捷報　詞目下已寫明創刊和停刊日期為 1850.8.3 – 1951.3.31。詞條第 3 行又寫 1850 年 8 月 2 日英人 Henry Shearman 創辦於上海。到底是 8 月 2 日或 3 日，按《中國大百科全書‧新聞出版》載「英國商人奚安門 1850 年 8 月 3 日在上海創辦《北華捷報》周刊。相隔 3 行，創刊日期不同，不知是撰稿者或校對者的粗疏。詞條內容又說「1864 年因有關船舶及商業材料日多，另出《字林西報》」。《中國大百科全書‧新聞出版》則說是「改名」，「改名」表示原來即有一報刊。按《中國大百科全書‧新聞出版》是這樣寫的：

「(北華捷報) 1856 年起，增出《航運日報》和《航運與商業日報》副刊。至 1864 年，《航運與商業日報》擴大業務，改名《字林西報》，獨立發行。」(見圖一)

頁 233　半崧集　1816 年刊行，撰稿者未注明本書有 6 卷，古籍卷數是書名的一部分，讀者只要翻一翻兩岸所編古籍善本書目，就知道古籍書名和卷數是連起來的，也就是說卷數是書名的一部分。

頁 237　史貽直　生卒年：1682-1763。《臺灣歷史人物小傳——明清暨日據時期》一書則記為 1681-1783，享年 103 歲，似乎不太可能。再查《歷代人物年里碑傳綜表》一書，記史貽直生卒年為 1681-1763。該詞條的參考資料是《國朝耆獻類徵》，《歷代人物年里碑傳綜表》的參考資料是《碑傳集》卷 26，《臺灣歷史人物小傳——明清暨日據時期》未參考上述兩種文獻。

頁 257　民俗臺灣　稱該雜誌「最盛時期發行數量達 3000 部」。按雜誌和報紙訂閱，發行量的計算單位是「份」，如梁啟超主編的《新民叢報》印數最高時曾達 1 萬 3 千份。未見過雜誌的發行量寫多少「部」。

頁 271　矢野峰人　詞條上說矢野峰人「1937 年 6 月兼任台北帝大文政學部長、圖書館長、臺灣文藝家協會會長……」。按根據本書頁 188、頁 1148 所載「臺灣文藝家協會」是 1939 年才成立的。1937 年不可能擔任該會會長。

圖一、《臺灣歷史辭典》「北華捷報」與《中國大百科全書・新聞出版》「字林西報」詞目對照

北華捷報

（*North China Herald*，1850.8.3~1951.3.31）報刊名。又名《華北先驅週報》、《先鋒報》。1850年8月2日英人Henry Shearman創辦於上海，是清朝境內最早的英文週報。1859年起成為英國駐上海領事館和商務參贊公署公布通告、發布消息的機關報。太平天國期間刊有大量相關的息，成為研究太平軍的重要參考史料。1864年因有關報導的及商業材料日多，另出《字林西報》。此報中刊登19世紀臺灣海峽發生的船難、臺灣巡撫劉銘傳、邵友濂在臺灣的自強新政，是研究清季臺灣史重要資料。1951年3月31日停刊。【許雪姬撰】〔⇒《中國歷史大辭典・清史卷》（下），1992〕

Zilin Xibao

《字林西報》（*The North China Daily News*）
英國人在中國出版的歷史最久的英文報紙。又稱《字林報》。歷史沿革　英國商人奚安門1850年8月3日在上海創辦《北華捷報》周刊，主要刊載中國沿海城市的商情、一周新聞及司法、領事公報。1856年起，增出《航運日報》和《航運與商業日報》副刊。至1864年，《航運與商業日報》擴大業務，改名《字林西報》，獨立發行。而《北華捷報》作為《字林西報》所屬周刊，繼續刊行。1941年12月8日太平洋戰爭爆發後，該報總經理和主筆被日軍逮捕，報遂停刊。抗日戰爭勝利後復刊。1951年3月31日停刊。（下略）

（鄒明德）

頁 281 **任顯群** 詞條內容有「曾任職鐵道部、交通部糧食管理局、糧食部等」。交通部設有糧食管理局，似不可能。

頁 282 **光華商場** 已拆除，增訂版應加說明。

頁 302 **朱家驊** 詞條內容有「1947 年至 1953 年任中央研究院院長，主持該院遷臺、復員、新研究所設立等工作」。這一段文字過於簡略，又有疏漏。《民國人物小傳》第 1 冊載「其畢生之勞心瘁力最久者為中央研究院，溯自 25 年（1936）春，應蔡院長元培邀約，擔任研究院總幹事，洎 29 年蔡氏物故，膺選繼任主持院務，至 46 年（1957）8 月因病辭職，先後負起中央研究院行政責任者達 22 年之久。當就任總幹事之初，中研院僅有歷史語言研究所等數所，迨繼任院長，努力擴充，迄大陸淪陷前夕已增至 14 個研究所。38 年春，撤退來臺時，由於時間倉卒，交通工具缺乏，僅撤出歷史語言及天文學兩所，來臺後又先後創辦動物、植物、近代史、民族學等 4 個研究所，另成立化學、經濟學兩研究所籌備處，至辭職時已共具 8 個研究所規模。」其他還有一些來臺後的事蹟，該詞條宜再補充。

頁 305 **江文也** 詞條寫「1932 年赴日期間改名為江文也」，1932 年是 1923 年之誤。又說「1950 年後轉任天津中央音樂學院作曲教授」，正確的寫法是作曲系，漏「系」字。又及，《中華民國史大辭典》的目次頁及正文詞目，均把江文也誤寫成江也文。

頁 305-306 **江日昇** 詞條敘述生平文字計有 149 字，敘述著作《臺灣外記》計 129 字，著作內容應與頁 1085 著作詞目《臺灣

外記》合併。

頁 327-328　　　**西川滿**　詞條後列可供參照之詞條「臺灣文藝家協會」，實際上，本書並未收錄此詞條。

頁 331　**西學堂**　詞條寫西學堂 1887 年設於臺北大稻埕，1890 年遷移至臺北城內「登瀛書院」西鄰新建學舍。參見詞條有「登瀛書院」，翻開頁 898 的「登瀛書院」，讀其詞條，該書院似在草屯。疑有兩個「登瀛書院」。

頁 334　**何欣**　詞條列舉何欣翻譯作品和文學評論集，均加注出版社名稱及出版年，為求體例統一，兩者皆可省略。「學術論著」宜改為「學術著作」。

頁 337　**何應欽**　詞條內有時稱蔣中正，有時稱蔣介石。筆者發現《歷史辭典》薛化元撰寫的詞條最多，大部分無體例可言，這是很忌諱又嚴重的事。

頁 354　**吳景徽**　詞條寫「士紳吳克明次子，日本京都醫科畢業，獲醫學博士」。頁 348 詞條「吳克明」寫「次子景徽，京都帝國大學醫學博士」。文字未統一。

頁 355-356　　　**吳福生事件**　按《台灣文化事典》詞條亦有「吳福生事件」，詳加對照、比較，發現日期和文字多有出入。

頁 363　**呂赫若**　參照之詞條「鹿窟基地案」，漏兩字，全稱「鹿窟武裝基地案」。

頁 368　**巫永福評論獎**　詞條只記錄第一屆至第四屆得獎人名單，「吳濁流文學獎」也是只記錄第一屆至第四屆得獎人名單。本書凡例注明資料收錄時間截止於 2000 年。則「評論獎」已舉辦 21 屆，「文學獎」已舉辦 31 屆，未知撰稿者的標準

何在？

頁 375 **李文後** 畢業學校寫「臺灣總督府醫學部」，同屆畢業的蔣渭水、張七郎則寫「臺灣總督府醫學校」。事實上，《歷史辭典》頁 1174 即有詞條「臺灣總督府醫學校」。

頁 383 **李炳南** 此詞條頗多值得商榷的地方，詳見顧敏耀先生大作〈許雪姬總策畫《臺灣歷史辭典》詞條商榷——以王見川撰〈李炳南〉條為例〉。

頁 386 **李國鼎** 參照的詞條達 7 條之多是少見的，其中「經濟安定委員會」、「工業發展委員會」，《歷史辭典》並無上述詞條。書中有的是「行政院經濟安定委員會工業發展委員會」。編輯或校對人員要一一核對參照之詞條書中是否確實有收錄。

頁 406 **決戰臺灣小說集** 「記錄詳載於……」，載誤為戴，是錯字。

頁 406-407 **牡丹社事件**（琅璚事件、臺灣事件）詞條文字有「經英使威妥瑪（Thomas Wade）協調，雙方在北京訂約，清廷賠款 50 萬兩，撫恤遇害難民，……」。頁 770「清日北京事約」則載「在英國公使威妥瑪（Wade Thomas）的調停之下。……清廷賠償受害者撫恤金 10 萬兩，並補償日方修道建房費用 40 萬兩」。詞條內容略有出入。修訂時可再參考吳密察〈綜合評介有關「臺灣事件（1871-1874）的日文研究成果〉一文，收在吳密察《臺灣近代史研究》乙書，稻香出版社。

頁 414 **巡臺退思錄** 詞條寫此書共計 110 篇，《臺灣文獻叢刊提要》說本書有 140 篇，《臺灣歷史人物小傳——明清暨日據時期》（2003 年初版）說本書有 114 篇。有 3 種不同說法。

頁 415 番社采風圖（插圖） 此插圖置於「巡臺御史」詞條下，只因這是清廷巡臺御史六十七（任期最久）命畫工所繪。筆者建議本書仿照《台灣文化事典》把《番社采風圖》立一詞目。《台灣文化事典》說《番社采風圖》「為僅次於周鍾瑄《諸羅縣志》「番俗圖」之現存最早的平埔族建築圖像資料，加上高度的寫實性，條目分類井然有序，成為現今研究平埔族建築不可或缺的史料。」詞條宜可順便提及六十七的《臺海采風圖》。

頁 423 使署閒情 詞條內文〈婆娑洋集〉漏一「序」字，即〈婆娑洋集序〉。又〈瀛壖百詠序〉、〈瀛壖百詠跋〉，《臺灣文獻叢刊提要》「詠」皆作「咏」。

頁 430 周凱 詞條的參考資料，《內自訟齋文集》誤為《內自訟齋文選》。

頁 444 岸裡文書 詞條內文「台中縣立文化中心」誤為「台中縣文化中心」。

頁 447 怡和洋行 參照之詞條「顛地洋行」未見。

頁 452-453 明日 詞條出現《明日》4 次，至少可省略兩次。

頁 454 明道文藝 詞條寫每年舉辦學生文學獎徵獎活動，應加自 1980 年起每年舉辦……。

頁 456 東西哲衡 詞條開頭「乃李春生所著」，「乃」、「所」二字都是贅字。頁 459《東海集》詞條開頭「為清代臺灣流寓文人林鶴年所著」，「為」、「所」也是贅字。

頁 461 東槎紀略 書有 5 卷，宜寫在書名後。又說「本書成於 1829 年」，查《臺灣公藏普通本線裝書目書名索引》一書所載，

此書刊於道光 9 年（1829），另有 1938 年上海申報館仿聚
珍版刊本。「成書年」和「刊行」常常是不同的。

頁 462 **東瀛識略** 書名後未著錄卷數。「乃無錫丁紹儀撰」，「乃」
是贅字。

頁 462 **東瀛紀事** 作者楊廷理生平事蹟寫 7 行，與頁 967「楊廷理」
詞條重複。又「楊廷理」詞條，竟未提及此書，又未列入參
照之詞條，都是缺失。

頁 477 **林呈祿** 生卒年月日著錄為 1887.7.28-1967.6.16，惟據 2006
年 4 月海峽學術出版社出版《林呈祿選集》一書所載，出生
年月日為 1886 年 6 月 27 日，《臺灣歷史人物小傳——明清暨
日據時期》一書所載，生年亦為 1886 年，卒年為 1968 年。
1968 年 7 月 6 日葉榮鐘在《自立晚報》撰文〈林呈祿一生
忠義〉，《臺灣風物》18 卷 4 期（1968 年 8 月），亦刊載〈林
呈祿先生行述〉一文，逝世年為 1968 年是不會錯的。

頁 480 **林柏壽** 詞條中說林氏曾投資「中華開發公司」，正確的名
稱是「中華開發信託公司」，《歷史辭典》即有此詞條。林氏
似擔任過董事長，待考。

頁 481 **林茂生** 缺遇害日期，《台灣文化事典》一書載「1947 年 3
月 11 日清晨，林茂生被當局帶走，一去不返。」《中華兒童
百科全書》一書載 1947 年 3 月 10 日晚 8 點被帶走，可能有
誤。

頁 486 **林堤灶** 未著錄卒年，林堤灶之子是林挺生，查詢大同關係
企業應可找到答案。

頁 495 **林維源** 詞條記生年 1840 年，《台灣文化事典》、《臺灣歷史

人物小傳──明清暨日據時期》，皆記載 1838 年。

頁 501-502 **林獻堂** 介紹文字只有 256 字左右，《台灣文化事典》「林獻堂」詞條約有 800 字左右，有關林獻堂的生平資料，專書有黃富三著《林獻堂傳》（臺灣文獻館，2004 年），《臺灣文獻》57 卷 1 期（2006 年 3 月）曾出版「林獻堂先生專輯」，有黃富三、許雪姬等撰 7 篇論文，共 171 頁，黃富三長文約有 5 萬字左右。

頁 509 **治臺必告錄** 詞條應附參考資料〔⇒丁曰健：《治臺必告錄》，文叢本第 17 種，1957？〕。該書邵雅玲稱「1867 年輯有《治臺必告錄》」，徐慧鈺稱「翌年（1867）出版」，均未注明同治 6 年知足知止園刊本。筆者還是認為古籍卷數的著錄，要寫在書名之後。本書著者項寫「編撰者丁曰健」，還是按圖書館的著錄方法，改為「丁曰健編撰」。

頁 519 **邵友濂** 生年不詳，惟據中研院近史所研究員魏秀梅考證生年為 1834 年。

頁 521 **邱輝** 詞條所附參照之詞條，《臺灣外記》誤為《臺灣外紀》。

頁 527 **長老教會中學** 詞條末宜加「1949 年改名為『臺灣省臺南市私立長榮中學』」。

頁 543 **信誼幼兒圖書館** 藏書 1 萬多冊，寫了 19 行。藏書超過 50 萬冊的中央圖書館臺灣分館，寫了 18 行。臺南市立圖書館藏書 28 萬冊寫不到 12 行。未收頗具規模的前省立臺中圖書館（今已改名國立臺中圖書館）及臺北市立圖書館。

頁 547 **前衛出版社** 《歷史辭典》收錄的出版社，都有寫錯的地方。如本詞條的參照詞條寫「林文欽」，是大錯。參照詞條「林

文欽」是清朝人，是林獻堂的父親。連帶「附錄」頁 A417
索引也錯了，索引款目「林文欽 360 466 547 809 1081」，其
中，頁 547、1081 是前衛出版社的社長，頁 306、466、809
才是清朝人的林文欽。

　　《歷史辭典》將來再版時，建議列舉主要出版品時，增
加《王育德全集》和陳玉峰的著作《臺灣植被誌》。

頁 564　**帝國主義下の臺灣**　參考資料應考慮列舉有關該書的研究
論文，如吳密察〈矢內原忠雄《帝國主義の臺灣》的一些檢
討〉，此文收在《臺灣近代史研究》頁 177-208。

頁 570　**拱樂社**　建議讀者閱畢此詞條後，再參考《台灣文化事典》
頁 546，由廖瑞銘撰寫「拱樂社」的詞條。再建議能附上拱
樂社創辦人陳澄三的照片，《自由時報》2006 年 6 月 21 日
刊登邱貴芬〈庶民的傳奇──看紀錄片《消失的王國──拱樂
社》〉，文章附有陳澄三的照片，筆者認為就可以採用這張照
片。

頁 578　**昭和新報**　詞條寫 1928 年 10 月 3 日在臺北創刊，本詞條的
參考資料：《臺灣紀事》（撰稿者寫成《臺灣記事》）則說「《昭
和新報》於 1928 年 11 月 10 日發行創刊號」。即創刊日期有
兩種說法，孰是孰非，有待考證。詞條未注明刊期是週刊，
「社長為嘉義徐乃庚其目的在於與《臺灣民報》進行對抗」。
「其目的前」應加一逗號。

頁 584　**洪一枝**　《台灣文化事典》詞目用「洪棄生」，《台灣文學辭
典》（未刊稿）和中國大陸出版《臺灣才子》都是用「洪棄
生」。建議再版時，詞目改用「洪棄生」。著作部分，《歷史

辭典》、《文學辭典》、《文化事典》均未提及臺灣省文獻委員
會於 1993 年編印《洪棄生先生全集》7 冊。此「全集」國
家圖書館和臺灣大學圖書館都有收藏。

頁 593-594　　**皇民文學**（游勝冠撰）、**皇民奉公會**（何義麟撰）

　　　　《台灣文化事典》也收錄上述二詞條，分別由施懿琳、
何義麟撰稿，內容都有些重複，讀者可對照比較一下寫法的
優缺點。詞條對日本首相有 3 種不同的稱呼：近衛文麿、近
衛、近衛文，宜加統一。《文化事典》另收「皇民化運動」
詞目，《歷史辭典》再版時可考慮增列。

頁 606　**美麗島事件**　　詞條寫得頗為草率，也很簡略，字數比《美麗
島雜誌》多 44 字而已。詞條出現的人名，只有兩人，竟然
是與此事件無關的許信良和魏廷朝。《台灣文化事典》亦收
「美麗島事件」（《美麗島雜誌》未另立詞目），提到的人名
又太多（字數接近 320 字），又多次重複，黃信介提到 7 次。
事件最後應提到 1980 年 4 月 18 日的判決內容，包括人名和
刑期。而不是像《歷史辭典》詞條寫的這一段與事件無關的
文字：「……使得美麗島事件以後，黨外運動得以重新出發，
不致如 1960 年的新黨運動一樣，發生雷震事件而告煙消雲
散」。

頁 607-608　**胡適**　「1922 年任北京大學文學部長」，應改為「任北
京大學教務長兼代理文科學長」；「歷任英國庚款委員會委
員」，應改為「中英庚款顧問委員會委員」；「國家長期發展
委員會」應改為「國家長期發展科學委員會」；著作部分，《中
國哲學史大綱》上卷，「上卷」應改為「卷上」。詞條未提「胡

適全集」事。

頁 612-613　**苦悶的臺灣**　詞條寫「本書成於 1964 年，原為日文，……1979 年 5 月譯成中文在臺灣發行」。參考資料列王育德《苦悶的臺灣》，1964。筆者據「維基百科」的資料，1964 年是出版年，日文書名為《臺灣：苦悶するその歷史》，1970 年是出版補充修訂版。中文版書名《臺灣：苦悶的歷史》，黃國彥譯，1979 年由東京的臺灣青年社出版。臺灣版似先由鄭南榕的《自由時代》雜誌社印行，圖家圖書館有收藏，未著錄出版年。1993 年、1999 年分別由自立晚報社和草根出版公司出版，書名也是《臺灣：苦悶的歷史》。此書又收在《王育德全集》。如果「維基百科」的資料是正確的話，則此詞條的寫法，有些地方值得商榷：1.「本書成於 1964 年」，與 1964 年出版意義是不同的；2.未寫日文書名欠妥；3.中文版並非先在臺灣發行；4.未注明譯者黃國彥。順便告訴讀者，國家圖書館日韓文室藏有日文版。

頁 617　**重修臺灣府志**　詞條寫「《范志》共 25 卷、首 1 卷，綱目乃根據《劉志》與《高志》增損而成。」詞條缺點是未寫內容。宜加《范志》分 12 門：封域、規制、職官、賦役、典禮、學校、武備、人物、風俗、特產、藝文等。

頁 621　**食貨**　雜誌的創刊、休刊、復刊、停刊，均應注明年月。停刊時應注明共出幾卷幾期。按《食貨》於 1934 年 12 月創刊，1937 年 7 月休刊，1971 年 4 月復刊，《歷史辭典》均未注明月份。休刊時亦未注明共出 6 卷 1 期。在北京編輯，宜改為在北平編輯。詞條寫《食貨》是一本「專門研究中國社會史

的刊物」，宜加「中國社會經濟史」。

頁 627 **唐文標事件**　有 3 篇的篇名出現錯字，〈僵斃的現代詩〉誤為〈僵化的現代詩〉；〈詩的沒落〉副題「臺港」二字，原篇名為「香港臺灣」；〈為人的精神價值立證〉，「價值」誤為「價位」。該事件的導火線可追溯到 1972 年 11 月唐文標以筆名「史君美」在《中外文學》1 卷 6 期發表〈先檢討我們自己吧！〉一文開始，非 1973 年開始。又，引用《中外文學》的期數，有的寫卷期，有的寫總號，未統一。

頁 628 **唐景崧**　未提唐曾任「臺灣民主國總統」。按《台灣文化事典》收錄詞條有「臺灣民主國」，《歷史辭典》則未收。不過《文化事典》收錄的「臺灣民主國」，其參考資料未列吳密察〈一八九五年「臺灣民主國」的成立經過〉一文。該文是一篇很重要的學術論文，先刊登在《國立臺灣歷史系學報》，後又收編在吳氏《臺灣近代史研究》一書內。

頁 634 **孫立人事件**　詞條寫組成 9 人調查小組，9 人名單全列，不必加「等 9 人」，「等」字可刪，查《總統府公報》，亦未有「等」字。《總統府公報》原文是「……特准予自新。毋庸另行議處，由國防部隨時察考，以觀後效」。其中「察考」二字，《歷史辭典》寫成「查考」，宜改正。詞條最後應寫1988 年 3 月 20 日國防部部長鄭為元通知即日起恢復自由。

頁 638 **島夷志略**　詞條上說此書經蘇錫昌校釋，列入中華書局《中外交通史籍叢刊》。詞條所列參考資料則寫成「蘇繼廎，《島夷志略校釋》，2000」，本書 1981 年 5 月出版，2000 年 4 月重印，校釋者蘇繼廎，詞條上寫蘇錫昌校釋，如為同一人，

姓名宜加統一。

頁 652 **殷海光** 籍貫寫「湖北人」，宜加縣名「湖北黃岡人」。參考
資料列「殷海光，《殷海光紀念集》，1990」，作者編自己的
紀念集，這是不可能的事。本書書脊寫「林正弘主編」，封
面寫「著者：殷夏君璐等」，這是對的。

頁 655 **海天玉尺編** 詞條首行「巡臺御史夏之芳所編」，寫「清夏
之芳編」即可，因該詞條緊接著寫「夏氏於 1728 年任巡臺
御史」，不必與詞條首句重複。著作詞條的著錄，應參考圖
書館的編目規則。

頁 656 **海東札記** 詞條首句「乃湖南武陵人朱景英所撰」，寫「清
朱景英撰」即可，「湖南武陵人」，在生平籍貫項著錄。詞條
又寫「1776 年又來臺任北路理番同」，同一撰稿人，在《歷
史辭典》頁 303 則寫「1774 年改調為北路理番同知」，一寫
1776 年，一寫 1774 年，兩者不同之一。查他書的記載，《臺
灣歷史人物小傳》和《臺灣文獻叢刊提要》都寫 1774 年。
兩者不同之二，一寫來臺任北部理同，一寫改調為北路理番
同知，很明顯，前者漏「知」字。照詞條的寫法，1769-1773
年，1776-1778 年在臺，則前後 8 年，非詞條上所說 6 年。
詞條上說本書分為 8 類，詞條上所列只有 7 類，原來是氣習
與土物之間未隔以頓號，才少一類。前面已說過，卷數要寫
在書名後。

頁 657-658 **海音詩** 詞條中『海音』)」因此，……。「因此」之前，
少一標點符號句號「。」。

頁 665 **真善美** 停刊後，未注明共出版多少期。

頁 679 **酒專賣** 參照詞條「臺灣省專賣局」，印成「臺灣專賣局」，漏一「省」字。

頁 680 **馬有岳** 漏較重要的經歷：臺灣省農會理事長。

頁 681 **馬偕** 詞條記逝世日期，一為 1901 年 1 月 4 日，一為 1901 年 6 月 2 日，相差半年。（編者按：本書第四版已改為「1901 年 6 月 2 日」。）

頁 683 **馬關條約** 「馬關條約」的參考資料，列舉陳志奇《美國對華政策三十年》；頁 770「清日甲午戰爭」的參考資料，列舉《臺灣總督府警察沿革誌》，都讓人聯想不起來與這兩個詞條有何直接的關聯。有關這兩條詞目的參考資料是很多的，專書有黃秀政《臺灣割讓與乙未抗日》（臺灣商務印書館，1992 年），會議論文集有《甲午戰爭九十周年紀念論文集》（齊魯書社，1986 年），還有多篇單篇論文，不知為何不列入參考資料？

頁 686 **高其倬** 讀完這條詞條覺得很錯愕。詞條共 22 行（每行約 17-18 字），有西元紀年的或月份的就出現 20 次，幾乎每一行都會出現一次西元紀年。茲列舉如下：1963 年、1702 年、1706 年、隔年、1709 年、1712 年、1716 年、1717 年 12 月、1720 年、1722 年、1724 年 3 月、1726 年、隔年、1729 年、1733 年 2 月、1734 年 10 月、1736 年 2 月、5 月、1738 年 4 月、同年 11 月。讓人覺得是在編高其倬的年譜，不是在寫專科詞典的詞條。處理這種問題並不困難，把擔任的官職（如廣西巡撫、雲貴總督、閩浙總督、兩江總督、江蘇巡撫、湖北巡撫等，集中寫在一起，前面加「歷任」二字即可。

頁 701-702　**動員戡亂時期臨時條款**　此詞條《歷史辭典》和《文化事典》都有收錄。讀者把兩詞條對照閱讀，加以比較。會發現《文化事典》的詞條有 3 點特色：1.有概括語，法律、法令能寫出概話語，令人佩服。2.幾次修訂的經過，扼要簡潔地寫出來。3.寫全文共有 11 條。這是《歷史辭典》的詞條未寫好的。連詞條最後一句，也很不相同。《歷史辭典》是寫「直到 1991 年動員戡亂時期終止，臨時條款也正式走入歷史」。《文化事典》是寫「……會中決議廢止動員戡亂時期臨時條款，總統旋於 5 月 1 日明令宣告「動員戡亂時期」終止及廢止臨時條款」。後者才是辭書體語言。

頁 712-713　**國家文化藝術基金會**　《歷史辭典》和《文化事典》都有收錄這條詞目。讀者只要把詞條內容讀過一遍，會發現寫法的異同。兩者都提到成立宗旨；也都提到業務或主要業務，《歷史辭典》是這樣寫「其業務包括研發、獎助、資源發展」。《文化事典》則寫「基金會主要業務區分為：補助、獎項、研發與推廣」。接著再簡單說明各項業務的具體內容。較大不同的是《文化事典》對「基金會」的組織設董事長、執行長和董事會與監事會的職掌做了說明。又《歷史辭典》的參考資料有兩點小錯誤，一是作者莊宜文誤為蔣宜文，二是文訊「別冊 3（總號 143 期）」誤為 3 卷 143 期。期刊卷期的著錄，像《文訊》屬於月刊，最多是 3 卷 12 期。

頁 713　**國家文藝獎**　詞條共 8 行，「國家文藝基金管理委員會」佔 5 行，較重要的「國家文化藝術基金會」佔 3 行，不成比例。未寫後者設置的目的，這一詞條應參考《2003 臺灣文學年

鑑》「此一獎項的設置，主要在獎勵具有卓越性與累積性成就，且近年持續創作之傑出藝文工作者，尤其優先考量藝術創作或演出之專業性及其持續性」。詞條「（2003 年 9 月修正）」可刪，不如寫至 2003 年已舉辦 7 屆。詞條的參考資料竟然是 1981 年的出版品，過於陳舊了。

頁717 **國家圖書館** 筆者是該館退休館員，看到詞條這樣寫法，不禁搖頭。儘寫些不重要和錯誤的資訊。館慶是 4 月 21 日，詞條未見有這個日期，年代出現 1928 年，就跳到 1940 年，關鍵年是 1933 年，未提。圖書館正式成立是 1940 年 8 月，非 7 月。在臺復館是 1954 年，非 1955 年。至於善本古籍有 23 萬冊，也讓人存疑。又說徵書據出版法，該法 1999 年已廢止。像這種機構的詞條，一定要談職掌任務、組織、藏書（含普通圖書、期刊等）等，該詞條連一項都未觸及。參考資料未引用圖書館的出版品，而參考 1996 年的《中華民國教育年鑑》，也是不該的。

頁727 **寄鶴齋選集** 詞條首行「本書乃臺灣文獻叢刊選錄洪棄生家藏遺稿而編成」。建議改寫：「洪棄生撰，共 3 冊。臺灣文獻叢刊選錄家藏遺稿編成」。詞條 3 次稱洪棄生，建議詞目「洪一枝」改「洪棄生」。又建議詞條內容序號「一、二、三」改為「1.2.3.」或（1）（2）（3）。全書正文中的序號，宜統一。

頁 732 **張湄** 詞條內文「著有《瀛壖百詠》百首」，《歷史辭典》頁 1330 有「〈瀛壖百詠〉可分四類」，書名用單鈎（〈〉）或雙鈎（《》）宜統一。

頁 734 張之洞　詞條寫生年 1835，早期生年也有寫 1833 的，如《歷代人物年里碑傳綜表》，這幾年都寫 1837，如魏秀梅《清季職官表附人物錄》，《中國大百科全書‧中國歷史》，《書目答問二種》（生活‧讀書‧新知三聯書店），《中國著名目錄學家傳略》（書目文獻出版社）。

頁 739 張我軍　未提有出版張我軍全集。

頁 739 張李德和　可供參照之詞條列《琳瑯山閣唱和集》，《歷史辭典》無此詞條。按頁 896 收錄之詞條為「琳瑯山閣吟草」。

頁 740 張其昀　詞條隻字未提著作，起碼詞條最後一句要寫「遺著輯為《張其昀先生文集》（25 冊），《台灣文化事典》亦未提有《文集》出版。此詞條應附張其昀照片。

頁 744-745　張深切　詞條中有「1938 年避居北京」，「北京」宜改為「北平」。詞條最後一句要寫「遺著由黃英哲、陳芳明等輯為《張深切全集》」。

頁 747 張道藩　詞條的參考資料宜採用趙友培《文壇先進張道藩》，該書資料翔實可靠。

頁 755-756　教育部國民學校教師研習會　詞條寫該會「未來預定和國家教育研究院合併」。詞條不能寫「未來」、「預定」的事。就像另一詞目「中央圖書館臺灣分館」（頁 121），詞條寫「2004 年遷至永和後將改為國立臺灣圖書館」，迄今（2007）仍未改名，遷至中和誤為永和。

頁 756 教育部國語推動委員會　經核對《第三次中國教育年鑑》，本詞條有 3 個地方值得商榷：1.詞目是「國語推行委員會」，非「推動委員會」，所以《歷史辭典》的關鍵字）也錯了。

2.「1928 年成立之『國語統一籌備處』」,「籌備處」應改為「籌備委員會」。3.「組織繼續存在至今」也是有問題。《教育年鑑》載「(民國)四十年,教育部設置國語教育輔導會議,研討改進輔導全國國語教育事宜,於無形中而代替國語推行委員會。……至四十四年六月,……簽奉核定改為『教育部國語教育輔導會議』」,所以詞條說「組織繼續存在至今」是有問題的。

頁 766 **梅貽琦** 「1950 年在紐約任華美協進會常務理事」,華美協進社誤為華美協進會。

頁 769 **淡水廳志** 缺該書的內容介紹、內容分圖、志、表、傳、考 5 類。列舉的參考資料《臺灣文獻書目解題·方志類二》,1988 年出版,1987 年有誤。

頁 798-799 **莊垂勝** 《歷史辭典》和《文化事典》都有收錄這條詞目。對照閱讀後,有幾點差異:1.辭世日期不同,有的寫 10 月 12 日,有的寫 10 月 13 日。2.1937 年 9 月被捕,《歷史辭典》說是「日本人對敢言的知識分子下手」,《文化事典》說是「莊垂勝以具有『非國民之言行』被控入獄」。3.兩本辭典均未講莊垂勝是 1946 年 3 月任省立臺中圖書館館長,只寫「戰後」;其工作表現,一寫「以啟蒙文化為務,辦說話會,設閱覽室,教國語等」,一寫「開設書庫保存日文文獻書籍,免遭焚毀破壞。舉辦大型講座、座談會,讓民眾免費參與文藝活動」。4.二二八事件(《文化事典》寫成二二八事變)後的記載也不同。《歷史辭典》寫「二二八事件發生,他加入 3 月 2 日成立的『臺中地區時局處理委員會』,因此

而被臺中憲兵隊逮捕，幸得無事出獄」。《文化事典》寫「1947
年二二八事變發生後，他擔任臺中地區『二二八事件處理委
員會』主席，也被列入黑名單，遭到十二師拘捕。……後來
保釋出獄，仍被冠上思想不正的記錄。晚年十分痛心，不願
再從事任何文化活動」。5.詞條的參考文獻不同。筆者認為
詞條內容均需再查證，俾讓詞條內容更加確實和完備。

頁 801　被出賣的臺灣　本書內容介紹把握重點。可再具體說明全書
　　　　分 4 部，共 22 章。列出 4 部和部分重要的章名，附錄具有
　　　　延伸內容者，也可列舉。譯者陳榮成也要著錄。

頁 831　陳文成事件　《歷史辭典》的詞目出現近 90 條以「事件」
　　　　為名的詞目，《中華民國大辭典》的詞目則出現「事件」、「事
　　　　變」、「慘案」、「血案」4 種名詞，前 3 種都可在一般辭典找
　　　　到解釋。《台灣文化事典》關於陳文成的詞目寫成「陳文成
　　　　命案」，命案指殺人案件。「事件」指歷史上、政治上或社會
　　　　上發生的不平常的大事情，如二二八事件。筆者認為《文化
　　　　事典》用「陳文成命案」是較妥的，包括報紙標題也都是用
　　　　「陳文成命案」。另一詞目《文化事典》用「林義雄家宅滅
　　　　門血案」，也比《歷史辭典》用「林義雄家屬被害事件」要
　　　　妥當。

頁 838-839　陳春德　詞條「1938 年（陳春德）與洪瑞麟等同好組
　　　　成 MOUV 洋畫團體」。頁 588 則寫「1937 年（洪瑞麟）與
　　　　張萬得等人成立ムーヴ洋畫集團」。年代與團體名稱有出入。

頁 839　陳映真事件　詞條中尉天驄誤為尉天聰。

頁 842-843　陳能通　詞條寫自 1942 年至 1946 年，5 月之間，陸續

擔任 7 種不同職務，又一一寫明任職年月，頗覺繁瑣。類似情事，常有發生。筆者以為在所有職務前加「歷任」二字即可，可省略個別的就職年月。

頁 847 **陳紹馨** 詞條漏寫 1941 年與黃得時、金關丈夫等臺日友人創辦《民俗臺灣》。又，《文化事典》詞條收錄陳紹馨。詞條中有「1948 年《臺灣風土》出版，為研究臺灣民間社會文化的重要刊物，陳紹馨亦參與其中」。按《臺灣風土》不能算是刊物，它是《公論報》副刊的一種，筆者印象中是週刊，由陳奇祿主編。有關陳紹馨的生平資料，據《中國文化研究論文目錄》就收有 13 篇，覺得該詞條應根據上述資料，再加擴充。

頁 863 **雪蕉山館詩草** 《歷史辭典》頁 1249「鄭家珍」詞條、《歷史辭典》附錄，頁 A027 及《臺灣歷史人物小傳——明清暨日據時期》，均記書名為《雪蕉山館詩集》，疑頁 863 詞目及詞條有誤。

頁 864 **鳥居龍藏** 詞條的參考資料寫《鳥居龍藏全集》的出版年為「1975 年起」，宜寫「1975-1976 年」。

頁 866 **鹿野忠雄** 詞條所寫「1942 年至 1943 年間任日本陸軍雇員赴菲律賓從事學術機構的設立及民族學研究，……1944 年 6 月起，任日本陸軍雇員赴北婆羅洲從事民族調查，於 1945 年 8 月 13 日失蹤。」這一段文字與 2004 年 9 月 28 日施翠峰教授發表於《自由時報》的文章〈沙巴山中生死之謎——熱愛臺灣考古、人類學的鹿野忠雄〉一文，有些出入。如施文指出在菲律賓期間是 1942 年 7 月至 1943 年 3 月，共 9 個

月，任陸軍雇員是 1944 年 10 月，非 6 月。又，失蹤是 1945
年 7 月，非 8 月。

頁 868　**麥帥訪臺**　頁 313 詞目「艾森豪訪華」，訪「華」抑訪「臺」，
宜統一。

頁 871　**傅斯年**　詞條寫籍貫：山東人，宜加聊城。詞條漏寫 1948
年當選中央研究院院士，又寫「1948 年底將史語所人員、
圖書播遷來臺」，「圖書」後應加「文物」或「器物」。頁 717
寫 1949 年中央圖書館把藏書文物遷臺，「文物」可刪。

頁 877　**彭德**　詞條後段用了「如果」、「可能」假設性語句，不符合
辭書編寫的體例。

頁 878　**彭明敏事件**　該事件主因是「臺灣人民自救〔運動〕宣言」
引起的，《歷史辭典》把「宣言」另立一詞目，結果造成重
複敘述。建議併為一條。詞條中「宣言」名稱漏「運動」二
字，正確的名稱是「臺灣人民自救運動宣言」。又「宣言」
詞條提及的《今日之中國》，《自由的滋味——彭明敏回憶錄》
則「叫做《自由中國月刊》」，是一份日文雜誌。

頁 881　**斯未信齋雜錄**　詞條寫卷二有〈小浣霞池隨筆〉，《臺灣文獻
叢刊提要》則記〈小浣霞館池隨筆〉；卷三有〈堊盧雜記〉，
《臺灣文獻叢刊提要》則記〈堊盧雜記〉。詞條的參考資料
《斯未信齋雜錄》，宜加叢書名簡稱「文叢本第 93 種」。又，
頁 642「徐宗幹」詞條寫徐氏著作有《斯未信齋文編》，但
是有些文獻則提到著作有《斯未信齋文集》，《文集》分《文
編》、《雜錄》兩部。筆者提供上述資料，供撰稿者參考。

頁 881-882　**普天忠憤集**　詞條的參考資料《普天忠憤集》，還是要

注明係「文叢本第 100 種」。

頁 891 **湯守仁**　《文化事典》也收錄此詞條，內容對照比較，頗有出入。如《歷史辭典》寫「（湯守仁）1952 年卻被誘捕，1954 年 2 月 23 日遭槍斃」。《文化事典》則稱「1951 年突遭國民黨當局誘捕，……1954 年 4 月 17 日，和高（一生）、林（瑞昌）等 6 名原住民同被槍決」。均需再進一步求證。

頁 905 **虛一詩集**　詞條共 17 行，引文佔 7 行，又都是評論文字，均欠妥。《詩集》應以內容介紹為主。

頁 906 **費正清**　詞目寫 J. K. Fairbank，應寫全稱 John King Fairbank。詞條寫「費氏」5 次，「他」1 次，均可省略。著作可再加《中國：傳統與變遷》、《中國人的思想與制度》、《偉大的中國革命（1800-1985）》等。

頁 909-910 **鄉土文學論戰**　臺灣文學史上，曾發生三次鄉土文學論戰，《歷史辭典》只寫第一次。《文化事典》的「鄉土文學論戰」詞條，由施懿琳撰稿，把三次鄉土文學論戰的始末，做了完整的交代。此詞條一定要改寫或重寫，這一方面的參考文獻，最近出版的《臺灣新文學發展重大事件論文集》就有 4 篇論文。尤其是第三次「論戰」，單就《中國文化研究論文目錄》就收了 119 篇，可供參考。

頁 910 **開放報禁**　《歷史辭典》用「開放報禁」，《臺灣史小事典》用「解除報禁」，1987 年 2 月 6 日《自立晚報》的社論〈欣聞報禁即將「解除」〉，筆者傾向用「解除報禁」。也可以進一步討論詞目用「報禁」或「解除報禁」。《歷史辭典》「開放報禁」詞條內容，談「報禁」的文字略多於「開放報禁」，

所以筆者主張就用「報禁」當詞目，《文化事典》也是以「報禁」當詞目。不過《歷史辭典》寫解除報禁的過程，只有標示兩個日期，即「1987 年 12 月 1 日行政院新聞局正式宣告我國的報禁即將在次年 1 月 1 日成為歷史」，此消息讓人覺得政府的決策過程未免太粗糙了，因為辦報紙要集資，不是一個月的事。事實上，遠在 10 個月前，即「1987 年 2 月 5 日，行政院指示新聞局對報紙登記與張數問題，應以積極態度加以考慮，讓報禁的解除露出一道曙光（見楊秀菁著《臺灣戒嚴時期新聞管制政策》，頁 270）。這一段話很重要。同樣，《文化事典》「報禁」內容寫「1987 年 2 月，政府表示將開放報紙登記及增張，次年元月實施」，也有些語病。「表示將……」，接著就是「實施」，缺「正式宣告」的日期。提供這些淺見，給兩部工具書將來修訂時參考。

頁 911 **開放臺灣民眾赴大陸探親**　除法令、會議和機關團體的名稱當詞目外，一般詞目（詞頭）的字數不必太長，免得正文前目次的詞目要排兩行，浪費空間。上述詞目共 11 字，「赴」動詞可省，「臺灣民眾」過於籠統，亦可省。只保留「開放大陸探親」6 字即可。

頁 916 **雲林縣采訪冊**　此書及其編者倪贊元兩詞條由同一人撰寫，內容寫法理應有所區隔，即著作偏重內容介紹，人物要以生平介紹為主，事實不然，頗多重複之處。兩詞條都寫雲林縣共計 15 區（實際上都寫 14 區，漏西螺堡），寫 14 區的順序都是一樣，有兩堡名稱不同：一寫「打槺東堡」，一寫「打猫東堡」；一寫「打槺北堡」，一寫「打猫北堡」。「大槺

榔東堡」都漏「大」字。筆者未見《采訪冊》，以上是根據
《臺灣文獻叢刊提要》和《臺灣文獻書目解題・方志類》校
對的。此書重點是在介紹每一堡收錄那些分目（無可記載者
從略）。分目約有 20，兩詞條只收 5 分目，遺漏者有：積方、
廨署、倉廒、街市、營汛、橋渡、水利、祠廟、學藝、兵事、
災祥、藝文等。《歷史辭典》還有其他「人物」和「著作」
詞條，都有重複記述的缺點。

頁 929-930　黃純青　詞條內寫「1945 年 10 月任臺灣省農會理事
長、土地銀行及合作金庫監察人、大同中學董事長、……」。
要改為「戰後歷任臺灣省農會理事長、土地銀行及合作金庫
監察人、大同中學董事長、……」。避免讀者誤會以為同時
擔任 9 種職務。

頁 930　黃國書　詞條中說「奉派擔任臺灣警備總司令部中將參
議……」，應改為「奉派擔任臺灣省警備總司令部……」，按
「臺灣警備總司令部」1958 年成立。戰後稱「臺灣省警備
總司令部」。

頁 930-931　黃得時　詞條內容有「1934 年 10 月 25 日臺灣文藝協
會成立」。《歷史辭典》頁 1081 則寫「（臺灣文藝協會）1933
年 10 月由廖毓文、郭秋生、黃得時、……等臺北文藝青年
組成」。頁 304 也寫「（朱點人）1933 年與王詩琅、郭秋生
等組織臺灣文藝協會」。詞條中有「曾擔任」，寫「曾任」即
可。

頁 933　黃朝琴　詞條的參考資料：《我的回憶》，要先寫「黃朝琴
著」，再寫編者姓名。

頁 939 **亂都之戀** 版本要加注另有遼寧大學出版社 1989 年版。詞條寫「臺灣新文學史上的第一部詩集」，建議改為「……第一部新詩集」。內容要加注共收 55 首。又，是否可增加下列一段文字：「1924 年 5 月 11 日以筆名『一郎』在《臺灣民報》發表了生平第一首新詩〈沉寂〉，發抒對羅文淑的戀情」。

頁 953-954 **新竹縣志初稿** 詞條內容偏重纂輯過程。講版本有誤，有漏。誤的是收入《臺灣文獻叢刊本》（6 卷本）是 1959 年出版，非詞條上所寫 1969 年出版。漏的是國防研究院 1968 年排印本，收入方豪主編《臺灣方志彙編》第 12 冊。缺點還有未講內容分為 12 門：封域志、建置志、賦役志、學校志、典禮志、職官表、選舉表、列傳、風俗考、古蹟、兵燹、文徵。

頁 967 **楊廷理** 詞目後卒年加問號「？」，詞條內卻寫「1813 年卒未赴建寧知府任前。《歷史辭典》頁 462 詞條《東瀛紀事》說是楊廷理所作。頁 967 詞條「楊廷理」卻未見著作有《東瀛紀事》，所以該詞條可供參照之詞條就漏《東瀛紀事》。以上說明該詞條有 3 處疏誤。

頁 973 **楊熾昌** 詞條有「1936 年楊熾昌考入《臺灣日日新報》當記者，戰後該報改名《臺灣新生報》，繼續留任服務」。按正確的說法是 1944 年《臺灣日日新報》與《興南新聞》、《臺灣日報》等 5 種報紙合併為《臺灣新報》，1945 年 10 月 25 日再改名為《臺灣新生報》。

頁 977 **當代** 詞條有「1996 年 3 月 1 日發行 118 期時宣告『休刊』。1997 年 7 月 1 日再度出發，以 119 期為復刊號第 1 期，總編

輯不變。」此段內容建議改為:「1996 年 3 月（118 期）休刊，1997 年 7 月復刊，卷期另起」,「總編輯不變」可省略。詞條未注明刊期，詞條中有「復刊號第 1 期」、「復刊第一期」,「第 1 期」、「第一期」宜統一。

頁 995 詩文之友 詞條未列參考資料，將來再版時可列撰稿者最近發表的論文:〈五○年代臺灣古典詩隊伍的重組與詩刊內容的變異——以《詩文之友》為主〉乙文。

頁 995-996 詩報 詞條有「唯真正停刊日期不詳」,據 2007 年 4 月龍文出版社影印《詩報》(1930-1944),共 27 冊，說目前所見最後一期為 319 期，發行於 1944 年 9 月。

頁 996 詩潮詩刊 社長高準誤為高准。第 3 集誤為第 3 期。要注明 1994 年停刊，共出 7 集。刊名「詩刊」二字，可刪除。

頁 1013 雷石榆 詞條寫「兩人在 1947 年 5 月步入禮堂」,「步入禮堂」宜改為「結婚」。

頁 1016 靖海紀事 可供交互參照之詞條列舉「施琅」,《歷史辭典》卻未收此詞條。《文化事典》、《臺灣史小事典》施琅列入詞條。

頁 1045 臺北公會堂 《歷史辭典》和《文化事典》均列入詞條，前者寫了約 350 字，後者寫了約兩千多字。筆者仔細讀了三遍，發現均未掌握重點。以前者來說，講提供放映電影的事，寫了約 115 字，不如寫 1935 年當做「始政四十周年記念臺灣博覽會」第一會場，才不過 20 字。後者寫改名中山堂後 30 多年來舉辦的活動（會議、畫展、音樂會等），舉行的國宴、中樞開國紀念典禮、總統就職典禮等，寫了五、六百字。

這都是不必要的。筆者認為最後要寫臺北公會堂什麼時間改為中山堂，什麼時候被政府列入國家二級古蹟。

頁 1045-1046　　**臺北天然足會**　詞條寫 1899 年臺北大稻埕中醫師黃玉階糾合紳商 40 人籌組「臺北天然足會」，倡導解放纏足，1900 年正式成立。頁 923 卻寫「1897 年提倡放足斷髮，倡立『臺北天然足會』、『斷髮不改裝會』。」成立時間說法不同，該詞條列舉可供交互參照之詞條有「臺北斷髮不改裝會」，《歷史辭典》卻未見收錄此詞條，本書附錄的關鍵字索引收錄的是「斷髮不改裝會」，未見「臺北」二字。

頁 1046　　**臺北文物**　改名《臺北文獻》未注明 1962 年 6 月，還要注明卷期另起。

頁 1051　　**臺北帝國大學**　詞條共寫 14 行，不如同一頁另一詞條「臺北高等商業學校」，寫了 21 行。

頁 1056　　**臺東州采訪冊**　詞條介紹《采訪冊》內容，只有寫「分20 目」。撰稿人寫其他志書，重點都放在成書經過，忽略內容介紹。此 20 目宜全數列出：建置沿革、疆域、山川、職官、廨署、營汛、鋪遞、莊社、墾務、水利、田賦、津渡、祠廟、風俗、土產、災祥、兵事、忠義、宦績、藝文。

頁 1061　　**臺南新報**　詞條寫「1944 年 3 月（《臺灣日報》）又與《臺灣日日新報》、《臺灣新聞》（按《文化事典》頁 214 寫成《臺灣新報》）、《興南新聞》、《東臺灣新報》（按《臺灣文學史綱》附錄林瑞明編〈臺灣文學史年表〉寫成《東臺灣新聞》）、《高雄新報》6 家日報同遭廢刊，而後在這一年的 4 月併為《臺灣新報》刊行。」「6 家」宜改為「5 家」。「而後在這一年的

4月」宜改為「同年4月1日」，可省幾個字，另加「1日」。詞條寫「1944年3月」，據林瑞明編〈臺灣文學史年表〉則寫「1944年3月26日」。由於《臺灣新報》未列為主詞條，《歷史辭典》出現《臺灣新報》「隱性詞目」（或關鍵詞），共有10次：頁260、391、406、490、644、1061、1082（漏1083）、1149、1150、1269。各家說法，多少有些出入。其中頁260、1082是談1896年的《臺灣新報》。目前亟需把1944年4月1日6報合併的《臺灣新報》，到1945年10月24日的《臺灣新報》找齊，加以複製，解決說法不一的困擾。又，該詞條可供交互參照之詞條漏《興南新聞》。

頁1065 **臺陽美術展覽會** 詞條寫「從1934年至1944年，臺陽美展共展出10屆」，如果「美展」是每年舉行，則有11展。《文化事典》詞條「臺陽美展」（頁201-202），內容寫1935年舉辦第一回展覽，則1935年至1944年，共展出10屆。同時從詞條所附「第一屆（回）臺陽展海報」看出展覽日期是5月4日至12日。臺陽美術會是1934年11月才成立，當年5月先辦展覽是不太可能。所以第一回展覽應該是1935年舉辦。

頁1066 **臺陽詩話** 辭典收錄專書詞條，應把重點放在專書內容或特點的介紹，以「述」為主，少引時人評論。本詞條及《臺灣文獻叢刊提要》均少觸及書的內容，如後者只提「本書所涉，強半輒為割臺前後之人之事之詩」。本詞條除引連橫評語外，又說：「當時民政長官後藤新平亦聞此書，命新竹廳長里見義正代為購取，足見此書出版之轟動」，這種廣告式

的語句，豈能出現在辭典裡。本書內容陳貽庭等著《臺灣才子》是這樣寫的：「全書共收錄、評論臺灣本土及流寓臺灣的詩人作品 150 餘家」，「也有一些關於詩歌理論方面的論述，從中可以看出王松作詩評詩的標準和對詩歌作用的認識」。《臺陽詩話》收在「臺灣文獻叢刊」第 34 種，參考資料宜加以著錄。

頁 1069　　**臺灣人三部曲**　詞條共 28 行，有 5 行（約 80 字）簡介詞目內容，餘 23 行介紹作者生平、學經歷和部分作品，可說是文不對題。何況這一部分也有疏誤，如淡水中學誤為淡江中學，1944 年師範學校畢業誤為 1945 年。詞條最大缺失是過於簡略，筆者查閱《台灣文學辭典》未刊稿，由王慧芬撰寫的《臺灣人三部曲》，介紹作品內容及出版經過的文字，約有 500 字以上。詞條結語是：「此三部曲的時代背景跨越整個日本殖民統治時期。透過陸家三個世代的家族史呈現，將殖民歷史作了濃縮式的描繪。開創臺灣『大河小說』的新頁，在臺灣文學史上具有史詩的地位。」

頁 1074　　**臺灣工友總聯盟**　章紹嗣主編《中國現代社團辭典》（湖北人民出版社，1994 年）亦有收錄此詞目。比較詞條的內容和寫法，有所不同。後者有講「聯盟」的訴求和要達到那些目標，還有開過幾次代表大會，第四次代表大會停開的原因等。

頁 1077-1078　　**臺灣文化協進會**　詞條內容有兩個錯誤：1.《臺灣文化》不是 1949 年停刊，而是 1950 年 12 月（第 6 卷 3、4 期合刊）停刊；2.詞條上說：「（臺灣文化協進會）1955 年以

『臺灣省文化協進會』的名義捲土重來，並於 1956 年 6 月 30 日再度創刊《臺灣研究》（年刊）第 1 期，內容實際上是《臺灣文化》的延續，之後刊物又再度停刊」。後段並非事實，《臺灣研究》1957 年又出 1 期。1970 年出版的《中國近二十年文史哲論文分類索引》，收錄期刊一覽即收錄兩期《臺灣研究》。

頁 1079　**臺灣文學**　概括語寫「純文學雜誌期刊名」，未見過文學期刊用這種既有「雜誌」又有「期刊」的概括語。

頁 1080　**臺灣文學奉公會**　成立日期有 3 種說法：1.本詞條寫「1943 年 4 月 29 日與臺灣美術奉公會一同成立」。2.《歷史辭典》頁 1130「臺灣美術奉公會」詞條則寫「1943 年 5 月皇民奉公會文化部動員全臺畫家成立臺灣美術奉公會」。3.《中國現代社團辭典》則寫「1943 年 3 月在臺北成立」。又，詞條寫「（臺灣文學奉公會）會員包括臺、日重要作家 90 餘名，與臺灣文藝協會出入不大」，「臺灣文藝協會」疑為「臺灣文藝家協會」之誤。

頁 1080　**臺灣文藝 I（臺灣文藝聯盟）**　此詞目有兩大敗筆，一是刊名後用羅馬數字 I、II 來區別同名的文學期刊。解決的方法，較常用的是在刊名後括注創刊年，或是只列一種詞目，詞條再按創刊先後分別敘述，《文化事典》即採用此法。另一敗筆是「臺灣文藝聯盟」是很重要的社團，要另立詞目，而不是附於它的機關誌《臺灣文藝》。結果造成《臺灣文藝》和「第一回全島文藝大會」兩詞條內容大部分都在講「臺灣文藝聯盟」的事。《文化事典》把「臺灣文藝聯盟」和《臺

灣文藝》都列為詞條，都是由許俊雅撰稿，內容沒有重複。
「臺灣文藝聯盟」詞條內容就可先講第一回全島文藝大會的
事。這是處理「臺灣文藝聯盟」、《臺灣文藝》、「第一回全島
文藝大會」三個詞條最好的方法。又此詞條的參考資料應列
賴明弘〈臺灣文藝聯盟創立的斷片回憶〉，此文刊登在被查
禁的《臺北文物》第 3 卷第 3 期。

頁 1081　　**臺灣文藝 II**　詞條內容只寫到 1980 年代，未講 1990 年代
以後的事，如 1993 年 12 月《臺灣文藝》休刊，1994 年 2
月復刊改為新生版等。

頁 1081　　**臺灣文藝協會**　詞條寫成立日期為 1933 年 10 月。頁 930
「黃得時」詞條內容有「1934 年 10 月 25 日臺灣文藝協會
成立」。成立時間有不同說法。此詞條亦應把廖毓文〈臺灣
文藝協會的回憶〉列為參考資料，該文刊登在《臺北文物》
第 3 卷第 2 期。筆者覺得研究臺灣新文學史的人，手邊一定
要備有《臺北文物》第 3 卷第 2、3 期。日前到中研院新成
立的圖書館查資料，該館並未收藏《臺北文物》第 3 卷第 3
期。

頁 1082　　**臺灣文獻叢刊**　詞條未寫好。前段略記編輯過程及其貢
獻，約 90 字。後段寫《叢刊》已建立資料庫。最重要的創
刊旨趣（未參考周憲文〈為什麼出臺灣文獻叢刊〉乙文）、
搜集範圍、刊印方式（如重新標點、校訂、排印）、資料來
源、編輯成例等項，均隻字未提。寫此詞條要參考吳幅員著
《臺灣文獻叢刊提要》。

頁 1082-1083　　**臺灣日日新報**　可供交互參照之詞條有 4 種，其中

《臺灣新報》查《歷史辭典》並未收錄此詞條。《文化事典》亦未收錄此詞條，該報何時停刊，文獻中均未見記載，筆者親眼目睹 1945 年 10 月 23 日的《臺灣新報》，曾健民似看過 1945 年 10 月 24 日的《臺灣新報》，如果屬實，則《臺灣新報》的停刊日期是 1945 年 10 月 24 日，25 日《臺灣新生報》即創刊了。

頁 1083 **臺灣日記與稟啓** 詞條中既然寫胡傳《臺灣紀錄兩種》於 1951 年由臺灣省文獻會印行，為何不寫《臺灣日記與稟啟》列為《臺灣文獻叢刊》第 71 種，以便讀者查閱。

頁 1085 **臺灣外記** 將來增訂再版時，可說明此書約有 10 種版本，最新版本為劉文泰點校的《臺灣外誌》（齊魯書社，2004 年）。詞條未引《外記》凡例，其中有兩處文字與劉文泰點校本不同，一是「茲編而以外名之」，劉點校本無「而」字；一是「修荒服於版圖之外」，劉點校本「修」作「收」。

頁 1087 **臺灣民間文學** 參考資料引《臺灣文化》6 卷 3-4 期，應寫 6 卷 3-4 期合刊，出版年 1950 年 12 月，誤為 1952 年 2 月。

頁 1087-1088 **臺灣民間文學集** 該書書影圖題李獻璋誤為李獻章。

頁 1088-1089 **臺灣光復致敬團** 「致敬團」有團員 10 人，顧問秘書等 5 人，都是當時知名人士，詞條只出現 3 個人名。出發日期與引用資料不同，未寫返臺日期，未寫「致敬團」的任務，未寫 37 天的行程活動。卻對返臺後的歡迎會寫了將近 4 行（詞條共 22 行），真是本末倒置。撰稿人對「等」字用

法，沒有概念，人物、類目、著作等，如果全部列出不加「等」字。如果人名不多，又都是重要的，應盡量列出，不要只寫兩人，後加「等」。

頁1091-1092　**臺灣名所舊蹟誌**　圖題寫「臺灣名勝舊蹟誌」。

頁1092-1093　**臺灣地方自治聯盟**　《歷史辭典》收錄的機關、團體和社團，詞條內容寫法有一通病：只寫創辦人，成立、解散的日期，一部分寫重要成員和主要活動。忽略職掌（任務）、組織（如設有理事會、常務理事會）、大部分的重要成員、代表性出版品等。據《中國現代社團辭典》所載，《自治聯盟》的主要訴求有6點：1.認清社會進化原理，把握臺灣現狀。2.以全民（不分日人，臺人）為背景，確立民本政治精神。3.採取合法手段，尊重純政治原則。4.改革現行地方自治制度，獲得充分的政治自由。5.灌輸民眾的政治知識，實現民眾組織化。6.徹底鏟除分裂主義分子，以免日後召來同室操戈之禍。《自治聯盟》設有領導機構理事會和常務理事會。重要成員還有劉明哲、李瑞雲、李良弼等。

頁1094　**臺灣地區家庭計畫實施辦法**　宜併入「家庭計畫」（頁636），不單獨立目。

頁1097　**臺灣志略**　尹士俍撰《臺灣志略》，缺內容介紹，按上卷有全郡形勢、疆域沿革、重洋海道、文員定制、武職營規、城垣臺寨等篇，中卷有學校士習、民風土俗、番情習俗、氣候祥異等篇，下卷為藝文題咏。亦應注明最近有九州出版社、香港人民出版社印行李祖基點校本。另同名《臺灣志略》由李元春所輯，非「所作」，吳幅員說：「按本書大都取材於

郡縣舊志及前人著作」。

頁 1097　　臺灣志稿　未有《志稿》內容介紹，參考資料為《臺灣文獻書目解題‧方志類一》，非《方志類二》。

　　　　　該詞條撰稿者寫了多篇方志類圖書，習慣性未把著作內容當重點，也常寫錯參考資料的出版年代。

頁 1101　　臺灣府志　未介紹《府志》的版本與內容。參考資料的出版年代有誤。

頁 1103-1104　　臺灣青年　創刊日期寫 1920 年 8 月 16 日，《黃朝琴回憶錄》與《文化事典》均寫 1920 年 7 月 16 日創刊。詞條要注明「1922 年 4 月（臺灣青年）改名《臺灣》」。

頁 1109　　臺灣省文獻委員會　宜加注該會出版地方文獻期刊《臺灣文獻》。《歷史辭典》未把《臺灣文獻》列為詞目，是很大的疏失。

頁 1112　　臺灣省行政長官公署　詞條內講受降典禮在臺北市中山堂舉行，宜改為臺北市公會堂。詞條中提到「公署」設有「……會計等九處」。「等」字宜刪。

頁 1115　　臺灣省保安司令部　詞條中有「直到 1958 年臺灣省警備總司令部成立」，按 1958 年成立的是臺灣警備總司令部。

頁 1120　　臺灣省國語推行委員會　未提該會成立，魏建功為主任委員，何容為副主任委員，有委員 16 人。增訂時參考資料宜加黃英哲最近發表的論文〈魏建功與戰後臺灣國語運動〉。

頁 1122　　臺灣省通志　撰稿人寫《臺灣省通志稿》是這樣寫的：「通志稿有 10 卷，又加卷首 1 卷，分 10 志、59 篇，共 60 冊。10 志分別是土地志……」同一撰稿人寫《臺灣省通志》是

這樣寫的：「……至 1973 年完成 10 卷，首尾各 1 卷，78 篇、1 記、1 表，共 146 冊，名為《臺灣省通志》」。寫法不是很統一。《通志》的寫法，還是要跟《通志稿》一樣，即「通志有 10 卷，首尾各 1 卷（1 記、1 表），分 10 志、78 篇，共 146 冊。10 志分別是土地志、人民志，……」要把 10 志名稱全部列出。

頁 1134　　臺灣海防並開山日記　　詞條說本書附錄〈上制府經理臺灣後山番地〉，「後山番地」後漏「稟」字，即〈上制府經理臺灣後山番地〉稟。

頁 1139　　臺灣商務印書館　　詞條未寫 1948 年 1 月 5 日商務印書館臺灣分館正式開幕。詞條寫「以葉有梅為副」，葉友棠誤為葉有梅，「為副」宜改為副經理。詞條後段寫修訂幾種辭書，而漏寫新編纂的《中山自然科學大辭典》、《中正科技大辭典》、《雲五社會科學大辭典》。此詞條未把重點寫出來，宜重寫，非改寫。參考資料宜加《商務印書館與新教育年譜》。

頁 1140-1141　　臺灣基督長老教會　　還有「三宣言」、「退出普世教協事件」，共三詞條，其中兩詞條引文稍多，詞條避免用「國民黨政府」（用兩次）、「……而悲哀的是蔣中正似乎聽得下他的說辭」這類語句。

頁 1143　　臺灣教會公報　　詞條有「1923 年再合併當時 3 份教會刊物」，1923 年疑為 1932 年。

頁 1144-1145　　臺灣通紀　　詞條中寫「稱《臺灣通紀》，成為文獻叢刊第 120 種」，「文獻叢刊」非全稱，宜改為「臺灣文獻叢刊」。詞條接著寫「《臺灣通紀》為紀事編年體，所記事件起於 1573

年，止於 1895 年，共 4 卷　」改寫建議：「本書分 4 卷。卷
1，起明萬曆元年（1573），迄清順治 18 年；卷 2，起清康
熙元年，迄雍正 13 年；卷 3，起清乾隆元年，迄同治 13 年；
卷 4，起清光緒元年，迄 21 年（1895）。所記史事，按年繫
月排日記載；其所據資料，並分別注明出處。」（按：大部
分均據吳幅員《提要》用語）詞條後可加注陳衍又另從《福
建通志》輯有《福建通志列傳選》（人物與臺灣有關），列為
《臺灣文獻叢刊》第 195 種。

頁 1152-1153　　**臺灣詩學**　詞條引文過長，引文後要有標點符號。
　　共分 5 部分，有 5 個引號「」，均可免。

頁 1153　　**臺灣詩學季刊**　詞條約 12 行，人名 9 人佔 2 行，引文佔
　　6 行，文字敘述佔 4 行，不成比例。引文要重新改寫。該詞
　　條撰稿人寫期刊詞條，習慣引一段一段的發刊詞，有時又抄
　　不好，關於這一點審稿人和責任編輯都有責任。

頁 1159　　**臺灣銀行**　此詞條《臺灣史小事典》、《歷史辭典》都有
　　收錄，試比較前三行的寫法，就可看出《小事典》較合乎辭
　　書的體例。《歷史辭典》該詞條結尾說「財政部於 1999 年宣
　　布並積極推動臺銀與土地銀行、中央信託局之合併」，事隔
　　8 年，與事實不符，只有中央信託局合併而已。將來此詞條
　　要修訂，可參考最近（2006 年）出版的《臺灣銀行六十年》。

頁 1166-1167　　**臺灣總督府**　詞條中有「五局二部」，應把「五局二
　　部」的名稱列出。此詞條除當機關、建築外，亦要當書名加
　　以解釋。

頁 1171　　**臺灣總督府博物館**　可供交互參照之詞條，列「國立臺

灣博物館」，翻開頁 1145，並無「國立」字樣。

頁 1175-1176　**臺灣雜詠合刻**　詞條應講清楚，說本書是合刊王凱泰、馬清樞、何澂著《臺灣雜詠合刻》與劉家謀著《海音詩》兩種，列為《臺灣文獻叢刊》第 28 種，其中《臺灣雜詠合刻》包括三個人的作品：王凱泰《臺灣雜詠》32 首，《續詠》12 首；馬清樞《臺陽雜興》30 首；何澂《臺陽雜詠》24 首。

頁 1181　**蓉州文稿**　作者季麟光，號蓉洲。疑書名為《蓉洲文稿》。

頁 1187　**輔仁大學**　詞條中說（1959 年）11 月 3 日任命于斌為校長，另一說是 12 月，不知孰是孰非？

頁 1189　**閩海紀要**　此詞條的參考資料列舉《臺灣文獻史料 309 種提要》，1977。該詞條撰稿者撰寫另一詞條「臺灣海防並開山日記」的參考資料為「大通書局《臺灣文獻史料三〇九種提要》，1984」。因參考資料書名相同（書名中一寫「309」，一寫「三〇九」），疑為同一書；不然，前者書名疑為《臺灣文獻叢刊提要》，該書出版年同為 1977 年。

頁 1190　**鳳山縣志**　該詞條未將該志書內容寫出，至少應列舉 10 志名稱：封域志、規制志、祀典志、秩官志、武備志、賦役志、風土志、人物志、藝文志、外志（災祥、兵亂、寺廟等）。該詞條的參考資料是錯的，正確的是《臺灣文獻書目解題・方志類三》，1988 年。

頁 1190　**鳳山縣采訪冊**　詞條寫《（采訪冊）1895 年稿成。查《臺灣文獻叢刊提要》及高志彬撰寫的〈鳳山縣采訪冊〉，都是說 1984 年造報完竣。

頁 1201　**劉紹唐**　詞條後段這樣寫：「此外，又聯合海內外史學家

編纂「民國史料叢刊」、「民國大事日誌」、「民國人物小傳」
三套系列叢書，貢獻至大。看完這一段文字，令人啼笑皆
非。到底撰稿者有沒有看過這些書呢？像劉紹唐主編的《民
國大事日誌》，只是一部歷史工具書而已，不是一套系列叢
書。更離譜的是「民國史料叢刊」，都是影印 1949 年以前的
出版品，如《第一次中國教育年鑑》、《第二次全國教育會議
始末記》、《國立中山大學現況》、《江蘇教育概覽》、《中國經
濟志》、《農業論文索引》等，怎麼說是「聯合海內外史學家
編纂」呢？傳記文學雜誌社自己說《民國大事日誌》、《民國
人物小傳》是「兩套有連續性的書」、「這兩套書」，並沒有
說是「系列叢書」。這兩套書，要用書名號（《　》），用引號
（「」）是欠妥的。

頁 1216　**澎湖紀略**　此詞條與另一詞條「澎湖紀略續編」的參考
資料都是《臺灣文獻書目解題・方志類三》，1988 年。這兩
詞條的撰稿人都誤寫成《方志類二》，出版年代亦誤寫成 1987
年。

頁 1222　**編譯館**　詞條和參考資料都用「國立編譯館」，《出版史
研究》第 3 輯有兩篇文章〈國立編譯館與部定大學用書〉、〈國
立編譯館述略〉，也都是用「國立編譯館」，不知詞目為何用
「編譯館」，那「臺灣省編譯館」呢？又，詞條內文疑漏 4
字，原文是「掌理關於學術文化書籍及教科圖書之編譯事
宜」，漏「以」、「與審查」。全文應該是這樣的：「以掌理關
於學術文化書籍及教科圖書之編譯與審查事宜」。詞條中說
明了職掌與工作，未提到組織編制。

頁 1225-1226　蔣渭水　詞條末段未寫蔣之著作，應說明「著作有《蔣渭水全集》行世」。

頁 1232　蔡培火　詞目所附的卒年為 1983 年，詞條寫 1982 年過世，未統一。

頁 1242-1243　鄭用錫　詞條寫「著有《北郭園集》」，可是卻另有《北郭園全集》的詞目（頁 230），兩詞目又都是同一撰稿人，令人不解。該《全集》臺灣大學圖書館總館及文學院圖書館都有收藏。

頁 1247　鄭南榕自焚事件　詞條中有「刊出許世楷所起草的臺灣共和國憲法草案，被高檢署以涉嫌叛亂偵辦」。建議這樣寫：「刊出許世楷所起草的『臺灣共和國憲法草案』，被高檢署以涉嫌叛亂罪起訴偵辦」。

頁 1249　鄭家珍　詞條最後一句「今所刊《雪蕉山館詩集》，多寓竹之作」。可是卻另有《雪蕉山館詩草》的詞目（頁 863），疑為同一本書。兩詞目都是同一撰稿人，所寫書名不同，令人費解。

頁 1251　鄭經西征　詞條與翁佳音撰「鄭經」詞條內容部分重複，因此，建議取消「鄭經西征」詞目，內容併入「鄭經」詞條。又「鄭經」出現在頁 1241，「鄭經西征」出現在頁 1251，中間相隔 10 頁 37 詞目，這種排檢方法，不合乎科學。

頁 1252-1253　鄭鵬雲　可供交互參照之詞條列有《臺海擊缽吟》，「吟」字後漏「集」，正確的是《臺灣擊缽吟集》。

頁 1253　鄧雨賢　詞條寫鄧雨賢「1929 年赴日本東京音樂學院改學習作曲」，《文化事典》詞條寫 1928 年，說法不同。日前

有記者林曉雲報導鄧雨賢生平，說一生發表近50首歌曲。

頁1262-1263　**戰鬥文藝**　參考資料列《戰鬥文藝論》，作者王集叢誤為王華叢。

頁1265　**歷史博物館**　詞條中有「未來該館規畫將分為……」、「同時亦將朝向國家級博物館發展」。辭典是最忌諱使用「未來規畫將……」、「將朝向」這些不確定性語言。這些字眼經過五校過關，也表示校對人員和責任主編不知辭典體例為何物了。

頁1275-1276　**賴尚和**　可供交互參照之詞條，列「樂生院」、「臺灣省立樂生療養院」。「樂生院」宜改稱「樂生療養院」（頁1213），「臺灣省立樂生療養院」應予以刪除，因為《歷史辭典》並未收此詞條。

頁1278-1279　**錢穆**　詞條從頭到尾隻字未提錢穆的著作，亦未提54冊的全集。

頁1286　**戴國煇**　詞條中所列舉的中文著作，有些是日文。遠流出版公司和南天書局出版的是《戴國煇文集》，非《全集》。（編者按：本書第四版已改為「文集」。）又曾任中國文化大學史學所專任教授，非詞條中所說「歷史所專任教授」。

頁1289　**環球遊記**　詞條開始寫「《環球遊記》乃霧峯林獻堂所著」，只保留「林獻堂著」或「林獻堂撰」即可。詞條首句重複詞目是不對的。詞條中「……瑞士等10國」，「等」字宜刪。「極受讀者歡迎」，用「頗受讀者歡迎」。「林獻堂去世」，改「林獻堂逝世」或「林獻堂辭世」。以上建議都是為了辭典釋文用語規範化。

頁 1310-1311　**簡吉**　詞條寫生年為 1905 年。《文化事典》與《傳
記文學》第 88 卷第 4 期楊渡〈臺灣農民運動的先驅——簡
吉〉乙文都寫生年為 1903 年。被捕日期,《歷史辭典》寫
1950 年,《文化事典》寫「1951 年簡吉被國民黨政府逮捕後
槍殺」,楊渡文章則寫 1951 年 3 月遭槍決。《歷史辭典》「簡
吉」詞條最後寫「身後留有日治時期在獄中部分日記」,楊
渡文章說該日記已於 2004 年公布。建議本詞條可根據(或
參考)楊渡文章再修訂。

頁 1341　**櫟社**　可供交互參照之詞條,可增列「南社」、「瀛社」。

頁 1358　**續修臺灣府志**　詞條中有「(臺灣)府志之續修乃以范志
為底本,增補 1747 年以後史事,稱《續修臺灣府志》,學者
稱為「余志」。余志共 26 卷、首 1 卷……」。此段文字說以
「范志為底本」,不如說保存《范志》的綱目與體例,如仍
分為 12 綱(或 12 門):封域、規制、職官、賦役、典禮、
學校、武備、人物、風俗、物產、雜記(園亭、寺廟、災祥
等)、藝文。雖然較《范志》增 1 卷,那是「藝文」原為 6
卷,《余志》擴為 7 卷。

頁 A002　**附錄目次**　《歷史辭典》另有附錄--冊,包括參考書目、
附表、關鍵字總索引三部分,共 495 頁,佔正文的 36%,少
見辭典的附錄佔那麼高的比例。一般的歷史辭典附錄都有大
事記,《歷史辭典》反而缺這一部分。其中,就「參考書目」
收錄的資料來看,改稱「參考文獻」較為切題。將來增訂再
版時,建議增列四本書:1.向山寬夫著,楊鴻儒、陳蒼杰、
沈永嘉合譯《日本統治下的臺灣民族運動史》,分上下兩冊,

共二千頁。多年前黃天橫先生贈送筆者這套書時，曾大略翻閱一下，發現有幾點特色：(1)每一章節都有詳細的注釋，(2)引用很多檔案文獻，(3)正文中有 48 個表，(4)正文後有 300 頁的年表和 130 頁的索引。日前為了《歷史辭典》的部分詞條，把書中有關章節讀了兩遍，覺得寫得既詳細又客觀，可惜卻未被《歷史辭典》和《文化事典》所引用。2.魏秀梅《清代職官表附人物錄》，《歷史辭典》有些人物生卒年不詳的，在這本書可以找到答案。3.吳密察著《臺灣近代史研究》，記得書中有一長文談「臺灣民主國」，《文化事典》和《雲五社會科學大辭典》第 12 冊歷史學，都有收錄「臺灣民主國」，惟獨《歷史辭典》未收入詞條，希望將來再版時增列，並參考吳密察的文章。4.林慶彰主編，何淑蘋編輯的《日治時期臺灣知識分子在中國》，書中提到的人物有連橫、許地山、張我軍、張深切等，可補《歷史辭典》相關詞條釋文之不足。

頁 A003　參考書目的凡例第 3 條「撰寫格式」，宜改為「著錄項目」。又，附錄包括 3 部分，各有「凡例」，少見這種體例，多數以「說明」代替。

頁 A011　辛廣偉《臺灣出版史》的出版社是河北教育出版社，誤為河北人民出版社。

頁 A014　《清代名人傳》的出版社是青海人民出版社，誤為人民出版社。

頁 A018　《閩南現代史人物錄》的出版社是中國華僑出版社，誤為中國華僑市。此書又與頁 A032 重複著錄。

頁 A023　《臺灣文學史綱》的出版社是文學界雜誌社，誤為文學

雜誌社。

頁 A024　《簡明大英百科全書》與頁 A030 重複著錄。出版社應寫
　　　　「臺灣中華書局」。

頁 A029　《王育德全集》的出版社是草根出版公司，誤為「卓根」
　　　　出版社。

頁 A032　收錄公論報社的《臺灣年鑑》，漏收較重要的，由臺灣新
　　　　生報社出版的《臺灣年鑑》。

頁 A040　《裨海紀遊》誤為《裨海記遊》。

頁 A044　《鄭氏史料續編》誤為《鄭氏史料續輯》。

頁 A045　《法軍侵臺檔補編》誤為《法軍侵臺檔案補編》。
　　　　《碑傳選集》宜增「錢儀吉輯」。

頁 A046　《庭聞錄》著者疑為劉健，非劉鍵。
　　　　《玉堂薈記》誤為《天堂薈記》。
　　　　《閩中紀略》作者洪若皋誤為洪若皐。

頁 A067　莊宜文誤為蔣宜文。

頁 A276　《正氣》創刊日期為 1946 年 4 月 1 日，誤為 4 月 15 日。

頁 A278　《臺灣貿易》刊期著錄「不詳」，按該刊為「月刊」，創
　　　　刊號都會注明刊期。
　　　　《臺灣省博物館季刊》誤為《省立博物館館刊》。

頁 A279　《臺旅月刊》創刊日期為 1949 年 2 月 10 日，誤為 2 月
　　　　20 日。《文獻專刊》創刊日期為 1949 年 8 月 15 日，誤為 8
　　　　月 5 日。漏收 1949 年 8 月 15 日創刊的《進步論壇》，臺灣
　　　　大學圖書館有收藏。

頁 A430　關鍵字索引　《歷史辭典》提到「原住民」共計 223 次，

　　卻未當詞條收錄，不知收錄標準何在？類似的情形還有：民
報、臺灣民報、臺灣新生報、公論報、臺中州、臺灣府、臺
灣民主國、施琅、皇民化運動、紳章、泰雅族、鄒族、矮靈
祭、開山撫蕃、鄉試、吳三連文學獎。未列入關鍵字索引的
有「臺大哲學系事件」。將來再版時，希望參考慮收錄上列
詞條。

頁 A461　廖溫魁與廖文奎係同一人，宜合併為一條。

頁 A464　臺北斷髮不改裝會·130，應刪除。頁 1310 所列的詞目
是「斷髮不改裝會」，無「臺北」二字。

頁 A466　臺灣文化協進會，詞條出現的頁數是第 1077 頁到 1078
頁，非索引上所列第 1078 頁。

頁 A473　臺灣總督府　刪頁 92，頁 169 改 168。

版權頁 列舉第一校至第五校校對人員名單，共 32 人次。這些名單
不宜出現在版權頁，應改列在正文前頁 6「本辭典工作者名
單」。又，版權頁共 38 行，列有發行單位，有編輯製作單位，
卻未見出版單位。這種版權頁是少見的。

　　順便提到版權頁上端所列「國家圖書館出版品預行編目資
料」，資料中責任者項列許雪姬、薛化元、張淑雅等，對照版權
頁提供的四名撰文者，依序為：許雪姬、薛化元、吳文星、張淑
雅，不知何故，捨第三名的吳文星，採用第四名的張淑雅。在《歷
史辭典》工作者名單中，吳文星有三項排名第一，一是三名顧問
中，排名第一；二是十名編審委員中，排名第一；三是第二階段
（最後階段）五名審查委員中，排名第一。何況，就筆者讀過的

詞條，吳文星是所有撰稿人中寫得最好的。筆者認為圖書館的編目人員在著錄責任者項時，宜尊重出版社提供的名單順序，不宜自行更換。（見圖二）

　　《歷史辭典》的附錄另有版權頁（見圖三），其中責任者照樣寫撰文：許雪姬、薛化元、吳文星、張淑雅等（共 141 位）。國家圖書館出版品預行編目資料的責任者項，錯誤照抄。正文（另一冊）才有「撰文」，撰文指寫作，如撰稿或撰述、撰寫。附錄包括三部分：參考書目、附表、關鍵字總索引。此部分國家圖書館編目人員亦認為是「撰文」，似有未妥。《歷史辭典》自己寫的是「執行製作」、「附表製作」、「校正」，圖表可用製作，書目、索引通常用「編」、「編輯」。何況附錄的製作人均無撰文所列四人姓名。因此，附錄的責任者項宜著錄蔡說麗、劉世溫、王美雪等製作。本文最後建議這一部《歷史辭典》，不需要有兩種版權頁。

　　（本文原刊載於 2007 年 6 月《佛教圖書館館刊》第 45 期）

圖二、《臺灣歷史辭典》版權頁書影

國家圖書館出版品預行編目資料

臺灣歷史辭典＝Dictionary of Taiwan History／許雪姬、薛化元、張淑雅等撰文.
-- 一版. -- 臺北市：文建會, 2004〔民93〕
面：　　公分

ISBN 957-01-7429-3（全套：精裝）--
ISBN 957-01-7430-7（精裝）
1.臺灣 - 歷史 - 字典, 辭典

673.2204　　93009454

臺灣歷史辭典

發行人：陳郁秀

總策畫：許雪姬
撰文：許雪姬、薛化元、吳文星、張淑雅等（共141位）
附表製作：蔡說麗、王美雪
編撰研究：中央研究院近代史研究所

責任主編：周惠玲
執行編輯：蔡說麗、賴佳慧、陳羿穎
圖片編輯：葉益青、陳彥仲
圖片攝影、翻拍：胡文青、徐志初、黃智偉、陳輝明、廖俊彥
校讀：一校／蔡說麗、劉世溫、林志菁、林秀娟、鄭安睎
　　二校／許雪姬、蔡說麗、王美雪、劉世溫、林志菁、林秀娟、許純瑜、陳錦輝、周瀞、
　　　　胡文青、施雅棠、葉益青、陳羿穎
　　三校／許雪姬、陳錦輝、蔡說麗、周惠玲、葉益青、陳羿穎、陳重亨、陳彥仲、胡文青
　　四、五校／許雪姬、周惠玲、陳羿穎、葉益青、蔡說麗
美術總監：唐壽南
版面構成：賴雲雀、林美君、連千儀、葉惠婷
排版印製：中原造像股份有限公司

發行單位：行政院文化建設委員會
地址：臺北市北平東路三十之一號
劃撥帳戶：行政院文化建設委員會員工消費合作社
劃撥帳號：10094363　網路書店網址：http://books.cca.gov.tw
客服專線：(8862) 2343-4168　傳真：(8862) 2394-6574
GPN：1009301668

編輯製作：遠流出版事業股份有限公司
地址：臺北市100中正區南昌路二段八十一號六樓
電話：(8862) 2392-6899　傳真：(8862) 2392-6658
劃撥帳號：0189456-1
香港發行：遠流（香港）出版公司
地址：香港北角英皇道310號雲華大廈四樓505室
電話：(852) 2508-9048　傳真：(852) 2503-3258
著作權顧問：蕭雄淋律師
法律顧問：王秀哲律師、董安丹律師
ISBN：957-01-7429-3（全套：精裝）　ISBN：957-01-7430-7（正文：精裝）
YLib遠流博識網　http://www.ylib.com　E-mail:ylib@ ylib.com

一版一刷：2004年5月18日
二版一刷：2004年9月1日
三版一刷：2005年1月20日
四版一刷：2006年9月25日
訂價：新台幣3000元（含附錄、盒套，全套不分售）
香港售價：港幣1000元
若有缺頁破損，請寄回更換　版權所有，未經許可禁止翻印或轉載　Printed in Taiwan

圖三、《臺灣歷史辭典：附錄》版權頁書影

國家圖書館出版品預行編目資料

臺灣歷史辭典（附錄）＝Dictionary of Taiwan
history／許雪姬、薛化元、張淑雅等撰文.
-- 一版. -- 臺北市：文建會, 2004〔民93〕
　面；　　公分
參考書目：面
含索引.
ISBN 957-01-7431-5（精裝）
1.臺灣 - 歷史 - 字典, 辭典

673.2204　　　　　　　　　　93009456

臺灣歷史辭典【附錄】

發行人：陳郁秀

總策畫：許雪姬
撰文：許雪姬、薛化元、吳文星、張淑雅等〈共141位〉
附表製作：蔡說麗、王美雪
編撰研究：中央研究院近代史研究所

責任主編：周惠玲
執行編輯：蔡說麗、賴佳慧、陳羿緻
圖片編輯：葉益青、陳彥仲
圖片攝影、翻拍：胡文青、徐志初、黃智偉、陳輝明、廖俊彥
校讀：一校／蔡說麗、劉世溫、林志菁、林秀娟、鄭安晞
　　　二校／許雪姬、蔡說麗、王美雪、劉世溫、林志菁、林秀娟、許純瑜、陳錦輝、周藹、
　　　　　　胡文青、施雅棠、葉益青、陳羿緻
　　　三校／許雪姬、陳錦輝、蔡說麗、周惠玲、葉益青、陳羿歐、陳重亨、陳彥仲、胡文青
　　　四、五校／許雪姬、周惠玲、陳羿緻、葉益青、蔡說麗
美術總監：唐壽南
版面構成：賴雲荘、林美君、達千儀、葉惠婷
排版印製：中原造像股份有限公司

發行單位：行政院文化建設委員會
地址：臺北市北平東路三十之一號
劃線帳戶：行政院文化建設委員會員工消費合作社
劃線帳號：10094363　網路書店網址：http://books.cca.gov.tw
客服專線：(8862) 2343-4168　傳真：(8862) 2394-6574
GPN：1009301669

編輯製作：遠流出版事業股份有限公司
地址：臺北市100中正區南昌路二段八十一號六樓
電話：(8862) 2392-6899　傳真：(8862) 2392-6658
劃線帳號：0189456-1
香港發行：遠流（香港）出版公司
地址：香港北角英皇道310號雲華大廈四樓505室
電話：(852) 2508-9048　傳真：(852) 2503-3258
著作權顧問：蕭雄淋律師
法律顧問：王秀哲律師、董安丹律師
ISBN：957-01-7429-3（全套：精裝）　957-01-7431-5（附錄：精裝）
YLib遠流博識網　http://www.ylib.com　E-mail:ylib@ ylib.com

一版一刷：2004年5月18日
二版一刷：2004年9月1日
三版一刷：2005年1月20日
四版一刷：2006年9月25日
訂價：新台幣3000元〈含正文・附錄・盒套，全套不分售〉
香港售價：港幣1000元
若有缺頁破損，請寄回更換　　版權所有，未經許可禁止翻印或轉載　Printed in Taiwan

附 記

　　筆者在圖書館服務期間，都從事與工具書有關的工作，早期實際參與二次文獻的編輯工作，如期刊聯合目錄、期刊指南、報刊論文分類目錄、工具書指南等；後來又參與三次文獻的規劃和編纂工作，如年鑑、大事記、辭典等。解嚴後，把關注的焦點轉移到探討中國人文、社會科學工具書的編輯和出版，尤其是對語文、專科和綜合性三種詞典，如《現代漢語詞典》、《辭海》、《大辭海》、《中國歷史大辭典》、《哲學大辭典》的編纂規範化，特感興趣，認為可供我們參考和借鏡，尤其是對中國所編纂有關臺灣的專科辭典，無不全力蒐集。結果發現在量的方面，竟然比臺灣所出版的還要多，雖然在史觀和內容上有諸多錯誤，但在編纂體例方面，仍有他們的特色。自然而然很期望國內也能出版幾部夠水準的專科辭典，所以當 2004 年 5 月報紙上刊登《臺灣歷史辭典》的出版消息，和對總策畫許雪姬教授的專訪後，立刻到南昌路的出版公司購買一部，經過一個月的抽樣閱讀，初步發現幾個問題，如全書缺少詞目分類目錄、正文前缺一篇文長至少在一萬字以上的臺灣四百年概覽性、概括性文章，具有導讀、引言的作用和功能。其二，可能未先擬訂編寫條例或編寫體例，導致詞條的寫法、用詞未規範化，較具體的說，如詞條首句又重複詞頭（詞目），詞條首句的概括語或定性語不夠精準，或詞條中引文過多、過長，這一部分常常出現在期刊詞條引用太多、太長的發刊詞。其他小缺點亦多，較普遍或較嚴重的是不少詞條所列舉的參考資

料讓人無法與詞條的關係產生聯想，舉一個例子，如「三民主義」的詞條，列舉的參考資料是薛化元的《民主憲政與民族主義的辯證發展：張君勱思想研究》，這種參考資料與「三民主義」有何關係，聯想不起來，這種例子太多了。事實上，著作、方志類詞條，並不需要都列參考書目，撰稿者必須精研這些著作、方志，提出自己權威的看法。又引用資料要具有權威性，未正式出版的學位論文，無從檢驗是否具有權威性，國外編寫辭典或百科全書是不引用未出版的學位論文的，《歷史辭典》的參考資料列舉太多的學位論文是很不妥的。又如，部分詞條的釋文，如人物、著作、事件等，涉及褒貶的形容詞，這是詞典類工具書應避免的。

話又說回來，像這樣重要的工具書出版後，遲遲未見書評，這是學術界、出版界和書評界罕見的，於是筆者乃自告奮勇，在2005 年 10 月藉上課的機會，與三位碩二學生和兩位剛剛從大學考入碩一的學生合作，分別從人物、著作、期刊、插圖、體例、輔文和版式設計幾個角度，來合評《歷史辭典》，不到一年的時間，先後完成報告。原先並無出書計畫，後來中央研究院中國文哲研究所林慶彰教授獲悉此事，鼓勵予以出版，並惠允為此書寫一序言。這段期間還得到臺北市立教育大學中國語文學系主任葉鍵得教授的關心和鼓勵。在本書編寫和編輯過程中，芳如出力最多，一個人就寫了兩篇文章，編了一份〈失當詞條索引〉，包辦了全書的裝幀和版式設計。楷萱除了撰寫著作詞條外，還熱心擔任起同學之間的聯繫事宜。嘉倩的題目是對輔文方面提出看法和評論，其間還利用部分材料，在一場專科工具書編輯研討會上發表有關的論文，獲得在場聽眾的好評。晏瑞寫了版式設計的意見

和評論，並擬了一份《歷史辭典》的編輯體例，這段期間也抽空
在上述一場研討會上發表有關的論文，都得到聽眾的共鳴。淑芬
的碩士論文，擬探討現代文學期刊，所以就由她來評《歷史辭典》
中期刊的詞條。這幾位研究生都是第一次嘗試這種書評工作。一
年來，他們努力學習考證的方法，學習找原始資料的方法，他們
始終抱持戒懼謹慎的學習態度，文章內容都是經過充分的討論。
事實上本書早已完稿，楷萱希望能早日出版，筆者何嘗不希望早
日看到研究成果能與世人見面，但是這究竟是國內首見合評一部
重要的專科辭典，無前例可援，評論者都沒有臺灣史的學科背
景，不過想到藉此機會，拋磚引玉，提倡工具書書評的風氣，未
嘗不是一件好事，就答應儘快付印。以上略述成書經過。本書的
出版要感謝林慶彰教授的鼓勵、指導、推介和為本書命名，要感
謝向以出版學術著作著稱和聞名國外漢學界的臺灣學生書局總
經理鮑邦瑞生生及書局總編輯陳仕華教授給我們這個機會，實現
我們的夢想。本書付梓前未及當面向許所長雪姬教授請益和聆聽
教誨，只有先託國家圖書館羅金梅小姐向許所長報告此事。由於
我們都缺乏史學的專業訓練，錯誤知所難免，敬請臺灣史的學
者、專家和讀者不吝指教。

參考文獻

（古籍排在類別最前面，餘皆以著作者姓氏筆畫爲序排列，筆
畫相同者，再以出版先後爲序）

一、專書

〔清〕尹士俍纂修、李祖基點校　臺灣志略　北京：九州出版社
　　2003 年

〔清〕尹士俍纂修、李祖基標點校注　臺灣志略　香港：香港人民
　　出版社　2005 年

〔清〕江日昇撰、劉文泰等點校　臺灣外誌　濟南：齊魯書社　2004
　　年

二二八事件文獻輯錄專案小組編　二二八事件文獻輯錄　南投：臺
　　灣省文獻委員會　1992 年

中央研究院近代史研究所編　二二八事件資料選輯　臺北：中央研
　　究院近代史研究所　1992 年

中國方志叢書　臺北：成文出版社　1983-1985 年

白先勇編　現文因緣　臺北：現文出版社　1991 年 12 月

吳幅員　臺灣文獻叢刊提要　臺北：臺灣銀行經濟研究室　1977 年
　　6 月

李壬癸　臺灣原住民史‧語言篇　南投：臺灣省文獻委員會　1999

年

李今山、范作義等著　中國年鑑編纂規範化　北京：中國書籍出版
　　社　1994 年 10 月

李敖　文化論戰丹火錄　臺北：文星書店　1965 年 2 月

李敖　傳統下的獨白　臺北：文星書店　1965 年 7 月

李敖　李敖回憶錄　臺北：商業週刊出版公司　1997 年 5 月

李純青　望臺灣　北京：經濟日報出版社　1991 年 6 月

李篤恭編　礦溪一完人：賴和先生冥誕百年紀念文集　臺北：前衛
　　出版社　1994 年 7 月

李錦容　臺灣女英雄陳翠玉　臺北：前衛出版社　2003 年 3 月

杜聰明　回憶錄：臺灣首位醫學博士杜聰明　板橋：龍文出版社
　　2001 年 5 月

辛廣偉　臺灣出版史　石家莊：河北教育出版社　2000 年 8 月

卓甫見　陳泗治——鍵盤上的遊戲　臺北：時報文化出版公司
　　2002 年 12 月

林玉山主編　辭書學概論　福州：海峽文藝出版社 1995 年 12 月

林淑眞　張彩湘——聆聽琴鍵的低語　臺北：時報文化出版公司
　　2002 年 12 月

封德屏總編輯　《文訊》200 期　臺北：文訊雜誌社　2002 年

柯平編著　文獻目錄學　開封　河南大學出版社　1998 年 8 月

胡明揚、謝自立等編著　辭典學概論　北京：中國人民大學出版社
　　1982 年

夏祖麗　從城南走來——林海音傳　臺北：天下遠見出版公司
　　2001 年 12 月

徐慧鈺編著　林占梅資料彙編(一)～(三)　新竹：新竹市立文化中心
　　1994 年 6 月

國立臺灣美術館編　臺灣美術地方發展史全集　臺北：日創社文化
　　2003 年

國家圖書館編印　臺灣歷史人物小傳——明清暨日據時期　臺北：
　　國家圖書館　2003 年 12 月

張炎憲、陳傳興主編　清水六然居：楊肇嘉留眞集　臺北市：吳三
　　連臺灣史料基金會出版　2003 年

張炎憲主編　王添灯紀念輯　臺北：吳三連基金會臺灣史料中心
　　2005 年 3 月

陳炳迢　辭書編纂學概論　上海：復旦大學出版社 1991 年 3 月

陳捷先　清代臺灣方志研究　臺北：臺灣學生書局　1996 年

陳芳明　危樓夜讀　臺北：聯合文學出版社　1996 年 11 月

陳郁秀、孫芝君　張福興——近代臺灣第一位音樂家　臺北：時報
　　文化出版公司　2000 年 3 月

彭小妍主編　漂泊與鄉土——張我軍逝世四十週年紀念集　臺北：
　　行政院文化建設委員會　1996 年 5 月初版

游淑靜等著　出版社傳奇　臺北：爾雅出版社　1981 年 7 月

傳記文學　臺北：傳記文學雜誌社　2003 年

楊祖希、徐慶凱　專科辭典學　成都：四川辭書出版社　1991 年 8
　　月

臺灣省行政長官公署統計室編　臺灣省五十一年來統計提要：民國
　　前十七年至民國三十四年　臺灣省政府主計處重印　南投：
　　臺灣省政府主計處　1994 年

臺灣省文獻委員會編　臺灣近代史：社會篇　南投：臺灣省文獻委
　　員會 1995 年

臺灣省文獻委員會編　臺灣近代史：政治篇　南投：臺灣省文獻委
　　員會 1995 年

臺灣省文獻委員會編　臺灣近代史：經濟篇　南投：臺灣省文獻委
　　員會 1995 年

臺灣省文獻委員會編　臺灣近代史：文化篇　南投：臺灣省文獻委
　　員會 1997 年

魯迅　魯迅全集第 4 卷　北京：人民文學出版社　1981 年版

應鳳凰、鐘麗慧　書香社會　臺北：行政院文化建設委員會　1984
　　年 6 月

闕道隆主編　實用編輯學　北京：中國書籍出版社　1995 年 6 月 2
　　版

魏永竹、李宜鋒主編　二二八事件文獻補錄　南投：臺灣省文獻委
　　員會　1992 年

魏永竹主編　二二八事件文獻續錄　南投：臺灣省文獻委員會
　　1992 年

龔顯宗編　沈光文全集及其研究資料彙編　臺南：臺南縣立文化中
　　心　1998 年 12 月

二、工具書

中國大百科全書出版社　中國大百科全書・戲曲・曲藝　1983 年 8
　　月第 1 版

中國歷史大辭典編纂委員會編纂　中國歷史大辭典　上海：上海辭

書出版社　2000 年

中國社會科學院語言研究所詞典編輯室編　現代漢語詞典（2002 年增補本）　北京：商務印書館　2004 年

包恒新　台灣知識詞典　福州：福建人民出版社 1988 年 11 月

佟建寅主編　台灣歷史辭典　北京：群眾出版社 1990 年 12 月

林礽乾、莊萬壽、陳實明、張瑞津、溫振華總編輯　臺灣文化事典　臺北：國立臺灣師師範大學人文教育研究中心　2004 年 12 月

封德屏編　臺灣文學雜誌展覽目錄　臺北：文訊雜誌社 2003 年

哲學大辭典編輯委員會編　哲學大辭典（修訂本）　上海：上海辭書出版社　2001 年

許雪姬總策畫　臺灣歷史辭典　臺北：遠流出版公司　2004 年 5 月 1 版

楊碧川　臺灣歷史辭典　臺北：前衛出版社　1997 年 8 月

廣東外語外貿大學詞典學研究中心、上海市辭書學會、辭書研究編輯部編　二十世紀中國辭書學論文索引　上海：上海辭書出版社　2003 年 11 月

辭海編輯委員會編纂　辭海　上海：上海辭書出版社　1999 年

邊春光主編　編輯實用百科全書　北京：中國書籍出版社　1994 年 12 月

三、期刊、報紙論文

一部紀念臺灣省光復的巨著——臺灣省五十一年來統計提要，《中央日報》，1947 年 7 月 10 日，第 1 版

丁原基：〈尋溯臺灣文化的指南——評《臺灣文化事典》〉，《全

國新書資訊月刊》，2005 年 10 月

史延：〈試論歷史辭典的編纂〉，《辭書研究》，1988 年第 5 期，1988 年 9 月

吉光、周宏文：〈隨文插圖探微〉，《新疆地方志》，1995 年第 1 期

林飆 ：〈紅花還需綠葉扶──談辭書插圖〉，《辭書研究》，1992 年第 2 期，1992 年 3 月

林飆 ：〈縱談《辭海》的插圖〉，《辭書研究》，1996 年第 5 期，1996 年 9 月

夏南強：〈談辭書的凡例〉，《辭書研究》，2002 年第 2 輯，2002 年 3 月

孫立群：〈《漢語大詞典》插圖的特點與工藝流程〉，《辭書研究》，1994 年第 3 期，1994 年 5 月

徐潔：〈談談中國古籍插圖的幾種類型〉，《圖書館建設》，2001 年第 1 期

晏雁：〈索引的輔助手段〉，《辭書研究》，1994 年第 2 期，1994 年 3 月

張蕙：〈調查研究是編好工具書的第一步〉，《辭書研究》，1991 年第 1 期，1991 年 1 月

連健生：〈《教育大辭典》的收詞與釋義〉，《辭書研究》，1992 年第 6 期，1992 年 11 月

陸福慶：〈專科辭典編輯加工的常見失誤〉，《辭書研究》，1995 年第 2 期，1995 年 3 月

曾大力：〈談談專科辭典的附錄〉，《辭書研究》，1995 年第 2 期，

1995 年 3 月

劉士忠：〈圖像的文獻價值與百科全書知識的完整性——百科全書圖像功能初探〉，《辭書研究》2006 年第 1 輯，2006 年 2 月

劉玲：〈也談辭書的「凡例」〉，《辭書研究》，2003 年第 1 輯，2003 年 1 月

劉尊棋：〈辭書要有好插圖〉，《辭書研究》，1983 年第 3 期，1983 年 5 月

潘長勝：〈專科辭書編纂中幾個值得注意的問題〉，《辭書研究》，1995 年第 6 期，1995 年 11 月

鄧衛華：〈從「凡例」的作用論其規範化〉，《辭書研究》，2003 年第 1 輯，2003 年 1 月

龍遂碧：〈檢字法・字序・索引〉，《辭書研究》，1995 年第 5 期，1995 年 9 月

釋自衍採訪：〈論工具書編輯——專訪張錦郎老師〉，《佛教圖書館館訊》第 34 期，2003 年 6 月

釋自衍採訪：〈二次文獻的編輯——專訪張錦郎老師談書目索引的編製〉，《佛教圖書館館刊》第 41 期，2005 年 6 月

顧敏耀：〈《臺灣歷史辭典》詞條商榷：以王見川撰〈李炳南〉條為例〉，《歷史月刊》，2006 年 7 月

附錄一：試擬《臺灣歷史辭典》編例

前言

　　鑑於近二、三十年來，臺灣歷史研究有了長足的發展，除了相繼投入臺灣史研究的研究生增多外，學界也開始重視日治時期的臺灣史研究。在新課程綱要實施後，中小學課程中，臺灣史的篇幅大幅增加。在這樣的社會環境下，迄今卻只有楊碧川《臺灣歷史辭典》、吳密察監修《臺灣史小事典》兩部工具書，不免令人遺憾。中央研究院近史所研究員許雪姬教授於是在 1997 年提出了編纂《臺灣歷史辭典》計畫的構想。

　　1999 年年底，這個計畫決定委託中央研究院近代史研究所來進行，於 2000 年六月開始。計畫編纂一部收錄詞目完整、內容豐富、圖文並茂的辭典，以供入門者隨手檢索，以及學者案頭參考之用。

　　《臺灣歷史辭典》是一部具有文化保存價值的大型辭典，出版任務艱鉅。現擬定〈《臺灣歷史辭典》編例〉印發，希望編纂者據此執行，以保證《臺灣歷史辭典》體例的統一，並減少體例錯誤，加速編纂的進行。

1 辭典架構

1.1 收詞範圍

1.1.1 內容範圍

　　內容範圍包括：人物、組織（包括機構、團體、公司、基金會、詩社、出版社等）、事件（包括戰役、政變、慘案、案件、冤獄、罷工等）、地名、文件（包括法律、法規、條約、宣言等）、會議、作品（包括著作、志書、期刊、報紙等）七部分。

關於人物

- 只收去世的人物，不收在世人物。
- 所收人物要有一定的知名度，有查閱的可能，或對臺灣有貢獻，經歷較為特殊者為限。
- 政治人物的收錄原則，政府以五院院長級以上人物為主；政黨以總裁、總理、創辦人、黨主席為主。若其施政對臺灣有重大影響者，則不在此限內。
- 選收外國人物在詞目單上要注明外文全名和生卒年。

關於組織

- 政治、經濟、社會、教育、文化等方面的組織機構（含企業），選收有重要地位或歷史悠久影響較大者。
- 學會、協會、研究機構的選收必須同時具備兩個條件：綜合

性的或全國性的。較小學科的和地區性的不收。

· 公私立大學選收有較高知名度，且歷史悠久的。

關於事件

· 包含：政變、案件、慘案、冤獄、罷工、改革運動、戰役、社會事件、社會救濟、動亂等。

· 其選取以對臺灣的影響深遠程度為取決標準。

關於地名

· 舊地名的選取，以對臺灣的發展具有重要性，且目前已有研究成果者。史前文化遺址擇其要者介紹。

關於文件

· 包括法律、法規、政策、法令、條約、宣言、制度等，有重大歷史意義者一律收錄。

· 關於清代典章制度部分詳加收錄。

· 二次戰後以經濟政策、法令為主，若有些法令、政策仍在執行者亦加收錄。

關於會議

· 國民大會歷次會議全收，其他政府會議有重要意義的。

· 各政黨會議有重要歷史意義的，以及外國及國際會議對臺灣有重大影響的。

· 學術性會議除對臺灣歷史有重大貢獻者外，原則上不收。

關於作品

· 對於研究臺灣史的重要著作、史料、臺灣出版的重要報章雜誌均加收錄。
· 文藝作品（包括文學、美術、音樂、戲劇、電影、舞蹈等）選收有重要地位和影響者，詞目不宜過多。
· 在世人物的作品若符合以上標準者亦可收錄。
· 單篇作品的選收要從嚴掌控。

1.1.2 時間範圍

收詞的時間範圍起於史前，迄於西元 2000 年。

1.1.3 地點範圍

地點以臺灣為主，若發生地點不在臺灣，但其人、事、物對臺灣有影響者，亦應收錄。

1.2 收詞原則

· 本著古今中外兼收並蓄的方針，凡有關臺灣歷史的人物、組織、事件、地名、文件、會議、作品等，凡是讀者可能查閱的，均在選收之列。
· 吳密察監修《臺灣史小事典》和楊碧川著《臺灣歷史辭典》所收詞目原則上全收，並在此基礎上擴充。

- 《臺灣歷史辭典》的編纂目的是總結這二、三十年來臺灣史研究之大成，讀者對象設定為「學者案頭參考，入門者隨手檢索之用」，收詞原則顧及入門者隨手查閱，因此要避免過專、過細。
- 選收詞目，首先要考慮讀者在學習、工作中解惑釋疑的需要，兼顧臺灣歷史的體系，要注意實用性和系統性的結合。
- 詞目必須是詞、固定詞組和定型的短句，不要把自由詞組和一般句子列為詞目。
- 基本的、重要的詞目必須收列齊全，不可遺漏。
- 在詞目上要反應文化發展的最新成果。
- 對稱的詞目必須收列齊全不可顧此失彼。

1.3 詞目定名

- 詞目的定名要有權威的根據，如：政府機關文件、重要期刊（如：各大學學報）、經典著作、中華民國法律……等。
- 名詞術語有主名和別名、全名和略名的，原則上以主名、全名為正條，別名、略名作參見條；但也要考慮到通用程度和查閱習慣，酌情處理。
- 詞目中譯名的選用，請看本體例《技術規格》中的《外文、譯名》一節。
- 人物原則上以本名作正條，本名不著的，用別名、字號、筆名作正條。外國人名以姓氏作詞頭，已經連名通用者從俗。有複姓的，以複姓做正條，單姓做參見條。

2 辭典釋文

2.1 釋義原則

· 要有正確的國家認同、國家定位的認識，必須依據目前政治
現狀，貫徹國家路線、政策、方針，維護中華民國尊嚴、主
權、利益，慎重處理國家定位問題。

· 觀點和材料相結合，需運用具體事實材料來體現正確觀點，
不要離開事實材料而進行評論。

· 注意準確性，詞義的解釋以及史實、數據、人名、地名、年
代、外文、注音等等，都要運用可靠的資料反覆查核。

· 注意客觀性，尊重事實，需用中性詞語，不使用頌揚性、批
判性的語句。

· 對於臺灣史研究上的問題，已有定論的，按定論介紹；未有
定論或存有爭論者，採取客觀方式介紹的方法做概括性的敘
述，或以介紹目前主要不同的看法處理。

· 注意反映臺灣特色，同時也要注意外國的觀點，以拓展國際
視野。

· 注意穩定性，所引用的材料必須是權威的，詞目的內容也要
在長時間內適用，不寫組織機構現任領導人等經常變動的內
容，人口統計數字要注明年份，並且不用「目前」、「最近」、
「今後」、「即將」等詞語。

· 在穩定性的前提下，要引用最新的研究資料，反映臺灣歷史
研究最新的發展以及最新成果。

- 釋文內容必須緊扣詞目，應是詞目本身應有的解說，不得有發揮、議論、評判、辯駁之類。也要避免應該怎樣、不能怎樣、以後怎樣等命令、指導、臆測的內容出現。
- 編寫和審讀詞目都要有全書整體意識。

2.2 詞目分級

根據詞目的內容繁簡和重要程度，大致規定其級別和字數如下：

一級詞目：500～1000字。

二級詞目：300～500字。

三級詞目：100～300字。

四級詞目：即參見條。

以上限制是大致的規定，個別詞目其內容可根據實際需要增減字數。但一、二級詞目的字數從嚴掌控，以便控制字數。

2.3 釋文程式

人物

- 生卒年和外國人的原名括注緊接在詞目之後，不空格。
- 概括語。
- 頭銜。
- 字號。
- 籍貫。
- 出生地。

- 主要學歷和經歷。
- 主要成就或思想學說。
- 主要著作。
- 不論生前死後，如有出版全集，一定要著錄。

組織（包括機構、團體、公司、基金會、詩社、出版社等）

- 別稱。
- 概括語。
- 成立時間和組成情況。
- 宗旨（難以表述者可介紹其自稱）。
- 沿革。
- 職掌。
- 組織編制。
- 總部所在地。
- 下轄機構。
- 重要出版品、期刊。

事件（包括戰役、政變、慘案、案件、冤獄、罷工、改革運動等）

- 別稱。
- 概括語。
- 主要內容（起因、時間、地點、當事人、經過、結果等）。
- 作用、影響。

地名（包括地方名、地形名）

- 別稱。
- 所在位置。
- 簡況和特色。
- 重點名勝、古蹟、風景區，著名者均須著錄說明。

文件（包括法律、法規、條約、宣言、制度等）

- 別稱、簡稱。
- 施行時間（起、迄，若尚在施行需注明）。
- 重大修訂過程（時間、內容、決策者）。
- 主要決策者。
- 主要內容（背景、過程、決議等）。
- 作用、影響。

會議

- 時間和地點。
- 參加者。
- 主要內容（背景、議題、結果等）。
- 意義和影響。

作品（包括著作、志書、期刊、報紙等）

- 別稱。
- 概括語。（書名條目，凡詞目中已有「全集」、「選集」等足以

表明其為書名者，釋文不必再注「書名」。須加注者，科學著作只注「書名」，不另外加注學科，如「哲學著作」之類；文學作品注「長篇小說」、「短篇小說集」、「劇本」等；藝術作品注「油畫」、「電影」等）。

- 作者。
- 總卷數。
- 創作或出版、停刊時間（尚在出版者，須註明「迄今」)。
- 主要內容或特色。
- 版本、變革情況。

3 編輯規格

3.1 一般規格

釋文在編輯技術上的一般規定，應該遵循以下幾點原則：

- 詞目撰寫在專用稿紙上。分條撰寫，參見條也獨用一張稿紙。
- 詞目寫在稿紙第一行左邊，不加括號，左右各空一格，接著寫釋文需另行起，行前不用空格。詞目後括注外文或生卒年的，括注緊接詞目，釋文需另行起，行前不空格。
- 詞目是作品的，不加書名號；詞目中應有引號的照加，但對詞目中加引號須從嚴掌握，可加可不加的不加。
- 詞目開頭是數字的，除只能用阿拉伯數字的科技名詞用阿拉伯數字外，一般用漢字。
- 釋文開頭不必重複詞頭，也不用「是」、「就是」等詞作中介。

同一個人物詞目下面有幾個人的，要在人物之後著括注生卒
年，外國人還要括注原名，在括注後加句號。接著寫釋文。
· 釋文一般不分段，特級詞目除外。分段需另行起，行前不空
格。
· 字跡要清晰，每個標點符號佔一格。
· 編寫釋文所依據的資料，須在稿紙下方「資料來源欄」中詳
細注明出處，以便核對。
· 撰稿人、審稿人均請在稿紙右下角指定處簽名。

3.2 技術規格

釋文在編輯技術上的技術規定，應視不同項目遵循各項目的
原則。

3.2.1 字體

字體使用正體字，行文實忌參雜異體字。

3.2.2 紀年

· 民國以後一律使用西元紀年，如：1912 年；清以前加年號，
其後括注西元紀年，如：清光緒十一年（1885），日治時期採
日本天皇年號，其後括注西元紀年，如：大正五年（1916）。
· 人物生卒年一律使用西元紀年。農曆生卒月日折算西元紀年
後相差一年者，以折算後西曆年份為準。如：梁實秋生年為
農曆清光緒二十八年（1902）十二月八日，折合西元紀年為

1903 年 1 月 6 日，生年應作 1903 年。（按：有些作家小傳均
寫 1902 年。）其它歷史紀年與此情況相類似者，按此辦法折
算。

‧ 用括號加注的西元年份，均不加「年」字，如：康熙三年
（1164）；抗日戰爭（1937-1945）。

‧ 西元以前的年份，前面加「西元前」，如：西元前 510。

‧ 「年代」的用法一律以 0－9 為一個年代。

3.2.3 古地名加注今地名

‧ 臺灣地區、中國大陸地區古今地名完全相同者，不注今地名。

‧ 古今地名完全不同者，臺灣地區注明縣及鄉鎮名，中國大陸
地區注明省縣；必要時標明方位或治所。

‧ 臺灣地區、中國大陸地區古今縣名相同而所屬行政區已有變
動的，注明今屬行政區。

‧ 中國大陸地區古今省名相同而縣市名已有變動的，注明今縣
市名，臺灣地區縣市名有變動者，亦同。

‧ 加注今地名，不用「省」、「縣」等字樣，中國大陸地區縣名
只一字者例外。縣市同設的地名，如：彰化縣、彰化市，可
酌情標明。

‧ 臺灣地區今地名以中華民國內政部最新公佈之地名為準；大
陸地區今地名以中華人民共和國民政部最新編制的《中華人
民共和國行政區劃簡冊》為準。

‧ 外國的今地名按現在的國名加注。

3.2.4 引文

- 引文需在出處中注明書名、卷次、作者、頁碼和版本。引用不完整語句的可以只括注作者的名字但要在稿紙的「資料來源」檔中注明書的卷頁以便核對。
- 引用政策、法律等文件應以正式出版物為根據。

3.2.5 外文、譯名

加注外文的範圍和格式

- 以下收作詞目的詞語必須在詞目後括注外文，如有相應的外文省略格式，括注時先寫全稱，後標一字線，再出縮略形式。一詞多名的，選注其國際通行程度較高的形式。人名詞目需在外文原名之後列出生卒年，其間以逗號分隔。
- 外國人名：包括真實人物的姓名、筆名、化名、綽號，以及外國文學作品和神話傳說中人物的名字。
- 外國的或國際性的組織機構名：包括各種政治、經濟、軍事、宗教、教育組織，各種社會、學術團體，各種生產、經營、科技、文化、教育、新聞、出版單位等。
- 外國的智慧財產及其載體名稱：包括專著、論文；小說、詩歌、圖畫、雕塑、歌曲等著作權法中所指的各種文學、藝術、科學作品的名稱，以及期刊、報紙、歷史文物的名稱。
- 外國的宗教教派名稱。
- 外國民族和部族的名稱。

漢譯名的選用

- 人名：一般統一按照各語種的《人名譯名手冊》翻譯，手冊中未收錄的，可按相應的譯音表翻譯；某些與譯名手冊規定不一致的原有漢譯名，如屬在一定範圍內較同型的約定俗成譯名，也可採用，但須從嚴掌握；必要時約定俗成的譯名與統一譯名可以並出。
- 地名：統一按照內政部公佈最新《地名譯寫原則》為主。
- 國際性的組織機構名稱：統一按照《世界知識年鑑》翻譯；其他組織機構或者《世界知識年鑑》未收錄的國際組織，採用《中國大百科全書》中的譯名；《中國大百科全書》也未收錄的，可以參照各種專業性的權威工具書翻譯。
- 其他各種詞語，參照《中國大百科全書》或各種專業性權威工具書的譯名翻譯。

注錄外文時使用的語種和字體

- 均用正體字母標注；並根據其所指稱的人物、事物或概念存在於哪個國家，或者根據其是由哪國人命名的，標注相應語種的文字，即「名從主人」。若一個國家通行多種語言，則以國際通用程度較高的官方語言標注。
- 詞目後括注的外文，如從釋文內容可以推知其所屬語種的，不須特意說明；反之則可對英語、日語以外的語種酌加說明。
- 釋文中加注外文的，應當說明語種。
- 說明語種時，措詞均用「X語」。

3.2.6 別稱

- 釋文中提到一般通用的別稱時用「亦稱」，不用「也叫」、「也稱」等。此外可針對不同情況分別用「全稱」、「簡稱」、「原稱」、「舊稱」、「俗稱」等。

- 釋文中提到一般通用的異譯時用「亦譯」。此外可針對不同情況分別用「舊譯」、「音譯」等。

- 釋文中提到別稱時一般加引號。如屬作品名，改用書名號；語詞卷中的人名、地名，須加專名號。

3.2.7 參見

- 釋文中出現的名詞，另有專條解釋而卻有必要參見的，在該名詞左上角加「＊」符號。

- 需要參見的名詞在釋文中未出現，用「參見」。

- 詞目後只有極簡略的解釋，詳細內容需要參見他條的用「詳」字。

- 詞目後無釋文而需要直接參見他條的，若詞目和參見詞不完全相當者用「見」，若詞目和參見詞完全相當者用「即」。

- 用「參見」、「見」、「即」等提及的名詞，一律加引號，即使是人名、地名、作品名，也加引號，不加專名號、書名號，因為需要參見的是一條詞目。

- 用「參見」、「見」、「即」等提及的名詞不再加「＊」符號。

- 加注「參見」或「＊」，符號要從嚴掌握，非十分必要的不加；必須加的，每個詞目以一兩個為宜。

· 參見詞必須查實，絕對避免參見落空，也要避免所提的參見
  詞和該條詞目不一致。

3.2.8 數字

用阿拉伯數字的

· 西曆世紀、年代、年、月、日、時刻。
· 代號、代碼。
· 有統計意義的整數、倍數、小數、百分比、分數、比例等。
· 科技領域中，表示長度、時間、質量、電流、溫度、物質的
  量、強度的量時使用數字。
· 現代著作的卷次、頁碼。

用漢字數字的

· 詞、固定詞組、省略語中做為語素的數字。
· 非科技領域亦無統計意義的整數、倍數、小數、百分比、分
  數、比例等。如：四種產品、五十年來、增加七倍。
· 相臨數字連用表示的概數。如：七八個人，五六十冊。
· 用「多」、「約」、「左右」、「上下」等表示的約數。
· 非西元紀年的年、月、日。
· 事件、節日等詞組中的月日簡稱。如：八七水災。
· 古籍中的數字以及古籍的卷次。

阿拉伯數字的書寫規則

- 小數點起，向左或向右每三位數字為一組，組間空二分之一阿拉伯數字的空隙。
- 純小數必須寫出小數點前的「0」。
- 用阿拉伯數字書寫的數值不能斷開轉行。

3.2.9 計量單位

- 計量單位的使用必需符合經濟部規定的〈法定度量衡單位及其所用之倍數、分數之名稱、定義及代號〉為原則。
- 以範圍號「～」表示數值範圍時，前依數字後不必附加單位，如：2～3 公尺。但數字若為「度」或百分符號，則仍應寫成 2°～3°、30%～50%。

3.2.10 標點符號

標點符號的使用原則上須按照國語推行委員會頒布的《重訂標點符號手冊》，現結合本書實際規定如下：

專名號

- 本辭典不論人名、國名、民族、地名、朝代、年號，一律不使用專名號。

書名號

- 書名、篇名、報刊名、文件名、其他藝術作品（如：電影、戲劇、樂曲、舞蹈、繪畫、雕塑等）的名稱用書名號。非藝術作品（如：獎項、展覽、集會）的名稱不能用書名號。
- 書名、報刊名用雙括弧「《 》」；篇名、文件名、藝術作品用單括弧「〈 〉」
- 書名號裡的名稱要和實際名稱完全相同。
- 書名號不能用於簡稱。
- 書名號內不能加字，如：《文訊》雜誌不能寫作《文訊雜誌》。
- 書名號裡還要加書名號時，先用雙書名號，再用單書名號。
- 書名和篇名等合用一個書名號時，中間加間隔號。

頓號

- 由於引號和書名號均不表示停頓，因此在引號與引號間或書名號與書名號間應該加頓號。如：「 」、「 」；《 》、《 》。
- 容易引起誤解的並列詞語之間可用頓號。如：「歷史、地理」、「木瓜、牛奶」（「歷史地理」、「木瓜牛奶」均有另外的涵義）。
- 一般的不用頓號。如：「動植物」、「大專院校」、「前後兩次」、「明清之際」。
- 約數不用頓號。如：「兩三千年」、「一二十種」、「百六七十人」。
- 分層次的序號已加括號、圓圈的，其後不用頓號。但並列這樣幾個序號時仍應加括號。如：（1）、（2）、（3）……。

分號

・ 分號可以用於列舉的各項之間，但如列舉的一項中用了句號，則其後不宜再用分號。因為分號表示的停頓介於逗號、句號間，小於句號表示的停頓，大於逗號表示的停頓。

引號

・ 必須加引號的地方不能遺漏引號。
・ 引號裡面還要用引號時，先用雙引號，再用單引號。
・ 如果引文被獨立使用時，若其末尾是句號，句號置於下引號之前；若其末尾是逗號，逗號不可置於下引號前，須不用逗號，並於下引號後加句號。

括號

・ 夾注一般用圓括號「（ ）」，夾注中需要再夾注者用六角括號「〔 〕」。
・ 引文中補出詞語用六角括號。
・ 引文非十分必要不加夾注，必須用括號夾注的要注意避免同引文混淆。
・ 引文後注明出處的括號，應與後引號緊接；如果引文後面要加點號，應將點號加在括號之後。

間隔號

・ 用月日簡稱來表示事件、節日的詞語，凡涉及一月、十一月、

十二月的，應用間隔號將表示月和日的數字隔開，並加引號，以避免歧義的產生。涉及其他月份的不必加間隔號和引號，如：二二八事件。

連接號

- 半字線用於：連接相關詞語，組成複合名詞。如：「F－5E 戰機」。
- 一字線用於：連接地名或方位名詞，表示起迄、相關、或走向。如：「臺北－高雄自強號列車」、「東－西走向快速道路」。
- 浪紋線用於：連接兩個阿拉伯數字，表示數值的範圍，如：150～200 公尺。

4 插圖

插圖是本辭典重要的組成部分。它能夠透過直觀的方式，提供讀者形象化的具體知識。能夠擴大辭典內容知識，並傳達更多訊息給讀者，更能夠彌補文字敘述之不足。務必盡力配置，以提高品質。

4.1 配圖原則

插圖的選配，應該遵循以下幾點原則：
- 插圖的選配務必與國家現行的政策、法律、法規保持一致，考慮善良風俗，以體現健康向上的品味及格調。凡有違背、

相抵者，一律不用。

‧ 插圖內容須與詞目內容相符合。採用畫面內容完全表現詞目內容者；酌用畫面內容部分表現詞目內容者；不用畫面內容無反應詞目內容者。

‧ 插圖內容必須具備知識性、準確性，構圖需完整，線條需清晰，主題鮮明以突出主體。

‧ 重要人物詞目力求配圖，特別重要人物必須配圖；具有非常形象化內容的詞目儘可能配圖，如：紋面。

‧ 內容淺顯或文字較少的詞目，原則上不配圖。

‧ 參見條一律不配圖。

‧ 一幅插圖只能用於一個詞目，且不得重複使用。

‧ 一則詞目原則上配圖一幅為限。部分詞目根據實際情況，可以配以一幅以上插圖。

4.2 圖名

‧ 圖名是對插圖的內容的簡要說明。每一幅圖均須加圖名。一則詞目配有內容相關的幾幅插圖時，還必須加上總圖名。如：武德會條配有兩幅插圖，圖名分別為「武德會臺南武德殿」、「武德會臺中武德殿」，總圖名則為「武德會」。

圖名的表達必須遵循以下幾點原則：

‧ 圖名需與插圖內容相符。圖名與插圖畫面表現的內容須為同一事物，且文字表述要恰如其分，如：阿里史社條配的是一幅古地圖，圖名便不能寫作「阿里史社」，而應寫作「阿里史社舊址示意圖」。

· 圖名需與詞目相呼應。呼應包括直接呼應和間接呼應。前者指的是圖名和詞目完全一致，或圖名中出現釋文中其他相應詞目的名稱，如：胡適—「胡適」、阿里山森林鐵路—「日治時阿里山森林鐵路」。後者是指圖名表述詞目釋文中提及的內容，不直接出現詞目，如：社區總體營造—「嘉義縣橋仔頭文化基金會活動海報」、招出婚—「招婿契約」。

· 圖名表述以簡潔明瞭為準則，力求與詞目保持一致，不添枝加葉。圖名中一律不使用修飾性詞語。

· 人名、器物（含儀器、裝備、一般用品、文物）的圖名，一般用詞目名。

· 名勝古蹟（主要指建築物）詞目的圖名，一般用詞目再加以表述。

· 地圖圖名可視情形，以「示意圖」、「變遷圖」、「比較圖」表示。

· 圖名在必要時須加以括號注解，如：莫那魯道—「莫那魯道（中）」。

分圖名一律置於總圖名之上。

附錄二:《臺灣歷史辭典》編輯凡例

壹、編輯目標

一、本書為一本實用的臺灣史辭典,收錄詞目 4656 條、圖片約 1260 張、附表 44 種。行文力求簡潔,不僅提供學界參考,亦可做為國、高中歷史老師輔助性的教學工具,乃至一般社會大眾使用。

二、本書由一百餘位學有專長者分別利用已有的研究成果撰成,以求展現現階段臺灣史研究的成果。

三、本書中配加 1260 張照片,有助於讀者參考。

貳、辭典內容

分為四部分: 正文、圖片、附錄、索引。

一、詞目收錄原則

(一)詞目收錄年代以史前迄西元 2000 年為原則(部分到 2003 年)。

(二)詞目收錄的範圍包括政治、外交、軍事、經濟、社會、教

育、文化、風俗、舊地名、重要歷史性文獻等各方面，主要著重於組織、法令、事件、人物、專有名詞，以及典章制度等的介紹。

1. 人物以已逝且對社會有貢獻或經歷較為特殊者為限。

2. 事件、戰役之選取，以對臺灣的影響程度之深遠為取決標準。

3. 舊地名之選取，以對臺灣的發展具重要性且目前已有研究成果者，史前文化遺址則由相關學者擇其要者介紹。

4. 典章制度部分，包括法令規章與內容之介紹及專有名詞之闡釋，以清代較為詳盡。

5. 原住民部分，其相關詞目，盡量由原住民及相關研究者定詞目及撰寫。並分族個別敘述族源、神話、重要祭典及重大事件等。

6. 文學藝術部分，側重研究臺灣史的重要著作、史料及臺灣出版的報刊雜誌，以戰前較詳。

7. 經濟部分，以戰後經濟政策、法令與現象等為主，有些法令、政策仍持續執行中。

8. 社會部分以社會事件、社會救濟、民變等為主。

二、正文格式

（一）詞目內容包括有詞目名稱、正文內容、撰者姓名、參考資
料、可供交互參照之詞條，其編排格式如下：

（二）每一詞目以三至五百字為原則，最多不超過一千五百字。
每則釋文末附一本最主要的參考書目與可供交互參照之詞
目，供讀者進一步查詢、研究。

（三）詞目名主要以當時官方文書所載之完整全銜為準，但正文
內容不在此限，撰寫格式亦因不同性質及社會慣稱之需
要，而有如下安排：

 ‧政黨、機構、法令等詞目名稱盡量採用全名，簡稱、別
　稱或異稱加在其後。正文中得以簡稱敘之，並皆納入索
　引之中，以供讀者查閱。例如詞目為「中央研究院」，正
　文中得以「中研究」行文，索引中兩者皆可查得。

 ‧行政、醫療及文教機構等名稱均不掛「國立」、「省立」、
　「公立」、「私立」於前。正文中盡量採用可識別之名稱，

不採簡名，如用「政治大學」，不用「政大」。

· 日治時期之相關機構與專有名詞，以當時通用之名稱敘之，如「國語傳習所」（不稱「日語傳習所」）、「內臺共學」（不稱「日臺共學」）。

· 清治時期官方正式文書皆用「臺」字，日治及戰後則「台」、「臺」併用，為齊整起見，詞目及正文均用「臺」字。唯如有特殊狀況則不在此限。

· 書中所出現之「番」（清代用語）、「蕃」（日治時期用語）等字為過去稱呼原住民之歷史用語，非有歧視不敬之意，不予特別加注引號「」。撰稿者若加「」，亦予尊重而未去除。

· 人物詞目盡量附詳細生卒年月日，如有不詳者，則以「？」標示。

· 人物籍貫所列主要為出生地，但祖籍亦可載入，並以當時行政區域或以今地名統稱之。臺灣出生僅列縣市，如「屏東人」；若籍貫為中國大陸者則予以載明，例如「福建同安人」。

· 人物詞目均以其正名或常用名稱為詞目名稱，例如用「三毛」，而不用本名「陳平」，但索引中可同時以「三毛」及「陳平」查得相關介紹。

· 官員的職稱，因詞目字數所限，或因職銜改變，或因撰稿者行文之便，少有用正式稱呼。為彌補此不足，除附錄中收有詳細清代職官表外，也將職官之詳稱（正稱）、簡稱、別稱統整並列於關鍵字索引中，以利翻查。如「臺

防同知」為「臺灣府海防捕盜同知」之簡稱，讀者可於
關鍵字索引中查得二名詞之交互參照，並於「附表 10
清代臺灣同知」了解該職官的演變情形。

・有關「中共」的稱呼，在外交關係上，中華人民共和國
尚未為美國承認前，或與中華民國對稱時用之，而之前
的「中美」指的是中華民國與美國；之後的「中」即為
中華人民共和國。

・詞目名稱完全相同者，按其時代先後注記 I、II。

・正文中的地名，依當時原名稱之，若確知該地為今何地
時則加注今地名。

・譯名採用較通行的譯法。外國人名以中譯的通稱為詞目，
再附原名，例如馬偕（George Leslie Mackay），不譯成
「偕叡理」；日人名則僅列其名，不加拼音。

・原住民詞目釋文內之拼音方式與一般西文不同，均已由
原撰者確認。

・日期一律採用西元紀年。正文中之日期均已轉換為西曆
年月日，附錄中並提供中西曆對照年表（1591~2006），
供讀者查閱。

・年代月日、數量名詞一律以阿拉伯數字表示。

・書籍、報刊、電影、音樂專輯等名稱，一律加雙箭號《》，
若為單一文章或篇名、曲名則以單箭號〈 〉表示，畫作
以「」表示，網頁資料則以雙引號『 』表示。

（四）參考書目均注明作者（或編者）、書名（或論文、專書）、
年代。

・每則詞目盡量附上一筆紙本參考資料，但若為期刊或書籍之詞目，則不再附上參考書目。若為官方出版之典籍，如地方志或調查報告則不載作者名稱；出版年代並統一轉換為西元紀年。

・為方便讀者，本辭典引用之參考資料，均統整條列於附錄之「主要參考書目」中。

三、圖片編輯

（一）本辭典中收錄與詞目相關之珍貴歷史照片、文獻書影、圖片等共約 1260 張，其收錄原則以事件發生之人、地之相關照片為主。

（二）照片、文件、圖繪的位置以圖隨文走為原則。

（三）本書中照片與文件書影若原始檔案有所破損者，盡量加以修補，以求最佳之閱讀效果。照片與圖片以不同顏色處理，以示區隔。

四、附錄

（一）分為三部分，其凡例格式見於附錄之篇名頁。

（二）收有主要參考書 2,200 則、附表 44 種、關鍵字總索引 1 萬 2,000 條。

五、檢索方式

（一）本辭典編有兩種檢索方式。一為詞目筆畫目錄置於書前；另為關鍵字總索引，置於附錄中。

（二）排序原則一律按詞頭之筆畫排序，不另分類別。

· 依微軟中文排序法排列。若詞頭為外文者則排於中文之後。

· 人名凡同姓者，單名在前，雙名在後。若係外國人（歐美韓日），則按其漢式姓名之筆畫排序，後酌加注其原文名，日韓人士則不列拼音。

（三）關鍵字總索引，計收入 1 萬 2000 條。

· 本辭典內文所提到的相關名詞、人名均列於總索引中。

· 索引條中，字體為黑體字者即為辭典詞目；頁數為黑體字者即為詞目所在頁數。

附錄三：失當詞條索引

（*括弧內數字表示該詞目在《臺灣歷史辭典》書中頁碼）

附錄四：許雪姬總策畫《臺灣歷史辭典》詞條商榷——以王見川撰〈李炳南〉條為例

顧敏耀[*]

一、前言

　　許雪姬總策劃之《臺灣歷史辭典》是最近臺灣辭書出版的一大盛事，在此之前，同名書籍有二，先後是在中國與臺灣出版：前者由佟建寅主編，1990年由北京的群眾出版社出版；後者由楊碧川主編，1997年由臺北的前衛出版社出版。另外亦有類似圖書，例如包恆新《台灣知識辭典》（福州：福建人民出版社，1988）、遠流臺灣館編著《台灣史小事典》（臺北：遠流出版公司，2000）等，但是許雪姬策劃之《臺灣歷史辭典》在份量上，比前文所提及的這些著作都暴增許多——書中詞條多達 4600 多條，參考圖表有 40 多則，頁數將近 2000 頁，計畫預算將近 500 萬，經過 3 年的撰稿、校訂與排

---

[*]　國立中央大學中文研究所博士候選人

版，終於在 2004 年由行政院文建會發行出版。2005 年間，筆者有幸在《文訊》雜誌社認識了知名的圖書館學家、文獻學家、目錄學家張錦郎教授，在學術研究諸方面，頗蒙指導，深感獲益良多。翌年，曾聽聞老師提及《臺灣歷史辭典》出版已屆 2 年，卻仍然無人對這本重要的工具書給予深入而廣泛的評論，因此老師在任教的臺北市立教育大學中文研究所開設的課程中，特別選定該書作為主題而共同深入探討。筆者當時深感認同，乃自行挑選了一則與個人熟悉的詞條「李炳南」以進行抽樣評論，並將個人想法撰寫成篇，呈送張老師過目，獲得了許多寶貴的意見以及溫暖的鼓勵，乃將文章修改之後投稿予《歷史月刊》，且被刊登在第 222 期（2006 年 7 月，頁 128-133）。此論題之創意來自於張老師，不敢掠美，且致謝忱，故特將原委敘述如上。筆者便以該篇稿件為基礎，再次予以補充修訂，撰成此文。

　　李炳南是對臺灣戰後佛教發展有重大影響的人物，尤其是在「淨土宗」當中更是赫赫有名、廣受尊崇者[1]，甚至在臺灣佛教界可說已經實質上的開宗立派——他可說是臺灣「居士佛教」或曰「白衣淨土教」（以「儒佛合一」、「居士說法」為主要特色）的創立者[2]；時至今日，其流風遺跡在國內甚至海外都仍然顯然可見（詳見後文）。因此，《臺灣歷史辭典》收錄這則詞條是正確的，而且由臺灣宗教史的傑出研究者王見川教授撰文亦屬十分合宜。但是，筆者細讀該篇

---

[1]　筆者曾聽聞一位西方淨土修行者一本正經的說：「你知道李炳南教授是誰來轉世的嗎？是地藏菩薩啊！」他受到崇敬甚至神化的程度乃至於此。

[2]　釋修禪《臺灣淨土六十年》（臺中：圓淨出版社，2003），頁 69-70。該書敘述臺灣戰後淨土宗之發展，首位人物便是李炳南。

文字之後發現，這四百餘字之中，值得商榷之處卻有不少，茲錄該則全文如下：

> 李炳南（1890~1986），戰後臺灣著名佛教人物。本名艷，號雪廬，法號德明，別署雪僧，山東濟南人。1912 年起專心研習法政，熱心教育。1920 年主管山東莒縣獄政。1930 年 2 月因軍閥混戰，莒縣被圍，開始接觸佛教。1933 年至蘇州報國寺參謁印光大師，皈依為在家弟子。1934 年莒縣重修縣志，由翰林莊心如總纂，其任分纂，主修軍事、司法、金石、古蹟四類。1937 年經莊心如介紹，入大成至聖先師奉祀官府任職，不久即晉升為主任秘書。1949 年夏，隨孔德成來臺，定居臺中市。初識朱斐及法華寺住持劉智雄，經由劉的幫忙翻譯，李炳南開始在臺中縣市寺廟演講佛法，吸引不少聽眾。其中包含許克綏、賴棟樑、朱炎煌等富紳。1950 年初與朱斐開始參與《覺群》的編務，後《覺群》停刊，在宗心法師支持下，創辦《覺生》，並在董正之、許克綏等人鼓吹下，成立「臺中佛教蓮社」，推展淨土信仰，弘揚印光、太虛及儒佛思想，並從事社會慈善事業。如 1959 年建慈光育幼院、1966 年建菩提醫院，即是其推展社服的代表作。李炳南一生講述不斷，著《雪廬詩文集》、《佛學問答類編》等多種。參考資料：王見川〈李炳南與戰後初期臺灣的佛教

（1949~1952））,《臺灣歷史學會通訊》,第 9 期,1999。[3]

以下便從這則敘述當中逐步指出可商榷之處。第一,其生年就出錯了,但是在此辭典撰述出版時,其他關於李氏的眾多文獻,諸如:李老居士炳南教授治喪委員會《李炳南先生事略》（臺中:自版,1986）、李炳南教授百歲紀念文物特展籌備處《李炳南教授百歲紀念特刊》（臺中:自版,1989）、雪廬講堂印經功德會編《李炳南居士與臺灣佛教》（臺中:李炳南居士紀念文教基金會,1995）以及學術論文如吳麗娜《李雪廬炳南先生研究》（臺中:國立中興大學中文所碩士論文,1997）也都同樣出錯,此乃肇因於他出生的日期是光緒 16 年的舊曆 12 月 7 日,而光緒 16 年雖然主要對應著 1890 年,但是該日期換算成西曆,卻已經是到了 1891 年的 1 月 16 日了!筆者在 2005 年發表於中興大學主辦「臺中學研討會」的〈搜腸嘔血識辛酸·天教留與後人看——雪廬老人李炳南在臺詩作研究〉[4]一文首度指出此一問題,並且予以訂正,由李炳南創辦、現由其弟子主持發行之《明倫》雜誌在 2006 年 4 月（363 期）「李炳南老居士往生二十週年紀念專刊」便已更正（不過有一本 2006 年 6 月出版的靜宜大學中文所碩士論文:羅元庸《李炳南居士思想研究》文中卻還是寫說他生於 1890 年,仍然沒有改正）。此問題其實若能運用中央研究院計算中心「兩千年中西曆轉換」系統先予查詢,便不致有此錯誤。總之,李炳南的生卒年的西元

---

[3] 許雪姬總策畫:《臺灣歷史辭典》（臺北:文建會,2004）,頁 383。

[4] 國立中興大學中文系主編《2005 臺中學研討會:文采風流論文集》（臺中:臺中市文化局,2005）,頁 409-461。

標示應該改為「1891～1986」才正確。

第二，對於李炳南的正式學歷，文中語焉不詳，只說「專心研習法政」云云，根據其門下弟子編寫的〈李炳南教授生平簡介〉，則應該是「山東法政學堂卒業」[5]，該學堂乃 1906 在濟南成立，翌年再設法律學堂，時稱第一、第二法政學堂。1913 年合併為山東公立法政專門學校，到了 1926 年則與其他五個專業學校合併為「省立山東大學」（即為現今中華人民共和國的「國立山東大學」），若要更詳細，則是該學堂的「監獄專修科」[6]，精確的紀錄應該較為合宜。

第三，「1912 年起專心研習法政，熱心教育」這樣的敘述亦頗有疏失，令人以為李氏是從 1912 年開始專心研習法政，並且熱心教育；事實上，若要敘述這段經歷，則改寫為「1908 年進入山東法政學堂監獄專修科就讀，1912 年組成『通俗教育會』，熱心教育」比較適合，因為李氏在 1912 年與濟南學界組成「通俗教育會」，並且擔任會長[7]，確實頗熱心教育；但是他並非從那年開始研習法政，而是早在 1908 年就開始就讀此一專科了。[8]

第四，文中云：「1920 年主管山東莒縣獄政」，並未將確切的職官名稱寫出，雖然如《李炳南先生事略》也這麼說，但是李氏門下弟子編纂之〈李炳南教授生平簡介〉則指明是「山東莒縣監

[5] 李炳南教授百歲紀念文物特展籌備會《李炳南教授百歲紀念特刊》（臺中：自版，1989），頁 6。

[6] 李炳南老居士全集編輯委員會〈李炳南老居士年表（一）〉，《明倫》，第 363 期，2006 年 4 月，頁 19。

[7] 李老居士炳南教授治喪委員會《李炳南先生事略》（臺中：自版，1986），頁 1。

[8] 李炳南老居士全集編輯委員會〈李炳南老居士年表（一）〉，同前注。

獄典獄」[9]；另外，曾經拜李氏為師的于凌波居士（1927～2005），在他所撰〈山東濟南李炳南居士傳〉同樣也直接說李氏擔任的職銜是「莒縣典獄長」[10]，這些都頗有可信度；因此這段經歷應該改寫為「1920年擔任山東莒縣監獄典獄長」較佳。

第五，文中說「1930年2月因軍閥混戰，莒縣被圍」云云，亦有指稱不精確之病，這場所謂「軍閥混戰」其實就是發生在該年的「中原大戰」！亦即蔣介石和閻錫山、馮玉祥、李宗仁之間的著名內戰——從該年2月開始，因為政策問題發生齟齬，4月雙方正式集結武力，彼此毫不留情的兵戎相見，慘酷的戰事一直延續至12月，死傷多達25萬人，是民國史上最嚴重的內戰。[11]當時山東省也是重要戰場之一，莒縣因此被圍困長達數月之久，李炳南亦曾親口提及這段經歷：「西北軍閥倒戈，攻莒城，據城池，中央軍來援，圍城，余亦困在城中，為期半年，過軍據民舍，勒民餉，糧食殆盡」[12]，所指的「西北軍閥」與「中央軍」的戰爭很明顯的便是「中原大戰」，在他的詩作中亦有所紀錄。[13]闞正宗在《重讀臺灣佛教》中敘述這段事蹟云：「1930年閻、馮反蔣中原大戰時，莒縣被圍」，反倒較為顯明直截。

第六，該文說李炳南「莒縣被圍，開始接觸佛教」，事實上，1930年莒縣遭受兵燹期間，他的確是有感人民性命朝不保夕，而

---

[9]　李炳南教授百歲紀念文物特展籌備會《李炳南教授百歲紀念特刊》，頁6。

[10]　于凌波《民國佛教居士傳・下》（臺中：慈光圖書館，2004），頁30。

[11]　王禹廷〈中原大戰，斲斷國脈〉，《傳記文學》，282期，1985年11月，頁100。

[12]　李炳南《雪廬老人淨土選集》（臺中：青蓮出版社，2005），頁478。

[13]　李炳南《雪廬詩集（上、下）》（臺中：青蓮出版社，1989），頁52、58。

加深其佛教信仰，並開始茹素[14]；不過，他至少在 10 多年前便曾接觸佛教了！其弟子吳聰龍所記的〈訪雪公老師談學佛因緣〉之中，李氏便自述他在 1920 年任職莒縣監獄當時，曾經參加過梅光羲居士的唯識講座，在更早之前也有讀過《金剛經》數次[15]，總之，他接觸佛教，並非始於莒縣被圍當時。

第七，對於李炳南在佛學方面的師承，僅寫道：「1933 年至蘇州報國寺參謁印光大師，皈依為在家弟子」，事實上，他早在兩年前（1931 年）便利用通信皈依於印光，獲賜法號「德明」[16]，並非到 1933 年親自拜謁印光當時才皈依。另外，李炳南除了師承印光之外，他自己也說曾經向梅光羲學了 8 年唯識、向西藏活佛學了 8 年密宗、向北京的真空禪師學了 8 年禪宗[17]，師承多宗，並非僅淨土宗印光一派。

第八，文中在敘述他在 1937 年任職「大成至聖先師奉祀官府」一事之後，直接跳接到 1949 年！難道這 12 年間完全空白？其實這期間有一件翻天覆地的大事情，就是「中日戰爭」的爆發——李氏在戰爭期間跟隨他的長官孔德成與國民黨政府一起撤退到四川重慶長達八年之久，期間為了躲避空襲而遷居於歌樂山（重慶市西北郊），並且組成蓮社，長期念佛講經[18]，這段時期的登臺講

---

[14] 李炳南老居士全集編輯委員會〈李炳南老居士年表（一）〉，前引文，頁 20。

[15] 李炳南《雪廬老人淨土選集》，前引書，頁 478。

[16] 《李炳南先生事略》，前引書，頁 3；《李炳南教授百歲紀念特刊》，前引書，頁 11；李炳南《雪廬老人淨土選集》，前引書，頁 474；李炳南老居士全集編輯委員會〈李炳南老居士年表（一）〉，前引文，頁 21。

[17] 李炳南《雪廬老人淨土選集》，前引書，頁 480。

[18] 李炳南《雪廬老人淨土選集》，前引書，頁 480。

經、梵唄唱頌與蓮社組織等實際歷練，對於他日後來臺大展身手甚有助益，影響深遠，應該值得一題，而非將這 12 年全部空白。

第九，就字數方面而論，根據該辭典〈編輯凡例〉所說：「每一詞目以三至五百字為原則」[19]，本則字數有 400 餘字，符合本書規定；扣除李炳南字號、籍貫、著述以及資料出處之外，他在中國時期的經歷有 140 字左右，戰後在臺時期的經歷約為 210 字（兩者比例大約是 2：3），因為本書名為《臺灣歷史辭典》，故作者較為偏重於後者，此安排尚稱妥當。不過，關於他在來臺前的經歷其實可以更精要的選擇與來臺發展相關者（例如可聚焦於李炳南佛教信仰之師承以及先前的講經弘法經驗等等），至於作者在文中特別提及他在 1934 年協助編纂重修《莒縣縣志》一事，總共花費了將近 40 個字之多（即「1934 年莒縣重修縣志，由翰林莊心如總纂，其任分纂，主修軍事、司法、金石、古蹟四類」），此段經歷或可省略不談。

第十，作者敘述說「1949 年夏，隨孔德成來臺」，此恐怕會讓讀者一頭霧水：孔德成為何人？與李炳南有何關係？為什麼李炳南要隨其來臺？應該要在孔德成名字之前加上他的官銜：「**大成至聖先師奉祀官**」，才能連接前文關於他擔任「大成至聖先師奉祀官府主任秘書」之描述，讓讀者清楚知道李炳南來臺的因緣。

第十一，文中說李炳南是「在董正之、許克綏等人鼓吹下，成立『臺中佛教蓮社』」，這樣敘述的文句卻將李氏置於被動狀態，事實卻非如此。李炳南在重慶與南京皆曾登座講經，早已駕輕就

---

[19] 許雪姬總策畫《臺灣歷史辭典》，前引書，頁 8。

熟，來到臺中之後，在法華寺等各處寺廟講經也獲得極好的迴響，信徒漸多，他自然就有組織蓮社的念頭，因此便**由李炳南自己主導**，時任立法委員的董正之居士主要是掛名（耀按：當時我國處於蔣政權專制的戒嚴體制之下，人民並無集會結社之自由，由黨政高官掛名，應屬自保之計），而朱炎煌與許克綏則捐出大筆金錢購地提供蓮社處所[20]，其主從之別未可混淆。

第十二，對於李氏在臺的佈教活動，該文敘述：「推展淨土信仰，弘揚印光、太虛及**儒佛思想**，並從事社會慈善事業」，仔細推敲這段字句，讓人深感有語意不清的毛病，而且顯得雜亂重疊——文中只是籠統的說他推展「淨土信仰」，雖然目前一般都指西方淨土，但是，實則佛教的「淨土」甚多，臺灣近代著名學問僧印順還將之分為三類：「五乘共土」、「三乘共土」以及「大乘不共土」[21]，耳熟能詳的有「西方彌陀淨土」、「東方藥師佛琉璃淨土」、「彌勒菩薩兜率淨土」等，李炳南所推展的「淨土信仰」是哪一種呢？此外，他弘揚「印光」的什麼思想？「太虛」的什麼思想？所謂「儒佛思想」又是什麼呢？其實，綜觀李炳南的大量著述以及學者的相關研究，我們可以簡要言之，他傳教的內容有三大特色：一是專求往生**阿彌陀佛淨土**，其餘諸方淨土等皆非他念佛往生的目標；二是致力於**儒佛之間的融攝**與互通，除了佛教信仰之外，也傳播儒家思想，甚至擴及其他古典詩文；三是實踐「**人間佛教**」

---

[20] 闞正宗《重讀臺灣佛教：戰後臺灣佛教（續編）》（臺北：大千出版社，2004），頁252-265；李炳南〈臺中蓮社碑記〉，收錄於《雪廬老人淨土選集》，前引書，頁473。

[21] 印順《淨土與禪》（臺北：正聞出版社，1992），頁5-7。

之精神，因而也注重社會慈善事業的推展。前二者承接印光，第三點則是受到太虛的啟發[22]。若能如此條分屢析，簡要的分項敘述，對於讀者了解李炳南教法之全貌應較有幫助。

第十三，該詞條撰寫者王見川曾經發表過〈李炳南與戰後初期臺灣的佛教(1949~1952)〉[23]一文，敘述李氏來臺最初 4 年的佈教活動，頗為詳盡。但是此一《臺灣歷史辭典》的詞條則應該要總括李炳南在臺所有時日，亦即 1949 至 1986 年間的活動才是，不應該只是將該篇論文濃縮融入其中，這樣敘述焦點會大量集中在他來臺初期的活動，對於 1952 年之後者則草草帶過，只提到 1959 年建慈光育幼院、1966 年建菩提醫院。事實上，李炳南在 1958 年還成立了慈光圖書館，典藏佛教書籍；1961 年創辦「慈光學術講座」、1970 年設立「明倫社」、1971 年開辦「明倫大專佛學講座」，都是專門向大專學生佈道者；1971 年也創辦《明倫月刊》，至今仍然刊行不輟；1974 年成立「青蓮出版社」，專賣出版儒佛典籍；1980 年創辦「臺中論語講習班」；1983 年已經高齡 93 歲，仍然創辦了「臺中蓮社社教科研習班」。另外，他在 1950 年成立「臺中佛教蓮社」之後，1955 年北上桃園講經，也輔導信徒成立「桃園佛教蓮社」；翌年到屏東講經之後，該地也成立了念佛團，此後各地佈道場所與合作寺院逐年成立，如崙字佈教所、太平佈教所、鹿港佈教所、霧峰佈教所、般若精舍、員林佈教所、水湳蓮社（臺中）、

---

[22] 太虛大師倡導的是「人生佛教」，至於今日頗為社會大眾所熟知的「人間佛教」則是由其高徒印順導師一脈相承，進一步發揚光大。

[23] 收錄於范純武、王見川、李世偉合著《臺灣佛教的探索》（臺北：博揚文化公司，2005），頁 145-166。

豐原佈教所、后里佈教所、淨廬念佛會（臺北）、青蓮念佛會（高雄）、淨業精舍（臺中）、金剛寺（高雄）、卓蘭佈教所、本淨寺（臺中），甚至在他往生之後來有西勢佈教所（屏東）、大雅佈教所（臺中）、中興佈教所（南投）縣、中和佈教所（臺中）、香光佛教蓮社（馬來西亞）、中壢佈教所等道場陸續成立，許多原本「齋教」（在家佛教）寺院也都受李炳南的影響而變成淨土宗道場[24]，其活動事蹟之多、活動力之強、影響層面之既深且廣，乃至於此！說他是影響戰後臺灣佛教發展的「居士王」亦不為過，前述的許多受他影響而創立的道場現今未見衰頹，反而基礎穩固而日漸興盛，這些在詞條內容當中都隻字未提。

第十四，文中對於他的撰述只有一句：「著《雪廬詩文集》、《佛學問答類編》等多種」，然而，李炳南已經出版的著述實則有 30 種以上，若將其他未出版之手稿統計在內則有 300 餘種之多[25]！自 1995 年以來，其生前創立之青蓮出版社便陸續整理出版《李炳南老居士全集》各類，主要有「佛學類」、「詩文類」、「儒學類」、「醫學類」等，李炳南的各種著作都收錄其中，故而其著作方面，可舉出《雪廬詩文集》、《雪廬寓臺文存》、《佛學問答類編》、《弘護小品彙存》等重要著作，但是亦應說明後人已有整理出版《**李炳南老居士全集**》，甚至簡要的只說有此《全集》，做為撰述之統稱

---

[24] 李炳南教授百歲紀念文物特展籌備會《李炳南教授百歲紀念特刊》，前引書，頁 27-35；闞正宗《重讀臺灣佛教：戰後臺灣佛教（續編）》（臺北：大千出版社，2004），頁 266-267。

[25] 吳麗娜《李雪廬炳南先生研究》（臺中：國立中興大學中文所碩士論文，1997），頁 67-79、133-136。

與代表亦可。

第十五，根據《臺灣歷史辭典》書前之〈編輯凡例〉指出：「每則釋文末附一本最主要的參考書目與可供交互參照之詞目，供讀者進一步查詢、研究」[26]，至於「李炳南」詞條的參考書目只有列出撰述者王見川自己的〈李炳南與戰後初期臺灣的佛教(1949~1952)〉一文，恐怕頗為不妥，就如前文所述，因為那是一篇著重論述李炳南來臺最初四年活動的文章，故而未能涵蓋其在臺灣的所有事蹟。參考書目方面，綜觀全書其他詞條大致都只有列出一本，下列書目任選其一應該都是可以被接受的：第一、李老居士炳南教授治喪委員會《李炳南先生事略》（臺中：自版，1986），這是李氏過世之後，在治喪期間，由門下弟子整理出來的一生事蹟敘述，於喪禮當時發贈給與會來賓者，有一定之可信度；第二，吳麗娜《李雪廬炳南先生研究》（臺中：國立中興大學中文所碩士論文，1997），這是最早的一本專論李炳南的學位論文；第三，闞正宗《重讀臺灣佛教：戰後臺灣佛教（續編）》（臺北：大千，2004），書中〈李炳南與臺中佛教蓮社〉一節扼要詳盡的敘述出李氏在臺的佈教活動，頗值得參考；第四，《紀念李炳南教授往生二十週年學術研討會論文集》（臺中：國立中興大學中文系，2006），該研討會在今年 4 月 8 日舉辦，這本論文集是目前關於李炳南生平與各方面成就的最新研究論文成果，以上所列都可作為引導讀者延伸閱讀的重要書目。

第十六，該詞條也有一幅標為「李炳南肖像」的照片（見「圖

---

[26] 許雪姬總策畫《臺灣歷史辭典》，前引書，頁 8。

一」),有兩點問題,其一,圖中人物年紀大約 30 至 40 歲左右,
李氏 1949 年度海來臺當時約已 60 歲,1986 年過世當時更高齡 96
歲,在臺灣這塊土地的歷史上出現的李炳南,都是慈祥老者之形
象,用年輕之照片做為代表肖像,極為不妥;其二,如果這確定
是李氏年輕時的照片那猶有可商議之處,但是,目前所有李氏相
關書籍都未見《臺灣歷史辭典》所刊印的那張照片,書中亦未標
明出處(《臺灣歷史辭典》所有引用的圖片都未標明出處,實堪改
進),而且拿來對比李氏壯年時期照片(如「圖二」),會發現輪廓、
臉型、五官都相差甚多。讓人極度懷疑這張是當時誤植所致,若
真是如此,則屬嚴重失誤。目前在許多李炳南相關文獻、以及在
他生前或過世後所創立的關係機構之中,最常見的李炳南肖像如
「圖三」所示,詞條中的附圖應可選用此肖像。

圖一:《臺灣歷史辭典》所附
「李炳南肖像」。

◎李炳南肖像。

圖二：李炳南晚年著縵衣肖像，引自李炳南老居士全集編輯委員會《雪廬風誼》（臺中：臺中市佛教蓮社，2006），頁 37。

圖三：李炳南四十歲留影，引自李炳南老居士全集編輯委員會《雪廬風誼》，前引書，頁 50。

總而言之，這則由王見川撰寫的〈李炳南〉詞條，不管是最基本的生卒年到學歷、師承、弘揚之教法、著述書目、肖像、參考書目以及對新近研究成果的掌握等各方面都頗有值得商榷之處。筆者不揣淺陋，根據前文所述，嘗試寫下個人修訂之後的「李炳南」此一詞條的內容，謹供作者以及各界參考：

李炳南（1891～1986），戰後來臺的著名佛教居士。本名艷，

以字行，法號德明，別號雪廬、雪僧、雪叟，山東濟南人，山東法政學堂監獄專修科畢業，曾任山東莒縣監獄典獄長。1937 年開始擔任「大成至聖先師奉祀官」孔德成之主任秘書，中日戰爭期間隨其長官避難入蜀。李炳南雖曾學密、參禪以及研習唯識，最終則專修印光法師之淨土法門，他在重慶以及南京時期，都曾在寺院或蓮社講經說法。1949 年隨孔奉祀官來臺，落腳臺中，獲得在地佛教人士（如智雄法師、朱炎煌、許克綏等人）的大力支持，1950 年成立臺中佛教蓮社，接著在全臺各地成立佈教所、蓮社、念佛會等關係機構，多達 20 餘處，並成立青蓮出版社，發行《明倫》雜誌，開辦「大專佛學講座」，且在廣播電臺開設「蓮友之聲」節目，傳教方式十分多元，吸引眾多信徒，使淨土教在臺灣打下堅實基礎。此外，他也設立菩提醫院、慈光育幼院等機構，是臺灣佛教界參與社會慈善工作的先驅。其傳教內容可歸納為三方面：專求往生彌陀淨土、注重儒佛會通、實踐人間佛教精神，出版著作則有卅餘種，由其弟子編纂為《李炳南老居士全集》。

　　參考資料：李老居士炳南教授治喪委員會《李炳南先生事略》，臺中：自版，1986。

　　筆者認為，若對此書 4600 多個詞條逐一進行這般推敲探究，非要撰成一部數百頁的專書不能蕆事；但是，正如《呂氏春秋・察今》所云「嘗一脟肉，而知一鑊之味、一鼎之調」，本文所指出的諸多問題雖是針對「李炳南」詞條，但是，在其他詞條恐怕類似的問題亦所在不少！該辭典來日如果還要修訂再版，上文所列諸點，雖屬芻蕘之言，諒亦可供編撰者斟酌可否。另外，李炳南逝世到去年（2006 年）已經滿 20 年，臺中市文化局、中興大學、

臺中蓮社等單位都舉辦各種紀念活動，本文在此時回顧李炳南的相關文獻資料，應該也有其特殊的意義吧！

（原刊載於 2006 年 7 月《歷史月刊》，本文經作者修訂後收錄於此。）

後　記

（依撰稿者姓氏筆畫排列）

　　與浩瀚宇宙的生成相較，人類歷史的四百年彷若一瞬，但這前人的步履，每每極為艱辛。歷史之於人類文明，是極其重要的，因為人有記憶，得以記載下過往的足跡，所以顯得獨特，記憶與遺忘，是上天賦予人類最珍貴的禮物，生於斯，長於斯，如果對這塊土地一無所知，便無法清楚認識自己，又遑論面對世界呢？

　　《臺灣歷史辭典》這部書，正可幫助我們了解自己的祖先、自己的歷史，是所有曾經生活於斯土者的記錄，我有幸受教於張錦郎老師，又有幸認真的翻查這本辭典，雖非天資穎悟，但勤能補拙，竟也獲益匪淺。從小就極喜歡歷史，但直到寫作這兩篇文章開始，才啟發了我對周遭的關注，從而於日常更加留心相關的事物。張老師自由、批判式的講課方式，於我亦俾益頗多。

　　此次評論，我負責的是〈人物篇〉和〈插圖篇〉，前者是本辭典中比重最高的，因此無法逐一細究，透過老師的提點，再加上自己找資料補充，整理出粗略的看法；後者在臺灣是較不受重視的課題，因此缺乏可供參考的理論，然而圖像已是現今資訊的主流，重要性不遜於文字，期盼日後有更多討論。

　　站在巨人的肩膀上，我們才能看得更遠，翻開歷史，就是打

開眼界的開始。希望所有成長在臺灣的人,都能夠更加關心自己的土地,共同寫下另一頁值得驕傲的歷史。　　　　（林芳如）

　　撰寫〈臺灣歷史辭典補正輔文篇〉一文,筆者以審慎的態度為之。歷經多次斟酌、改訂,以及反覆校對,終於今日完稿。

　　撰文期間,經由授課教授——張老師錦郎的指導,且自身學習有所體會,對於如何更好地編製工具書輔文,筆者有三項建議,供讀者參考:

第一,多比較:編者須博覽各工具書之輔文,並進一步比較其中差異。其目的,是在相互對照中,發掘可供效法與可資借鑑的範本。優秀的輔文,是學習與仿效的對象;反之,劣質的輔文,亦可作為借鏡,避免重蹈覆轍。

第二,站在讀者立場設想:工具書之輔文,是用來幫助讀者快速理解正文與查找資料的利器。故此,編者必須站在讀者的立場,設想何種編製方式才能帶給讀者最大的便利,且合乎讀者所需。

第三,具備細心與耐心:在要求說解內容詳細完整、各個環節精確無誤、品質令讀者滿意的前提下,為工具書編製輔文,著實是件耗心力的工作。因此,具備超凡的細心與耐心,是編者不可或缺的條件。

　　目前,在臺灣編輯出版之工具書,其輔文不論在內容、形式等方面,尚有極大的進步空間,若編者與讀者皆可重視並肯定輔文存在的意義與價值,相信日後工具書輔文之編製品質,定可漸臻佳境。　　　　（范嘉倩）

庭前斑駁有雨過後的痕跡，浮雲偶來，敷黃遠天。

我是一個相信緣分的人，也放心把自己交付給緣分去安排我生命中的每一個驛站。在我碩士班求學過程，流連徘徊呼吸侷促在小小的師院勤樸樓中，「圖書館文獻編輯專題研究」這堂課，建立我對資料的蒐集、掌握及分類整理，對我的研究生涯及生命具有深刻意義。在撰寫許雪姬編《臺灣歷史辭典》書評這段期間，永遠不能忘記張錦郎老師殷殷的企盼及切切的叮嚀，過程中，有歡笑，當然也有淚水，無論未來如何，都不能輕易忘記這一年老師教給我們的點點滴滴，在生命的旅途中，那種不斷超越自己的堅毅和智慧，面對未來，即使孤寂之火燎原，依然可以堅強無懼的走下去。 （洪楷萱）

張錦郎老師是一位相當用心的學者，身為張老師的學生，總是時時感受到老師對文獻學領域的用心，深感佩服。

張老師對於文獻的高度熟悉，在文獻學的課堂上授課，讓筆者對史料的整理和分析，有一初步的認識。筆者所負責的部分是〈期刊篇〉，故此對期刊的相關內容有了一番認識，並能將此部分的學習運用在日後的研究之上，是一次相當特別的學習經驗。

在面對史料這樣的陌生領域，但在張錦郎老師與吳銘能老師先前研究資料的幫助之下，讓筆者更能掌握研究的重點。在巨人的肩膀之上，可以站得更穩健並且看得更遠。很感謝有這個機會參與本次研究的討論，並將之編輯成書展現成果。本次團隊合作，使得大家對文獻學領域有了進一步的認識，再一次感謝老師的用心和同學的努力。 （高淑芬）

　　《臺灣歷史辭典補正》一書的編輯和撰稿，是「圖書館文獻編輯專題」課程中的成果報告。其中我負責的是從「編纂體例」來評論的部分。編輯體例在工具書的編纂過程中，扮演的是一種工程藍圖的角色，整個工具書的打造必須依此藍圖來進行。在建築上，藍圖設計得周詳、正確、美好，大樓便能造得又快、又美、又堅固，在工具書的編纂上亦是如此。從「體例」的方面來看許雪姬先生所策畫編纂的《臺灣歷史辭典》，主要的問題可以歸納為：

一、收詞的邏輯性不強：

　　收詞邏輯性不強主要表現在有許多該收而未收的詞目。此外，也有許多不必收錄的詞條參雜其中，反而造成邏輯失當，如：「F-5E戰機」這種詞目即是。造成這種問題主要原因是在於沒有體例的規範，自然在選詞立目上出現問題。再加上沒有大量參考其他同類的工具書或文獻材料，自然無法收羅完整。

二、釋文撰寫缺乏整體性：

　　釋文缺乏整體性的主要表現在於釋文風格缺乏統一，以及釋文內容和釋文順序全依撰稿者的安排。在眾多撰稿者各自為政下，內容自然會有各式各樣不同的表現方式，且內容容易產生疏漏，例如：許多人物的作品，編有全集的都未收錄。

三、詞條未分級：

　　詞條分級的情形，在工具書的編纂上幾乎已經是通則，凡是著名的工具書，都可以清楚的看出詞條分級的編纂型態。各級詞目該有多少字，該容納多少內容，都應做詳細安排，《臺灣歷史辭典》卻無此安排，殊為可惜。

四、插圖的選用、注錄未臻完美：

在詞條當中，若加入圖片，往往可以加深讀者印象，加強釋文釋義的效果，對詞條有畫龍點睛的功用。因此在插圖的選用上，必須要能夠凸顯主題為佳，同時也必須兼顧到合適的問題。例如：人物插圖須以個人、正面為主，同時亦應以成名後照片為佳。倘若以集體大合照，或讀書照，或年少時照片來做插圖，容易造成反效果。

整體來說，《臺灣歷史辭典》的編纂，在臺灣史的研究、流傳各方面，是有它的價值的。但在追求一流的過程當中，自然必須在細節處多加注意。倘若在編纂前能夠事先對「編纂體例」下一番功夫，相信以上所提的幾項缺點，是可以避免的。

回想過去一年在工具書編輯專家張錦郎老師的課堂上，每次六小時的諄諄教誨。除了感受到老師的學養深厚，經驗豐富外，便是感慨時間飛逝，總覺得還有許多問題想跟老師請教，還有許多內容希望多聽老師指導。經過這一年的課程，不僅對工具書的編纂有了初步的概念，更開啟了我研究文獻的興趣。僅以此篇論文集的編纂，來紀念這一年的學習──永生難忘的回憶。　　　（張晏瑞）

國家圖書館出版品預行編目資料

臺灣歷史辭典補正

張錦郎主編. - 初版. - 臺北市：臺灣學生，2009.10
面；公分
參考書目：面

ISBN 978-957-15-1477-2(平裝)

1. 臺灣史 2. 詞典 3. 書評

733.2041　　　　　　　　　　　　　　98018107

臺灣歷史辭典補正 (全一冊)

主　　　編：張　　　錦　　　郎
編　　　輯：林　　　芳　　　如
出　版　者：臺 灣 學 生 書 局 有 限 公 司
發　行　人：盧　　　保　　　宏
發　行　所：臺 灣 學 生 書 局 有 限 公 司
　　　　　　臺 北 市 和 平 東 路 一 段 一 九 八 號
　　　　　　郵 政 劃 撥 帳 號：0 0 0 2 4 6 6 8
　　　　　　電　話：(0 2) 2 3 6 3 4 1 5 6
　　　　　　傳　眞：(0 2) 2 3 6 3 6 3 3 4
　　　　　　E-mail：student.book@msa.hinet.net
　　　　　　http：//www.studentbooks.com.tw
本書局登
記證字號　：行政院新聞局局版北市業字第玖捌壹號
印　刷　所：長 欣 印 刷 企 業 社
　　　　　　中 和 市 永 和 路 三 六 三 巷 四 二 號
　　　　　　電　話：(0 2) 2 2 2 6 8 8 5 3

定價：平裝新臺幣四五○元

西 元 二 ○ ○ 九 年 十 月 初 版